행그리
매니지먼트

<일러두기>

- 이 책의 모든 각주는 옮긴이의 주입니다.

행그리 매니지먼트

배고픔을 다스리고 기분과 정신, 관계를 개선하는 방법

수잔 앨버스 지음 | 이은경 옮김

시그마북스
Sigma Books

행그리 매니지먼트

발행일 2021년 5월 1일 초판 1쇄 발행
지은이 수잔 앨버스
옮긴이 이은경
발행인 강학경
발행처 시그마북스
마케팅 정제용
에디터 최윤정, 장민정, 최연정
디자인 강경희, 김문배

등록번호 제10-965호
주소 서울특별시 영등포구 양평로 22길 21 선유도코오롱디지털타워 A402호
전자우편 sigmabooks@spress.co.kr
홈페이지 http://www.sigmabooks.co.kr
전화 (02) 2062-5288~9
팩시밀리 (02) 323-4197
ISBN 979-11-91307-23-8 (03180)

파본은 구매하신 서점에서 교환해드립니다.

* 시그마북스는 (주) 시그마프레스의 자매회사로 일반 단행본 전문 출판사입니다.

행그리[han.gry] 형용사

배가 고파서 기분이 상하거나 짜증이 난 상태.

배고픔과 노여움이 뒤섞인 감정.

들어가며

——— 이 책을 쓴 계기가 된 사건은 11년 전 교회에서 일어났다.

아니, 신의 계시는 아니었다. 더할 나위 없이 난처한 순간이었다.

교회에 갔던 그날 나는 중대한 실수를 저질렀지만 예배가 시작되고 20분이 지날 때까지 그 사실을 알아차리지 못했다.

그 일이 생생하게 기억난다. 처음에는 모든 일이 순조로웠다. 여느 일요일과 다름없었다. 생후 18개월이었던 내 딸은 미소를 지으며 손을 흔들어 주변에 앉은 사람들을 즐겁게 해 주고 있었다. 나는 딸이 너무 자랑스러웠다. 딸아이는 정말이지 귀여웠고 주름 장식이 달린 분홍색 원피스를 입고 금발 머리에 분홍색 리본을 단 모습이 천사 같았다.

그러다가 갑자기 짜증을 내면서 꿈틀대기 시작했다.

나는 이런 태도 변화를 금방 알아차렸고 그 의미도 정확하게 파악했다. 빙긋이 웃으며 커다란 가방에 차분하게 손을 뻗어 과자를 찾았다. 손으로 가방 바닥을 더듬었다. 그러다 정신없이 주머니를 뒤지기 시작했다.

나는 '이런, 과자를 깜빡했나?'라고 생각했다. 한 시간 동안 계속되는 예배를 무사히 마치려면 과자는 필수였다. '비닐봉지에 과자를 담았어. 그건 확실해.' 그때 한 장면이 내 눈앞을 스쳐갔다. 과자를 담은 봉지가 우리 집 주방 대리석 조리대 위에 여전히 놓여 있었다.

나는 엘모 인형과 우스꽝스러운 표정으로 딸을 달래려고 애썼지만 겁에 질린 내 눈앞에서 딸아이는 흐트러지기 시작했다. 발을 구르며 과자를 달라고 떼를 썼다. 나는 정신없이 조용히 시키려고 했다. 주변 사람들은 나를 '그 표정'으로 보기 시작했다.

그러다가 눈 깜짝할 사이에 딸은 통로로 쏜살같이 뛰어가 예배 중인 신자들 앞에 벌러덩 드러누워서 있는 힘껏 난동을 부렸다. '올 것이 왔군.' 소리를 지르고 울부짖었다.

나는 쥐구멍이라도 찾고 싶은 심정이었다. 하지만 그 대신 앞으로 달려가 팔다리를 내젓는 딸을 냅다 들어 올렸다. 모두가 보는 앞에서 딸을 데리고 뛰쳐나가는 동안 내 얼굴은 시뻘겋게 달아올랐다.

그때 나는 배고픔이 기분 변화에 얼마나 강력한 영향을 미치는지 뼈저리게 깨달았다.

세월을 훌쩍 뛰어넘어 현재로 와 보자. 지금 내 딸은 십 대 청소년이고 교회에서 그 사건이 있었던 날 이후 여러모로 성장했지만 여전히 음식은 딸의 기분에 막강한 영향력을 미친다.

딸을 데리러 학교에 가면 차 문이 닫히는 순간 딸이 어떤 기분인지 읽을 수 있다. 그 기분이란 "엄마, 오늘 어땠는지 뭐든 물어 봐!"부터 "내가 다시 인간다워질 때까지 말 걸지 마."까지 다양하다. 물론 배고픔 외에도 청소년의 기분에 영향을 미치는 요소는 많다. 그러나 나는 여전히 그 목록에서 배고픔이 얼마나 중대한 요소인지 깨닫고 놀란다. 그렇게 해서 나는 우리가 집에 도착해서 딸이 몸에 좋은 간식을 먹을 때까지 기다렸다가 그날 하루가 어땠는지 물어봐야 한다는 사실을 배웠다. 딸이 배를 든든하게 채웠을 때 무슨 일이 일어났는지 들어 보면 기다릴 만한 가치가 있다. 대개 이는 "별일 없었어."라고 퉁명스럽게 말하는 경우와 "엄마, 오늘 무슨 일이 있었는지 전부 말해 줄게."라고 말하는 경우를 가를 만큼 큰 차이를 나타낸다.

나는 딸과 아들에게 음식과 기분이 어떤 연관성이 있는지 자주 이야기한다. 개념상으로는 둘 다 이해한다. 맛있는 음식을 먹으면 기분이 좋다. 아주 단순하다.

하지만 딸과 함께 뉴욕으로 여행을 갔을 때 비로소 딸은 이 개념을 가슴으로 받아들였다. 나는 엄마와 딸을 차에 태우고 오하이오에서 뉴욕까지 약 8시간 동안 차를 몰았다. 그날 우리는 아침식사를 든든하게 먹었지만, 뉴저지에 다다를 즈음 차에 탄 모든 사람이 얼마나 배가 고픈지 토로하기 시작했다.

딸은 일단 내가 챙겨 간 간식으로 배를 채우고 뉴욕에 도착해 맛있는 음식을 찾는 데 집중하자고 제안했다.

나는 이 계획이 마음에 들었다. 첼시 지역에서 태국 음식을 먹는 상상을 하고 있던 터였다.

하지만 놀랍게도 엄마는 팔짱을 끼더니 퉁명스럽게 "군것질은 하고 싶지 않구나. 음식을 먹고 싶어. 음식다운 음식!"이라고 딱 잘라 말했다.

나와 딸은 눈짓을 주고받았다. 그러나 엄마가 고집을 부리는 바람에 다음 출구에서 빠져나갔다.

우리가 들른 식당에서 엄마가 화장실에 간 사이에 딸은 내 어깨를 다독이며, "지금까지 내가 행그리(hangry) 상태에서 했던 모든 말들에 대해서 사과할게요."라고 진심으로 말했다. 나는 '배고픔(hungry)'과 '노여움(angry)'이 결합된 이 단어를 알고 있었다. 행그리는 이곳에서 일어나고 있는 일을 완벽하게 표현하는 단어였다.

나는 너무나 진지한 딸의 표정에 속으로 미소를 지었다. 그날에야 비로소 딸아이는 다정하고 온화한 할머니를 굶주린 한 마리 곰으로 바꾸어 놓는 배고픔의 위력을 목격했다!

나는 딸에게 "누구나 인생에서 행그리 관리 전략을 세울 수 있어."라고 말했다. 그렇게 해서 짜잔! 이 책의 제목(원서 제목은 'HANGER MANAGEMENT'다)이 탄생했다.

이쯤에서 잠시 중요한 사실을 짚고 넘어가고자 한다. 현재 이 세상에는 음식을 구할 수 없어서 굶주리는 사람들이 많다. 그들은 이 책에서 다루고 있는 이유와는 다른 이유로 배가 고프고 말 그대로 굶어 죽어 가는 경우도 있다. 죄책감을 불러일으키고자 이런 말을 하는 것은 아니다. 다만 이 책에서 다루는 배고픔은 식량 부족에서 비롯되는 유형이 아니라는 사실을 지적할 필요가 있다고 생각한다. 이 책에서 다루는 배고픔은 기아와는 다른 문제이고 관리하면서 감사하는 마음을 느낄 수 있는 문제, 즉 식량이 풍족하기 때문에 직면하는 몸부림이다. 홍수 때문에 생기는 문제는 가뭄 때문에 생기는 문제와 다른 것이다.

나는 내 딸과 아들이 정서적 배고픔과 육체적 배고픔을 관리하는 기법을 배워서 청년으로서, 나아가 성인으로서 최선의 기량을 발휘할 수 있기를 바란다. 또한 매일 클리블랜드 클리닉에 있는 내 진료실과 내 웹사이트(eatingmindfully.com)에 있는 가상 진료실에 부모, 직원, 학생, 친구, 가족 구성원, 배우자나 애인으로서 가장 바람직한 모습이 되고자 노력하는 사람들과 함께 일한다.

살을 빼고자 음식을 최대한 적게 먹으려고 하면서 빈속으로 지내다 보면 음식 생각에 계속해서 주의가 흐트러진다. 혹은 끼니를 꼬박꼬박 챙기지 못할 정도로 너무 바쁠 때 배고픔이 초래하는 불쾌감이 닥칠 수 있다. 기분이 나쁠 때 우리는 대개 그 원인으로 스트레스를 지목한다. 실제로는 영양이 결핍된 상태이기 때문이거나 기분을 완전히 망치는 음식으로 배를 채웠기 때문이다.

그러나 꼭 그래야 할 필요는 없다.

이 책에서는 어떻게 하면 음식이 가장 바람직한 자신이 될 수 있는지 알려줄 것이다.

지금 나는 미소를 띠고 있다. 음식이 심리에 미치는 영향에 대해 지금까지 내가 배운 내용을 알려줄 생각에 신이 난다.

살면서 느꼈을 행그리를 행복으로 바꾸는 이 여정에 나와 내 자녀, 내 내담자들과 함께해 준 여러분에게 감사한다.

차례

제 2 부 행그리 관리 프로그램

머리말

"오늘 나는 남자친구와 헤어질 뻔했어요. 우리는 우리가 제일 좋아하는 식당에서 한 시간째 자리가 나기를 기다리고 있었죠. 안내 직원은 우리가 있는지도 제대로 모르는 것 같았어요. 나는 이제나저제나 자리가 날까 기다리며 발을 굴렀죠. 시시각각으로 점점 배고픔에 짜증이 치밀어 올랐습니다. 남자친구에게 오늘 장을 봤는지 물으며 계속 신경을 긁었어요. 그러다가 그가 산 품목에 트집을 잡았죠. 우리는 건강한 식생활을 하려고 노력해 왔어요. 그 결과는? 집에 먹을 것이 떨어졌죠. 남자친구는 내게 조용히 하라면서 외면했어요. 말할 기분이 아니었죠. 그는 "배고파 죽겠어. 왜 이렇게 오래 기다려야 하는 거야?"라고 말했습니다. 결국 문밖으로 나가더군요. 나는 문에다 대고 그냥 가라고 소리를 질렀죠. 추한 행동이었어요. 행그리에 시달릴 때 우리는 둘 다 이성을 잃어요."

-에바

다들 겪어 본 일이다.

배고프다는 이유만으로 누군가를 쏘아붙인 경험은 누구에게나 있다. 그리고 아마 우리가 알고 사랑하는 누군가가 그저 배 속이 심각하게 비었다는 이유만으로 우리를 삐딱하게 대한 적도 있을 것이다. 제대로 먹지 않으면 바람직한 자기 자신이 될 수 없다. 짜증이 난다. 쏘아붙인다. 다짜고짜 화를 낸다. 상담할 때 나는 이 감정을 '배고픔'과 '노여움'을 결합한 유행어인 '행그리'라고 부른다.

배고픔만 기분을 망칠 수 있는 것은 아니다. 과식 역시 배고픔만큼이나 불쾌한 감정을 부른다. 행그리는 과식을 유발할 수 있으며 이후 'regret'와 'full'을 결합해서 내가 만든 단어인 'regretfull(과식후회)'에 빠진다. 이는 부주의하게 과식했을 때 생기는 육체적·정서적 불편감이다. 이 개념들은 이 책 전반에 걸쳐 더 자세히 설명할 것이다. 지금 이 책을 읽고 있는 사람이라면 이미 직접 경험해 본 적이 있을 것이다. 누구나 한 번쯤은 너무 배가 고프거나 너무 배가 부를 때 생겨나는 지극히 불쾌한 감정을 경험한 적이 있다.

진료실에서 수많은 내담자를 대하고 가상 진료도 보면서 나는 중요한 진실을 배웠다. 정서는 음식을 섭취하는 방식에 지대한 영향을 미친다. 또한 먹은 음식은 감정을 느끼는 방식에 중대한 영향을 미친다. 그러나 배고픔을 관리하기란 쉽지 않다. 배고픔을 훤하게 꿰고서 위장에 너무 많지도 너무 적지도 않도록 음식을 적당량 채우기란 어려운 일이다.

다행히도 배고픔이 유발한 불쾌감을 관리하는 간단하고 효율적인 전략이 있다. 게다가 이 전략은 불쾌감을 예방하는 데 그치지 않고 음식을 먹음으로써 기분을 북돋우기까지 한다. 말 그대로다. 잘 먹으면 기분이 좋아질 수 있다!

나는 이 전략을 가리켜 'Hanger Management'라고 한다. 이 책에서는 행그리를 유발하는 진짜 원인을 파악하고 이를 예방하는 방법을 살펴볼 것이다. 또한 마음챙김 식사(mindful eating)라는 기법으로 자신의 식사 습관을 꿰뚫고, 가장 바람직한 상태를 유지하는 법을 배우게 될 것이다.

행그리 관리:
아마도 당신이 생각하는 바와 다를 것이고
그것은 좋은 소식이다!

얼마 전에 나는 마흔 번째 생일을 맞은 동료의 생일 파티에 갔다. 동료의 남편이 음식을 주문했고 식탁 위에는 쿠키와 케이크, 파이를 비롯해 단 것을 좋아하는 사람이 좋아할 만한 각종 디저트가 즐비했다. 내가 식탁 옆에 서서 펼쳐진 음식을 눈여겨보고 있을 때 나를 잘 모르는 한 여성이 다가왔다. 그 여성은 음식을 가리키면서 "선생님은 손도 대지 않겠죠."라고 말했다. 나는 살짝 움찔하면서 재빨리 초콜릿 땅콩버터 파이에 눈독을 들이고 있다고 알려주며 그 생각을 일축했다.

나를 잘 모르는 사람들은 내가 먹는 방식을 추측하는 경우가 많다. 이는 아마도 그들이 내 전문 분야가 음식이라는 사실을 알기 때문일 것이다. 일리는 있다. 하지만 나는 사람들의 추측에 자주 놀란다. 그들은 내가 음식을 좋아하지 않거나 샐러드만 먹는 엄격한 금욕주의자라고 생각한다. '대체 어떤 인간이 음식을 싫어한단 말인가.' 그래서 나는 사람들에게 "저는 음식을 좋아해요. 음식은 저를 행복하게 하죠. 저를 불쾌하게 만드는 것은 음식이 아니에요. 음식을 너무 많이 먹었을 때 불쾌하죠. 너무 적게 먹었을 때도 그렇고요. 그럴 때 기분이 나빠요."라고 거듭해서 말한다. 그것이 진실이다.

아마 당신도 마찬가지일 것이다. 초콜릿 칩 쿠키가 하루를 망치지는 않는다. 초콜릿 칩 쿠키 다섯 개를 먹고 후회로 지독하게 괴로워할 때 커다란 슬픔이 몰려온다.

음식은 여러 방면으로 행복을 가져다준다. 일단 맛있다. 놀라울 정도로 흥미진진하다. 나는 여가 시간에 새로운 식당과 음식 후기, 창의적인 요리법, 요리 동영상을 찾아본다. 다음 주에 나는 찰스턴에 처음으로 방문할 예정이다. 찰스턴에 갈 계획을 세운 뒤에 제일 먼저 식당 후기를 찾아보고 꼭 가야 할 맛집 목록을 작성했다. 사실 처음 가는 도시에서 내가 가장 좋아하는 일이 바로 맛집 투어다. 거의 모든 도시에 하나쯤 있다. 가이드가 사람들을 이끌고 도시를 돌아다니면서 다양한 인기 식당에서 음식을 맛보게 해 준다. 가이드가 선택하는 음식은 대개 그 도시에서 역사적으로 중요한 의미가 있다. 예를 들어, 뉴올리언스에서는 베녜*를, 미시간에서는 디트로이트식 피자를 유심히 맛보았다. 심지어 음식을 먹지 않을 때는 조리 과정을 지켜보는 것도 좋아한다. 지난 몇 년 동안 빠른 속도로 음식을 만드는 손만 보여주는 인터넷 동영상에 푹 빠졌다.

무엇보다도 나는 집에서 맛있는 음식을 즐길 때가 좋다. 남편과 친구들, 아이들 친구의 부모들 중에 요리를 좋아하는 사람들이 있다. 그들은 직접 만든 음식을 우리 집에 가져오고 우리 가족들은 운 좋게도 실험 대상이 된다! 어제는 친구들이 황설탕을 뿌린 반죽에 딸기와 블루베리, 블랙베리를 곁들여 만든 채식 파이를 가져왔다. 우리는 금요일 밤에 모여 함께 음식을 만들고 와인을 마시면서 수다를 떨기도 한다. 그 시간은 이루 말할 수 없이 행복하다.

나는 내가 좋아하는 풍미가 혀끝에 닿아 입안으로 퍼지는 맛을 사랑한다. 예를 들어, 올해 시칠리아를 여행하면서 난생처음으로 백년초 열매를 먹었다. 백년초 열매를 가까이 들여다봤던 기억이 난다. 녹색 껍질은 울퉁불퉁하고 낯설었다. 어떻게 먹어야 할지도

* beignet, 밀가루 반죽을 네모난 모양으로 튀겨 슈거 파우더를 뿌려 먹는 과자.

몰랐다. 고맙게도 친구가 어떻게 먹는지 보여주었다. 씨까지 전부 먹었다. 달콤하고 특이했다. 지금까지 먹었던 그 어떤 과일과도 다른 맛이었다. 지금은 내가 즐겨 먹는 디저트 목록에 들어 있다.

이제 잠깐 생각해 보라. 당신은 음식의 어떤 부분에 행복을 느끼는가? 새로운 음식을 먹을 때? 맛에? 친구들과 함께 음식을 먹을 때? 음식에는 사랑할 부분이 너무나 많다.

하지만 내가 음식을 먹을 때 느끼는 즐거움이 전적으로 맛에서만 비롯되지는 않는다. 물론 맛도 중요하다. 하지만 한 가지 고백하겠다. 나는 잘 먹고 주의를 기울여 먹을 때 더 좋은 사람이다. 아마 당신도 그럴 것이다. 잘 먹은 수잔은 아이들을 대할 때 인내심이 증가한다. 아이들이 좀 티격태격하더라도 신경 쓰지 않는다. 요금 납부나 서류 작업처럼 별로 좋아하지 않는 일도 잘 처리할 수 있다. 배가 고프지 않고 주의를 기울여 먹은 수잔은 정신적으로 현실에 대단히 충실하다. 상담 중이나 통화 중에 상대방의 이야기를 귀 기울여 듣고 그 내용을 빠짐없이 기억할 수 있다. 반면에 배 속이 텅 빈 수잔은 "뭘 먹어야 하지?"라는 생각이 자꾸 머릿속을 맴돌며 집중을 방해하는 통에 세부 사항을 놓친다.

나는 마음챙김 식사를 하는 골디락스 같을 때 가장 기분이 좋다. 너무 많이 먹지도, 너무 적게 먹지도 않고 딱 적당하게 먹어야 한다. 딱 채워질 만큼, 만족스럽지만 너무 배부르지 않게 먹었을 때 느낌이 참 좋다.

버지니아 울프는 100년 가까이 전에 "식사를 제대로 하지 않으면 제대로 생각할 수도, 제대로 사랑할 수도, 제대로 잠을 잘 수도 없다."라고 썼다. 이는 내가 가장 좋아하는 슬로건 중 하나이고 책을 쓸 때마다 인용한다. 내 목표는 사람들이 바로 그렇게 할 수 있도록 돕는 것이다. 그러나 내가 나 자신과 다른 사람들을 위해 알아낸 바에 따르면 그렇게 하려면 아주 구체적인 전략이 필요하다. 쉽지 않은 일이지만 가능하다!

행그리를 느끼는 열 가지 유형

행그리를 느끼는 사람들이 모두 다 똑같지는 않다. 이 장에서는 행그리를 느끼게 되는 이유를 낱낱이 살펴보고자 한다. 더불어 행그리를 표현하는 방식도 다양하다. 그러나 해마다 진료실에서 행그리를 이야기하는 사람들을 지켜보면서 흥미로운 공통점을 발견했다.

핵심: 행그리를 느끼는 사람은 모두 배고픔 수준과 그 배고픔을 해소하고자 행하는 행동 사이에 발생하는 만성적인 부조화로 괴로워한다. 행그리를 예방하려면 배고픔을 손바닥 들여다보듯이 훤히 알아야 한다. 그러니 다음 사례들을 읽으면서 당신이 배고픔을 인지하는 데 어떻게 도움을 줄 수 있는지 생각하라.

다 읽은 뒤에는 잠시 여유를 갖고 자기 자신이 이런 유형 중 한 가지 혹은 그 이상에 해당하는지 자문해 보라.

1. 너무 바빠서 먹을 시간이 없다

매일 아침 카렌은 아이 셋의 도시락을 싸고 아이들 양말을 찾고 숙제를 책가방에 챙기느라 허둥대는 동시에 아침 회의에 자기가 신고 갈 구두를 고른다. 카렌은 입버릇처럼 "건강한 음식을 먹고 싶어요."라고 말한다. 하지만 그 말 뒤에는 언제나 "하지만 시간이 없어요."라는 문장이 따른다. 카렌에게 식사란 감당할 수 없는 사치품처럼 느껴진다.

결과: 출근한 카렌은 회의실에 방치된 머핀이나 책상 위에 놓인 다이어트 콜라처럼 무엇이든 눈에 띄는 음식을 찾아 사무실을 뒤진다. 카렌은 거의 내내 빈속으로 일하고, 투덜대고 산만하며 때 이르게 점심시간에 무얼 먹을지 생각하는 경우가 많다.

2. 너무 불규칙하다

토머스는 석고판을 설치하는 일을 하기 때문에 매일 새로운 집에 간다. 그리고 매일 해야 하는 일이 다르다. 어떤 일은 한 시간이면 끝난다. 어떤 일은 하루 종일 걸린다. 일이 길어지면 점심식사를 건너뛰고 부지런히 일한다.

결과: 하루 일을 마치고 퇴근할 때 토머스는 행그리를 느낀다. 집으로 돌아오면 문을 박차고 들어가 아내와 아이들에게 투덜거린다. 토머스는 아내가 몸에 좋은 식사를 준비하는 동안 간식을 먹고 입맛이 떨어졌다고 한다. 아내는 그런 토머스에게 짜증을 낸다.

3. 너무 번거롭다

크리스티나의 남편은 일주일에 세 차례 야간 근무를 한다. 남편이 저녁에 집에 있는 날이면 크리스티나는 두 사람이 먹을 건강한 식사를 준비한다. 하지만 혼자 있는 날이면 '나 혼자 먹으려고 식사를 준비한다고? 너무 수고스러워.'라고 생각한다. 그래서 음식을 만드는 대신 시리얼이나 전자레인지용 팝콘으로 저녁을 때운다.

결과: 크리스티나는 잠자리에 들 때 배가 고프거나 불만스럽다. 다음날 아침에 굶주린 상태로 일어난다. 그 상태가 하루 종일 식사 주기에 부정적인 영향을 미친다.

4. 다이어트가 너무 힘들다

세라는 출산 후에 불어 난 살을 빼려고 애쓰는 중이다. 그래서 여러 차례 다이어트를 시도했다. 몇몇 유행하는 다이어트로 잠깐은 효과를 봤지만 결국 다시 살이 쪘다. 지금은 커피가 아침에 식욕을 억제해 주기를 바라면서 하루를 커피로 시작한다.

결과: 점심시간이 되면 세라는 배고파서 죽을 지경이라 포기하고 과식한다. 매일 더 바람직한 식생활을 하겠다고 다짐하지만 다음날 정오가 되면 똑같은 행태를 되풀이한다.

5. 부주의하게 과식할 때가 너무 많다

질은 낮 동안에는 대단히 모범적으로 건강하게 생활한다. 하지만 밤 열 시쯤 남편이 잠자리에 들면 지루하면서도 스트레스가 넘친 하루에서 벗어나 긴장을 풀어야겠다고 느낀다. 그래서 과자나 아이스크림을 집어 들고 짭짤하거나 크림이 많이 든 간식을 먹는다.

결과: 질은 과식했다는 죄책감에 잠을 잘 이루지 못하고, 이튿날 힘든 하루를 보낸다. 또 밤에는 간식을 더 많이 먹기에 이른다.

6. 영양소가 너무 부족하다

레이철은 고객을 집집마다 직접 방문해 돌보는 노인요양 간호사다. 그래서 한 집에서 다른 집으로 이동하는 사이에 사탕이나 패스트푸드, 슈퍼마켓에서 산 쿠키처럼 차에서 쉽게 집어 먹을 수 있는 음식으로 에너지를 보충한다.

결과: 레이철의 몸은 당분과 가공식품만으로 움직이고, 제대로 된 영양분을 전혀 섭취하고 있지 않다. 하루 종일 인슐린 수치가 급증하는 통에 변덕이 죽 끓듯 한다.

7. 변화가 너무 많다

대형 의류 매장에서 일하는 조엘은 동틀 녘부터 점심시간까지 배송 상자를 푼다. 고된 노동으로 엄청난 에너지와 칼로리를 소모하기 때문에 하루 일과가 끝날 때 행그리를 느끼지 않도록 많이 먹는다. 그러나 주말이면 거의 하루 종일 소파에서 보낸다. 주말에 식사량을 어떻게 조절해야 할지 잘 모른다.

결과: 때때로 조엘은 에너지가 그리 많이 필요하지 않은 주말에 과식을 한다. 그러고는 주말에 많이 먹은 대신 일하는 평일에 너무 적게 먹는다. 그의 몸은 식사량이 부족한 상태로 움직이거나 반대로 너무 많은 음식물을 소화해야 하는 상태로, 끊임없이 혼란을 느낀다.

8. 너무 혼란스럽다

메리는 "나는 하루 중 언제라도 먹을 수 있어."라고 말한다. 하지만 이는 배고픔과 완전히 별개다. 오랫동안 다이어트를 한 이후 메리는 배고픔이 보내는 신호를 전혀 이해하지 못하게 되었다. 배가 꽉 찼다고 느낄 때까지만 먹을 수 있지만 그때도 음식이 맛있으면 멈추기가 힘들다.

결과: 메리는 자신이 진짜 배고픔과 도를 지나치지 않고 충족시킬 수 있는 갈망의 차이점을 구분할 수 있는지 확신이 서지 않는다.

9. 남에게 영향을 많이 받는다

로라와 남편은 5년 차 부부다. 로라는 "남편은 먹는 걸 걱정할 필요가 없어요. 나는 음식을 보기만 해도 살이 찌죠."라고 말한다. 하지만 사실 남편이 선택하는 음식은 로라에게 커다란 영향을 미친다. 남편이 밤에 간식을 먹으면 로라도 간식을 먹는다. 남편이 아침을 거르면 로라도 아침을 거를 때가 많다. 게다가 로라에게 영향을 미치는 사람은 남편만이 아니다. 직장에서 점심시간에 동료가 샐러드를 주문하면 로라도 샐러드를 주문한다.

결과: 로라가 선택하는 음식은 자신의 배고픔이나 욕구와 무관하므로, 만족하지 못하거나 과식했다고 느끼고 행그리에 시달린다.

10. 스트레스가 너무 심하다

웬디는 최근에 이혼을 했고 아이는 중증 자폐증을 앓고 있다. 청구서와 예기치 않은 아들의 증상으로 매일 새로운 문제가 발생한다. 그래서 걱정으로 잠을 잘 이루지 못하고, 자기 인생은 진짜 심각한 문제로 점철되어 있는데, 직장에서 사소한 일로 불평하는 사람들을 보면 인내심을 발휘하기 어렵다. 때로는 너무 스트레스가 심해서 식욕을 잃는다. 어떨 때는 신경과민을 가라앉히려고 과식을 한다.

결과: 수면과 섭식에 기복이 나타나기 시작하면서 체중이 조금씩 증가하고 건강 상태가 곤두박질치며 머리카락이 세기 시작했다.

행그리와 행복 중 하나 선택하기

어린 시절 나는 『끝없는 게임』을 좋아했다. 이 책은 페이지가 끝날 때마다 어떤 선택을 함으로써 그 이후에 주인공이 나아갈 단계를 결정하는 아동 도서 시리즈다. "사나운 동물이 무서우니 동굴에서 뛰쳐나가고 싶은가?"를 선택하면 책이 가리키는 특정 부분을 펼친다. "보물을 찾아서 계속 동굴로 들어가고 싶은가?"를 선택하면 이와 다른 부분을 펼친다. 이 시리즈는 이야기의 구성을 따라가면서 끝이 마음에 들든 그렇지 않든 간에 책이 이끄는 결말로 나아가야 하는 대부분의 일반적인 책과 무척 다르다. 『끝없는 게임』를 읽을 때는 적극적으로 선택하면서 훨씬 더 역동적인 역할을 해야 한다.

유감스럽게도 우리는 음식을 선택할 때 전통적인 책처럼 그저 흘러가는 대로 두고 본다. 그 구성을 바꿀 힘이 없다고 느낀다. 그러나 나는 음식 섭취가 엄연하게 선택할 수 있는 모험과 같다고 믿는다. 우리는 결국 어디에 이르게 될지, 즉 식습관이 어떻게 진화할지, 그 과정이 기분에 어떤 영향을 미칠지 선택할 힘이 있다.

매일 우리는 배고픔을 행복으로 바꾸는 음식을 고를 수많은 기회를 마주한다. 음식을 먹을 때마다 행복과 행그리 중 하나를 선택한다. 게다가 행그리는 먹기 '전'에만 발생하지 않는다. 만족스럽지 않은 음식을 먹었을 때나 지나치게 많이 먹은 '후'에도 발생한다.

먹기 전이든 먹고 나서든 행그리는 음식 선택에 만족하고 그에 따라 지속되는 감정인 행복의 반대다. 나에게 행복이란 미소를 띠고 기쁨을 느끼는 감정이 아니다. 흡족하고 만족스러운 느낌이다.

무엇을 먹든 나는 간단한 질문을 내게 던진다. 지금 당장 이것을 먹으면 나는 행그리를 느낄까, 행복을 느낄까?

이제부터 당신도 이 질문을 자신에게 던져 보기를 바란다.

예를 하나 들어 보자. 오늘 아침에 나는 손에 커피를 들고 냉장고를 열었다. 그러고는 스스로 "좋아, 오늘 아침에는 무엇을 먹을까, 수잔?"이라고 물었다. 그다음에 미리 만들어놓은 스무디부터 건조 시리얼에 이르기까지 모든 선택지를 살펴봤다. 오늘은 할 일이 많았다. 내가 집중해야 하는 내담자들이 있었다. 직원회의도 있었다. 아이들 축구 연습에도 가야 했다.

내가 좋아하는 아침식사용 식품은 다양하다. 그러니 무엇이 내 입맛에 맞을지는 관건이 아니었다.

관건은 "무엇을 먹으면 행그리가 아니라 행복을 느낄까?"였다.

그 질문을 하면 머릿속에서 즉시 대화가 달라진다. 나는 허기를 채우고 에너지를 보충해서 바쁠 때 발생하기 쉬운 행그리를 예방해 줄 음식을 생각한다. 결국 닭이 먼저냐, 달걀이 먼저냐는 문제다. 행그리 소용돌이에서 제대로 먹지 못한 것이 먼저일까, 행그리를 느낀 것이 먼저일까? 이는 가늠하기 어려운 문제다. 제대로 먹지 않으면 행그리를 느끼게 되고, 행그리를 느끼면 제대로 먹지 못하게 되기 때문이다.

짐작컨대 이 책을 집어 든 사람이라면 제대로 먹지 않았을 때 발생하는 부정적인 문제를 아주 잘 알고 있을 것이다. 제대로 먹지 않아서 썩 바람직하지 않은 자기 자신으로 움츠러든 적이 있을 것이다. 혹은 너무 많이 먹어서 후회와 죄책감, 짜증에 괴로워하게 된 적, 특히 자기 자신에게 화가 난 적이 있을 것이다. 어쩌면 대부분의 사람들처럼 두 가지 모두 경험해 봤을 것이다.

언제나 주의를 기울여 식사하도록 이끌어주는 마법 같은 해결책이 있다고 약속하지는 않을 것이다. 수많은 내담자를 상대해 온 나는 그런 해결책이 없다는 사실을 잘 안다. 나 자신의 배고픔을 스스로 관리하고자 노력한 경험에서도 그 사실을 깨달았다. 행그리 관리 시스템에서 마법 같은 해결책은 찾지 못할 것이다. 행그리 관리 시스템이란 전략이자 존재 방식이다. 어떤 경우에도 도와줄 수 있도록 구성했다. 그리고 실제로도 효과가 있다!

먼저 행그리와 그 이면에 있는 심리적·생물학적·사회적 근거를 알아볼 것이다. 행그리의 근본 원인을 이해하고 나면 행그리가 '당신의' 삶에 어떤 영향을 직접 미치는지 알게 될 것이다. 당신에게 행그리는 어쩌다 한 번씩 겪는 문제인가? 아니면 매일같이 배고픔 정도에 따라 안절부절못하는가? 행그리가 당신에게 어떤 영향을 미치는지 이해하는 것이 이 책의 나머지, 즉 어떤 상황에서든 배고픔에 대처하도록 도와줄 시작점이다.

나는 바쁜 전문 직업인이자 엄마라서 시간이 내담자들에게 얼마나 중요한지 잘 안다. 당신도 그렇겠지만 그들도 이미 바쁘다. 일상생활에 해야 할 일을 더는 추가하고 싶어 하지 않는다. 그래서 아무리 일정이 빡빡한 사람이라도 빠르고 쉽게 파악할 수 있는 마음챙김 식사법을 개발했다. 이 책은 펼쳐서 관련 전략을 금방 찾을 수 있도록 구성했다.

나는 당신이 이 책을 다 읽었을 때 행그리가 당신의 삶에 아주 다양한 차원으로 영향을 미치며 관심을 기울여야 하는 중요한 문제라는 사실을 깨달았으면 좋겠다. 마음챙김 식사를 못하는 것이 마치 한 개인의 실패인 양 자기 자신을 탓하지 않기를 바란다. 곧 알게 되겠지만 이는 개인의 실패가 아니다. 더불어 당신이 배고픔을 행복으로 바꾸는 마음챙김 식사법을 익히기를 바란다.

행그리는 중대한 문제다. 많은 사람이 깨닫거나 인정하는 것 이상으로 중대하다.

하지만 다행히도 우리는 이에 대처할 수 있다.

행그리는 우리 손아귀에 있다.

우리 선택에 달려 있다.

제1부

행그리 관리 입문

행그리에서 행복으로

행그리가 삶에 악영향을 미칠 수 있다는 말은 굳이 하지 않아도 다들 알 것이다. 개중에는 사소한 문제도 있다. 제대로 먹지 않아서 집중력이 떨어지거나 머릿속이 흐려지는 느낌은 누구나 잘 안다. 그러나 동시에 행그리는 생각지도 못했던 중대한 방식으로 우리 삶에 영향을 미칠 수 있다. 행그리는 의사 결정 능력을 떨어뜨리고 중요한 순간에 기분을 망칠 수 있다. 그냥 방치했다가는 가정과 직장 모두에서 관계를 망가뜨릴 수 있다. 사람들은 대부분 이런 일을 직접 경험한 적이 있다. 연구 결과도 이를 뒷받침한다. 과학은 행그리 상태에서 벗어나는 것이 왜 그토록 중요한지, 즉 행그리를 행복으로 바꾸는 일에 왜 높은 우선순위를 매겨야 하는지 강조한다. 나는 행그리 관리보다 더 중요한 일이 얼마나 많은지 설명하는 내담자의 이야기를 수없이 들었다. 그러나 이 연구 결과를 보면 생각이 달라질 것이다. 내 경우에는 확실히 행그리 관리를 우선순위 목록에서 높은 순위에 놓게 되었다!

행그리 프리 = 더 행복한 관계

연구 결과로 미루어 볼 때 행그리가 불화를 가장 많이 일으키는 영역은 어디일까? 행그리를 다룬 가장 주목할 만한 연구이자 본격적으로 내 흥미를 끌기 시작했던 한 연구에서는, 행그리가 가장 친밀한 관계를 크게 위협한다고 밝힌다.[1] 오하이오 주립대학교에서 내놓은 연구를 읽었을 때 대단히 흥미로웠다. 일단 이 연구는 여태껏 읽었던 연구 논문 중 저주 인형을 이용한 첫 번째 사례였다! 게다가 부부에게 초점을 맞춘 연구였다. (연구에서 이는 드문 경우이며, 보통 연구 대상은 실험용 쥐나 대학생이다.) 또한 이 연구는 일상에서 매일 일어나는 일을 아주 실질적으로 들여다봤다.

연구는 간단했다. 연구진은 21일 동안 부부 107쌍의 혈당 수치를 측정했다. 그러면서 참가자에게 각자의 배우자를 상징하는 저주 인형을 주었다. 연구진은 공격 충동을 측정하고자 배우자에게 불만을 느낀 날이면 밤에 저주 인형에 핀을 꽂게 시켰다. 또한 참가자는 배우자에게 헤드폰으로 큰 소음을 들려줄 수 있었다. 연구 결과, 혈당 수치가 낮은 참가자는 저주 인형에 더 많은 핀을 꽂았다. 또한 배우자에게 더 큰 소음을 더 오랫동안 들려주었다.

나는 이 연구가 다소 극단적이지 않은지 의문이 들었다. 저주 인형을 핀으로 찌르는 행위와 자존감을 깎아내리거나 화를 부추기는 신랄한 말로 배우자에게 상처를 입히는 행위는 엄연히 다르다. 그래서 주변 사람들에게 "행그리가 관계에 영향을 미친 적이 있어?"라고 물어보기 시작했다.

처음으로 응답한 사람은 친구인 JT였다. 그는 이렇게 대답했다.

'행그리'가 진짜 있냐고?

내 경험으로는 있어.

예전에 마주치는 모든 사람에게 무척 상냥하고 사려 깊은 여성과 사귄 적이 있었는데, 그녀는 내가 수없이 변덕을 부리고 결점을 보여도 매일같이 끈기 있게 대해 주었지.

그 모든 감탄스러운 성품이 배고픔이 몰려오자마자 사라졌어. 곁에 있고 싶지도 않고 자기 자신도 되고 싶지 않았던 성난 사람으로 바뀌더라고.

사귄 지 두 달이 지나면서 우리는 정서적으로 끈끈한 유대 관계를 맺었고 장래를 약속할 가능성도 충분히 있었어.

그러던 어느 일요일 이른 오후에 그녀가 배고픈 상태로 내 집에 도착했어. 그 배고픔은 금세 언짢음으로 변했지.

나는 그녀에게 나가서 식사하자고 했어. 차에 탄 그녀는 한마디도 하지 않았고, 음식점까지 더 빨리 갈 수 있는 헬리콥터를 가지지 못한 내가 멍청이라도 된다는 듯이 노려보더군.

그렇게 해서 식당에 도착했어. 자리에 앉으려면 20분을 기다려야 한다고 하더라고.

나는 "달리 가고 싶은 음식점이 있어? 거기로 데려갈게."라고 물었지.

그녀는 "모르겠어. 당신이 가고 싶은 곳 아무 데나."라고 말했어.

압박감을 느끼면서 나는 우리가 예전에 가 봤고 둘 다 마음에 들어 했던 곳을 골랐어. 차를 대면서 살펴보니 식당은 붐비지 않았고 15분 내로 식사를 할 수 있을 것 같더라고. 만세! 하지만 차에서 내리기 전에 그녀는 "여기 파는 메뉴 중에 먹고 싶은 게 없어."라고 말하더군.

두 차례 퇴짜를 맞은 나는 빨리 이 여성에게 밥을 먹여야 했어. 땀이 나더라. 말하기가 무서웠지.

차에 앉아서 선택지를 제시했어.

파스타 식당은 어때? "싫어. 거기 가 본 적 없어."

케이준 식당은 어때? "매운 음식 안 좋아해."

생각나는 좋아하는 식당은? "없어."

그 순간 그녀가 집에 오기 전에 내가 무엇을 하고 있는지 떠올랐어. 나는 행복했어. 주말이었지. 날씨가 좋았어. 집에서 뒹굴면서 게임을 할 생각이었어. 인생이 아름다웠다고.

짜증스럽고 화난 기색을 감추지 못하게 된 나는 테이크아웃 샌드위치 전문점에 가기로 정했어.

이후로는 무사히 집으로 돌아왔어. 그녀는 샌드위치를 먹었어. 나는 아무 말도 하지 않았지.

그러다가 그녀가 울기 시작했어.

그녀는 사과하면서 다시는 나를 그런 식으로 대하지 않겠다고 말했어. 자기는 예전부터 자주 행그리에 시달렸다고 얘기하더라고.

하지만 나는 잊을 수가 없었어. 이후로도 그런 일이 몇 번 있었거든. 끼니를 거르거나 식당에서 음식이 늦게 나왔을 때 그런 행동을 보일 법한 사람과 장래를 약속하기가 불안했어.

우리는 일 년 동안 사귀었어. 헤어진 데는 몇 가지 이유가 있었고 대부분이 행그리와 무관했지. 하지만 돌이켜 생각해 보면 행그리도 한몫했어. 누군가가 배가 고프다는 이유만으로 상대방이 그런 취급을 당해야 해? 절대 그렇지 않아.

우리는 위에서 나는 꼬르륵 소리가 자기 자신에게 어떤 영향을 미치는지 자주 생각한다. 반면에 우리 식습관이 주변 사람에게 어떤 영향을 미치는지는 자주 생각하지 않는다. 그러나 결국 자기 자신을 어떻게 돌보는지는 주변 사람에게 엄청난 파급력을 미친다.

배고파서 화났을 때 막말해서 미안해…

내게 상담을 받았던 브룩의 이야기다. 브룩의 언니 재키는 브룩이 웨딩드레스를 고를 때 도와주기 위해 시카고에서 비행기를 타고 왔다. 둘은 웨딩드레스를 사기 위해 나섰고, 기나긴 하루가 될 예정이었다. 재키는 토요일 하루만 머물렀다가 다음날 비행기로 돌아가야 했다. 그래서 두 사람은 시내에서 가장 멋진 가게 세 곳에 연이어 예약을 잡았다.

가는 가게마다 재키는 쉴 새 없이 뛰어다니며 계속해서 드레스를 날랐다. 브룩은 자신이 꿈꾸어왔던 드레스인 엠파이어 웨이스트 에이라인 드레스를 보는 족족 전부 입어 봤다. 그리고 마지막 가게에서 완벽하게 마음에 드는 드레스를 찾았다.

자매는 의기양양하지만 지칠 대로 지친 채 집으로 돌아왔다. 두 사람은 브룩의 거실 의자에 축 늘어져 옛일과 재키가 입을 신부 들러리 드레스 이야기를 하기 시작했다. 재키는 어릴 때 엄마가 어떤 옷을 입혀 주었는지 떠올리기 시작했다. 두 자매는 쌍둥이는 아니었지만 18개월밖에 차이가 나지 않아서 어머니는 두 사람이 자기 옷을 직접 고를 정도로 나이가 들기 전까지 똑같은 옷을 입혔다.

기분 좋게 옛일을 추억하는 시간이 되었을 수도 있지만 대화는 갑자기 예기치 못한 방향으로 흘렀다. 눈물이 재키의 뺨을 타고 흘러내리기 시작했다. 재키는 브룩에게 "넌 너무 이기적이었어. 늘 내 옷을 탐냈지. 넌 편애받는 아이였어. 좋은 옷을 전부 독차지했잖아. 엄마는 쇼핑 갈 때 널 자주 데려가셨지."라고 말했다.

브룩은 좋은 동생이었기에 잠시 침묵했다. 그동안에 과연 이 대화의 핵심이 네 살 때 있었던 일인지 생각했다. 브룩은 그렇지 않다는 사실을 깨달았다. 이는 행그리의 강력한 효과였다. 브룩은 여러 차례 감정적인 사건에서 언니가 잘 먹기 전과 후에 얼마나 다른지 직접 목격했다. 게다가 브룩 자신도 몹시 배가 고팠다.

브룩은 재키의 부정적인 생각에 휩쓸려서 사태를 악화시키고 싶지 않았다. 두 사람은 조금 전까지 멋진 하루를 보냈다. 그리고 대화의 방향을 바꿀 아주 작은 기회의 창이 있다는 사실도 알고 있었다.

그래서 언니를 보며 그냥 "뭐 좀 먹자. 우리 둘 다 피곤하고 짜증이 난 것 같아."라고 말했다.

브룩은 곧장 냉장고로 향했다. 냉장고 문을 활짝 연 다음 재빨리 뒤졌다. 그러고는 응급 현장에서 정맥 주사를 전달하는 의료진처럼 요구르트를 들고 언니에게 달려갔다. 두 사람은 요구르트를 한 잔씩 마셨다. 어느새 행그리에 찬 재키는 사라졌고 브룩도 기분이 좋아졌다.

한 입씩 먹을 때마다 재키는 다시 기운을 차리고 평정심을 찾기 시작했다. 그렇게 해서 웃으며 동생의 스타일리스트 노릇을 하면서 하루를 즐겼던 유쾌한 재키가 돌아왔다.

일단 먹을 것이 입으로 들어가자 재키는 방금 전에 쏟아냈던 말을 사과했다. 밀려드는 행그리를 느꼈다고 인정했다. 하지만 엄청 많이 움직여야 하고 지치는 쇼핑이 행그리를 일으킨 원흉이라는 사실은 미처 깨닫지 못했다.

재키는 "두 번째 가게와 세 번째 가게 사이에 잠시 쉬어야 했어. 그랬다면 집에 돌아와서 감정 소용돌이에 말려드는 일은 없었을 거야."라고 털어놓았다.

두 자매는 이 사건에서 몇 가지를 배웠다. 다음번에 쇼핑을 강행군할 때는 미리 에너지를 보충할 것. 그리고 특히 감정 소비가 많았던 날에는 대화하기 전에 잘 먹을 것.

두 사람은 이 교훈을 결혼식 자체에 적용했다. 재키는 결혼식 날에 감정이 폭발하는 사태를 막으려면 결혼식 아침에 에너지를 잘 보충하는 일이 대단히 중요하다고 판단했다. 결혼식은 애초에 감정이 벅차기 쉬운 상황이고, 언제라도 불꽃이 튈 수 있는 해묵은 가족사가 있기 때문에, 가족이 행그리에 빠질 위험을 감수하고 싶지는 않았다.

재키와 브룩이 결혼식 날에 연관된 모든 요인을 통제할 수는 없었다. 그러나 모두가 배를 든든하게 채우고 하루를 시작하도록 도울 수는 있었다. 그래서 재키는 결혼식 전에 먹을 단백질이 풍부한 아침식사와 결혼식과 피로연 사이, 사진 촬영을 하는 동안에 배를 채울 간식을 준비했다. 결혼식은 무사히 끝났다.

그리고 고맙게도 지금 자매에게 그때 그 행그리 사건은 웃어넘길 수 있는 일이 되었다.

이면에서는 무슨 일이 일어나고 있는가?

멜라니는 "남편은 화가 나면 아무 거리낌 없이 내게 화풀이를 해요."라고 말했다. 이는 멜라니에게만 국한된 일이 아니다. 멜라니의 남편이 행그리로 몸부림칠 때면 반경 15미터 안에 있는 모든 사람이 알아차린다. 이럴 때면 멜라니는 좀 더 세심해지려고 애쓴다. 하지만 남편은 그런 호의를 베풀지 않는다. 멜라니가 제대로 먹지 못했을 때 남편은 행그리에 대처하는 대신 아내가 '까탈스럽다'라고 치부한다. 이런 반응에 멜라니는 무척 괴롭다.

멜라니는 내게 "남편은 왜 그 모양일까요?"라고 물었다.

내 생각에는 양육 환경으로 인해 불만을 표출할 가능성이 높고 행그리를 느낄 때 공격적인 행동을 거리낌 없이 표현하는 사람들이 있는 듯하다. 멜라니를 비롯한 내 내담자 중 일부는 갈등을 지극히 금기시하는 가정에서 자랐다. 언쟁의 씨앗이 될 말을 꺼내기만 해도 묵살당한다. 이런 환경에서 자란 사람은 행그리가 치밀 때 죄책감을 느끼고 그런 화난 감정을 꾹꾹 누르거나 공격성을 사적이고 비밀스러운 방법으로 제거한다.

멜라니는 행그리를 느낄 때 직접적으로 드러내지 않고 비밀 노트에 페이지마다 노여움을 기록한다. 이 노트에는 문자 그대로 계속 가두어 두는 솔직하고 검열하지 않은 생각이 담겨 있다.

뉴욕시 출신인 한 내담자는 그렇지 않았다. 그는 '거침 없는' 가정에서 자랐고, 운전자 폭행 사건으로 경찰에 소환받은 적이 있다. 행그리를 느낄 때마다 길에서 사람을 모욕하거나 욕설을 내뱉는 등 조금도 참지 않는다.

이 두 내담자의 차이는 단순히 행그리 수준에 그치지 않는다. 부정적인 정서를 편안하게 표현하는 정도에 영향을 미치는 성격과 가정환경, 문화가 복합적으로 작용한 결과이기도 하다.

행그리 프리 = 더 나은 결정

행그리는 관계를 방해하는 데 그치지 않는다. 연구자들은 행그리가 의사 결정에도 커다란 영향을 미칠 수 있다는 사실을 발견했다. 생각해 보라. 죄수가 교도소에서 나갈 가능성은 판사가 배가 고픈지 아닌지에 따라 좌우될 수 있다.

컬럼비아 경영대학원의 조너선 레바브 연구진은 이스라엘 법원을 대상으로 실시한 연구에서 10개월에 걸쳐 판사 8명이 주재한 가석방 심사 1,112건을 분석했다.[2] 판사의 하루 근무 시간은 세 세션으로 나뉘어 있고, 각 세션이 끝나면 식사나 간식을 먹는 휴식 시간이 있다. 판사들은 언제 휴정할지 선택할 수 있지만 판결할 사건의 유형이나 사건들을 심사할 순서는 정할 수 없다.

개정 직후에 죄수가 가석방 판결을 받을 확률은 65퍼센트였다. 휴정할 무렵에는 이 확률이 거의 0에 가까워지고 간식을 먹으면서 쉰 뒤에는 확률이 다시 65퍼센트로 증가했다. 이런 현상이 일어나는 원인으로 정신적 피로를 들 수 있다. 피곤할 때 우리는 최소한의 노력만 필요한 결정을 내린다. 따라서 판사가 피곤할 때는 애초의 결정을 그대로 인정하고 가석방을 부결하기 쉬울 것이다.

연구진은 배고픔과 저혈당이 정신적 피로를 일으키는 원인이라고도 지적한다. 식사를 마친 후에 판사들의 결정은 크게 바뀌었다. 판사들은 배가 고플 때 훨씬 더 가혹한 판결을 내렸다. 판사가 휴식 시간에 간식을 먹었는지 아닌지에 자신의 운명이 달려 있다고 생각하면 소름이 돋는다. 이 연구를 보면 상사나 배우자에게 부탁할 시점을 알 수 있을 것이다. 바로 점심 직후다! (점심 직'전'에는 중요한 일을 부탁하겠다는 생각조차 하지 마라!)

연구자 안드레아스 글뢰크너는 판사들의 결정을 다르게 해석한다.[3] 글뢰크너는 판사들이 비교적 간단한 사례를 오전에 심사하는 경향이 있어서 더 가혹한 판결을 내린다고 생각했다. 판사들이 이렇게 하는 이유는 비교적 복잡하고 오랜 시간이 걸리는 사건이 점심시간을 방해할 위험이 있기 때문이다.

판사가 더 가혹한 판결을 내리도록 유도하는 원인을 정확하게 알 수는 없다. 여러 가지 이유가 복잡하게 작용할 것이다. 그러나 한 가지는 확실하다. 판사는 물론이고 그 누구라도 빈속으로 중요한 결정을 내리는 것은 바람직하지 않다는 사실이다. 나라면 점심시간 직전에 판사 앞에 서고 싶지 않다. 당신이라면 그러고 싶겠는가?

저혈당 수치가 사고에 미치는 영향을 다룬 연구 42건을 대상으로 실시한 메타 분석에서 연구자들은 의사 결정을 네 가지 차원에서 검토했다. 이 연구진은 지불 의향과 근로 의향, 조급함, 결정 방식을 살펴봤다. 검토 결과 혈당 수치가 낮거나 배가 고픈 경우 음식과 관련된 상황에서 지불 의향과 근로 의향이 증가했다. 즉, 사람들은 배가 고플 때 음식을 얻기 위해 필요하다면 큰돈을 쓰거나 당면 과제에 상당한 노력을 기울이는 등 필요한 모든 일을 할 것이다. 반면에 당면 과제가 돈과 무관하다면, 음식과 무관한 모든 상황에서 지불 의향이나 근로 의향이 감소했다. 예를 들어, 상점에 있을 때 배가 고프다면 다른 사이즈를 찾아보거나 갖고 싶었던 셔츠에 비싼 값을 치를 가능성이 낮다. 또한 혈당 수치가 낮을 때 사람들은 음식에 관한 결정에 조급해졌지만, 돈에 관련된 결정에는 그리 조급해지지 않았다.

혈당 수치가 낮을 때는 음식과 관련해 신중하기보다는 직관에 따라 결정을 내리는 경향이 증가한다. 다들 알 것이다! 이것이 문제다. 배가 고플 때면 잠시 멈추어서 곰곰이 생각하는 대신 가장 먼저 눈에 띄는 음식을 집어 든다. 종합해서 요약하자면 저혈당은 의사 결정, 특히 음식 관련 결정에 영향을 미친다.

배고플 때 중요한 결정을 내리지 말아야 할 이유로 그렐린도 꼽을 수 있다. 그렐린은 식전에 분비되는 호르몬으로 식욕을 촉진하는 역할을 한다. 그렐린은 의사 결정과 충동 조절에 부정적인 영향을 미친다. 연구자들은 그렐린의 작용을 좀 더 잘 이해하고자 쥐를 대상으로 그렐린 수치를 높였을 때 발생하는 효과를 살펴봤다. 쥐(와 사람)가 배고픔을 느낄 때와 비슷하도록 그렐린 수치를 높이자 쥐는 더욱 충동적으로 행동했다. 실험 대상 쥐들은 레버를 누르지 않았을 때 보상을 받는 훈련을 받았다. 그러나 그렐린 수치가 높을 때 쥐들은 레버를 누르면 보상을 받지 못하는 데도 자제심을 발휘하지 못했다.[4] 충동적인 결정과 행동은 결코 최선의 결정과 행동이 아니다.

행그리 프리 = 지능 향상

고등학교 학생인 베키는 "내일 대학 입학시험을 봐요. 시험 때문에 스트레스가 너무 심해요. 시험 점수가 물리 치료사가 되려는 제 계획에 영향을 미칠 테니까요. 오늘 밤에는 푹 자고 든든하고 건강한 아침식사를 해야겠어요."라고 말했다.

어쩌다 보니 나는 베키가 거의 매일같이 아침을 거른다는 사실을 알고 있었다. 그래서 건강한 아침식사를 하겠다고 다짐한 이유를 물었다. 베키는 아무런 망설임 없이 "그러면 훨씬 집중을 잘할 것 같아서요."라고 말했다.

나는 이 상황의 아이러니를 조심스럽게 지적해야 했다. 베키는 특정한 어떤 날에 든든한 아침식사가 얼마나 중요한지 제대로 알고 있었다. 배고픈 상태나 불량한 음식을 먹고 그 시험을 보겠다는 생각조차 하지 않았다. 베키의 머릿속에 '아침식사 = 집중력 향상'이라는 연결고리가 명확하게 존재했다. 하지만 과연 평소에는 집중력이 중요하지 않을까? 베키는 매주 학교에서 자기 미래에 중요한 시험을 쳤다. 주의력을 총동원해야만 했다. 그런데 왜 대학 입학시험 날에는 노력할 가치가 있지만 다른 날에는 그럴 가치가 없다고 느꼈을까?

내가 이 이야기를 하자 베키는 웃었다.

베키는 "그런 식으로 생각해 본 적이 없어요."라고 말했다.

베키만 그런 것이 아니다. 학생들의 경우 행그리가 뇌에 특히 강한 영향을 미친다. 최근 케임브리지대학교에서 내놓은 보고서는 한 가지 공통점이 있는 여러 연구를 모아서 정리했다. 그 연구들은 하나같이 아침식사를 든든하게 먹지 않는 아이들은 학교생활도 잘하지 못한다는 결론을 내놓았다. 아침식사를 거르면 아이의 인지 능력, 기분, 지적 민감도가 모두 타격을 받았고 필요한 수면 시간도 증가했다. 그러나 안타깝게도 아동과 청소년 중 20퍼센트에서 30퍼센트가 여전히 매일 아침식사를 거른다.[5,6,7] 아침식사를 하는 것만으로도 기억력을 높이고 시험 성적이 향상된다는 사실을 고려할 때 이는 무척 김나는 일이다.[8]

뇌에 에너지를 공급하고자 음식으로 섭취하는 포도당은 인지 기억력, 시공간 기능(이차원과 삼차원 물체를 머릿속으로 처리하는 능력), 처리 속도와 반응 시간, 작업 기억, 문제 해결, 주의력 향상에 도움을 준다.[9] 우와! 이는 우리가 최고의 하루를 보내기 위해 필요한 모든 능력이다!

사람들은 대부분 행그리가 자신의 결정에 미치는 영향을 자기 자신의 '경험'에 비추어 알 수 있다. 정크 푸드로 배고픔을 일시적으로 해결한 일부터 직장과 가정에서 저지른 어리석은 실수에 이르기까지, 행그리를 느낄 때 나중에 후회할 결정을 내린다고 말한 내담자는 한두 명이 아니다. '어반 딕셔너리'*에는 '멍청한 배고픔(dumb hunger)'이라는 용어가 나온다. 이는 "배가 너무 고파서 결정을 내릴 수 없는 상태" 또는 주유소에서 파는 오래된 핫도그를 먹거나 점심을 먹느라 중요한 회의를 건너뛰는 등 어리석은 결정을 하는 상황을 일컫는다. 나중에는 그 결정을 반드시 후회한다.

스테파니는 배고픔과 되돌리고 싶은 의사 결정을 이야기하면서 부끄러운 듯 '파인애플 원피스'를 언급했다. 스테파니 옷장 구석에는 노란색 파인애플 무늬가 요란하게 여기저기 박힌 흉측한 검은색 원피스가 있다. 스테파니는 휴가로 멕시코에 갈 때 그 옷을 샀다. 가격표도 떼지 않은 채 몇 년째 그 자리에 걸려 있다. 스테파니가 그 원피스를 버리지 않는 이유는 실제로 자기가 그렇게 흉한 물건을 샀다는 사실을 좀처럼 믿기 어렵기 때문이기도 하고 경고등 역할을 하기 때문이기도 하다. 스테파니는 행그리로 몸부림치던 와중에 쇼핑에 나섰다가 그 원피스를 샀다고 설명했다. '더는 상관없어. 배고파 죽을 지경이야. 이거면 될 거야.'라고 생각했던 순간을 분명하게 기억한다. 행그리 증상이 나타나는 와중에 물건을 사고 나중에 후회한 경험이 있는가?

날이면 날마다 행그리를 다루는 심리학자인 나 역시 행그리를 느

---

* Urban Dictionary, 신조어나 구어체, 속어를 소개하는 인터넷 기반 영영사전.

길 때 부주의하게 결정을 내리는 것을 피하기 어렵다. 몇 년 전에 캘리포니아에서 마음챙김 식사를 주제로 강연을 했다. 내 강연 순서는 마지막이었고, 내 앞 차례 의사들의 강연은 계속 늘어져서 결국 원래 예정보다 두 시간이나 길어졌다. 마침내 강연을 마치고 강당에서 나왔을 때 배가 고파 죽을 지경이었다! 배에서 꼬르륵 소리가 요동쳤다. 머리가 아팠다. 하지만 곧 다른 강연 일정이 있었다.

나는 절박한 심정으로 가방을 열었다. 바닥까지 뒤져서 얼마나 오래되었는지 거의 다 부스러진 초코바를 발견했다. 그 초코바를 먹지 않도록 말릴 질문을 연달아 던지기 시작했다. "정확히 얼마나 오래된 거지? 어쩌다 여기 이런 게 들어 있는 거야?"

몇 주 전에 쌍둥이 조카를 돌보던 차에 초코바를 챙겨 두었던 기억이 떠올랐다. 하지만 너무 배가 고픈 나머지 자제력을 발휘하는 데 실패했다. 나는 포기하고 가방 속에 들어 있던 초코바를 깨끗하게 먹어 치웠다.

다 먹자마자 후회했다. 초코바는 맛있지 않았다. 다른 그 어떤 상황에서도 오래된 아이들 간식을 먹는 것은 아니었다. 게다가 배고픔을 해소하지도 못했다. 내 지식을 활용하는 더 나은 계획이 있었을 것이다. 학회에는 수도 없이 참석했다. 말 많은 발표자들은 거의 항상 정해진 제한 시간을 넘긴다. 미리 든든한 간식을 챙길 수도 있었다.

내담자들도 비슷한 이야기를 하고, 결과는 늘 똑같다. 언제나 이런 식이다. 너무 배가 고픈 나머지 좋든 싫든 간에 휴게실에 방치된 도넛이나 냉장고에 있던 소시지처럼 근처에 있는 아무 음식이나 집어 든다.

행그리를 느낄 때 우리는 먹을 것을 뒤지게 된다. 기본적인 생체 반응이다. 그러나 그 반응을 자제하지 못하면 결국 후회와 좌절, 체중 증가와 건강 이상 문제를 겪게 된다.

언뜻 보기에 배고픔은 무시하기 쉬운 사소한 문제처럼 여길 수 있다. 심지어 행그리는 농담의 소재처럼 느끼질 수 있다. 그러나 앞에서 봤듯이 연구 결과는 명확하다. 배고픔은 우리가 관계에서 반응하는 방식부터 일상생활에서 크고 작은 결정을 내리는 방법에 이르기까지 모든 일에 커다란 영향을 미친다.

행그리 프리 = 죄책감 감소

행그리를 이해함으로써 얻을 수 있는 중요한 이점 중 하나는 과식에서 비롯되는 불쾌한 감정에서 벗어날 수 있다는 점이다. 너무 배가 고프다 보면 그 직후에 먹는 식사나 간식은 최선이 아니기 쉽다.

"기분이 너무 안 좋아. 그거 먹지 말 걸."

이는 '과식후회' 상태에 처한 사람이 되뇌는 말이다. 행그리와 과식후회는 둘 다 지극히 나쁜 기분을 유발한다. 연구에 따르면 간식이나 초콜릿 같은 특정한 음식을 과하게 먹은 사람들은 수치심과 죄책감을 느끼는 경우가 많다고 한다.[10]

안타깝게도 초콜릿은 조금만 먹어도 죄책감을 불러일으킬 수 있다. 건강하고 정상 체중인 여성 37명 중 일부는 초콜릿, 일부는 사과를 먹었고, 나머지는 아무것도 먹지 않았다. 그다음에 음식을 먹기 전 기분과 음식을 먹은 후 5분, 30분, 60분, 90분이 경과했을 때 기분을 평가했다. 초콜릿과 사과는 둘 다 배고픔을 완화하고 기분을 좋게 했으며 에너지 수준을 높였다. 그러나 초콜릿을 먹은 뒤에 기분이 좋았던 여성도 있었고 죄책감을 느낀 여성도 있었다.

초콜릿을 조금 먹었을 때도 후회스러운 감정이 든다는 사실을 고려할 때 초콜릿을 아주 많이 먹으면 심각한 과식후회를 유발할 것으로 추측할 수 있다. 이는 음식을 과다 섭취했을 때 발생하는 팽만감과 더부룩함, 졸음처럼 신체적 영향에 그치지 않는다. 동시에 먹는 데 신경을 쓰지 않았다는 사실에서 비롯되는 불쾌한 감정이다. 결정을 해놓고 그와 반대로 행동하는 것보다 기분 나쁜 일은 없다. 비결은 만족스러울 정도로 초콜릿을 딱 적정량만 먹고 죄책감이 결정을 좌우하지 못하도록 하는 것이다.

과식후회를 할 때 내가 했던 말을 용서해 줘

앞에서 충분한 음식을 섭취하지 않았을 때 어떤 일이 일어나는지 조사한 연구를 살펴봤다. 그렇다면 행그리 때문에 과식을 하게 되면 어떤 일이 일어날까?

내 내담자인 켈리는 남편이 아침 일찍 동네 빵집에 갔던 날을 설명했다. 검소한 남편은 열두 개들이 도넛 스페셜을 사 왔다. 켈리가 제일 좋아하는 시럽을 바른 정통 스타일 도넛이었다. 남편은 그 사실을 알고 있었고, 빵을 고를 때 아내를 생각했다.

남편과 두 아이는 회사와 학교로 가기 전에 각각 도넛을 하나씩 먹었고, 집에는 도넛 아홉 개와 함께 켈리 혼자 남았다.

켈리는 "도넛들이 상자에서 나를 뚫어지게 보고 있었어요. 아직 뜨거웠고 빵집이 아예 우리 집 부엌에 들어온 듯한 냄새를 풍겼죠."라고 말했다. 출근하기까지 15분 정도 여유가 있었다. "두 개만 먹을 생각이었어요. 보통 과일을 곁들여서 한두 개 맛을 보죠."

켈리는 커피를 가져와 도넛을 한 개 먹었다. 입안에서 살살 녹았고 정말 맛있었다. 딱 적당하게 끈적이면서도 달콤한 케이크 질감이었다. 어느새 두 번째 도넛도 금방, 정말 순식간에 먹었다. 켈리는 세 번째 도넛을 반으로 쪼개면서 자신에게 "반개만 더 먹자."라고 말했다. 하지만 절반을 먹은 뒤에 나머지 절반도 쪼개서 먹고 남은 조각도 입에 쏙 넣었다. '딱 한입거리야. 남겨 놓으면 뭐해?'라며 합리화했다.

도넛이 너무 맛있었기에 이따가 오후에 간식으로 먹으려고 하나를 더 챙겼다. 하지만 켈리는 출근길에 운전하며 커피와 함께 어느새 그 도넛까지 야금야금 먹어 버렸다.

회사에 도착할 무렵 켈리는 커피와 당의 작용으로 신경이 곤두섰고, 그날 아침에 해야 하는 프레젠테이션 생각에 초조했다. 말 그대로 몸에서 긴장감을 느낄 수 있었다. 게다가 그 마지막 도넛을 먹은 자신에게 화가 났다. 세 개째도 무리였다. 심지어 네 개째는 먹고 '싶지'도 않았다! 대체 왜 그렇게 되었지? 켈리는 의아했다. 기분으로 볼 때 너무 많이 먹은 것이 분명했다. 기분이 매우 나빴다.

켈리는 '나는 매일 결정을 내리는 똑똑한 여성이야. 대체 왜 두 개만 먹겠다는 결정을 고수할 수 없었지?'라고 생각했다. 그 질문이 계속해서 머릿속을 맴돌았다. '어쩌다 두 개가 네 개로 불어나도록 방치한 거야?'

복도를 성큼성큼 걸어서 사무실로 향하는 길에 치밀어 오르는 짜증을 느낄 수 있었다. 다른 사람들도 마찬가지였다. 직원들은 켈리를 피하려고 바퀴벌레처럼 각자 사무실로 흩어졌다. 옷이 꽉 끼는 기분이었고 나쁜 기분과 부정적인 생각만 더해 갔다.

11시에 접수 담당 직원이 먹다 남은 음식을 꺼내 전자레인지에 데웠다. 태국 음식이었고, 직원이 책상에서 음식을 먹기 시작하자 강한 카레 향이 켈리 쪽으로 퍼졌다.

켈리는 손으로 책상을 세게 친 다음 일어서서 동료에게 성큼성큼 걸어가 소리를 지르기 시작했다. 켈리는 "음식 냄새가 접수처 전체에 풍기잖아요! 대체 어느 누가 일을 하고 조금이라도 생산적인 작업을 할 수 있겠어요?"라고 고함쳤다.

켈리의 동료는 놀라서 몸을 움츠렸다가 어색하게 포장 용기를 쥐고 휴게실로 뛰어갔다.

켈리는 자기 책상으로 돌아와 분노에 차서 컴퓨터 자판을 두들겼다. 하지만 잠시 시간이 지나자 자기가 동료에게 한 말에 참담한 기분이 들었다. 켈리는 정말로 카레 향이 거슬렸을까? 아니다. 켈리는 카레 향을 좋아했다. 켈리가 느꼈던 진짜 기분은 배부른 몸과 꽉 끼는 옷으로 인한 불편감이었다. 켈리는 확실히 과식후회의 영향을 받고 있었다.

이 이야기를 내게 하면서 켈리는 부끄러움에 입을 꾹 다물었다.

켈리는 그날 오후에 기분이 나아지기 시작했고, 동료에게 가서 사과했다. 그날 자기 일진이 사나웠지만 그렇다고 해서 동료를 그런 식으로 대한 변명은 될 수 없다고 말했다.

켈리는 그 경험으로 과식후회가 미치는 아주 강력한 영향을 알았다. "그런 버전의 저는 성질이 고약하고 화를 잘 내고 비이성적으로 심술을 부리고 이상할 정도로 쉽게 짜증을 내죠."라고 말했다.

그런 버전의 켈리가 회사에서만 등장하지는 않는다. 가족들 역시 경험한 적이 있었다. 켈리 주변 사람들은 대부분 켈리가 행그리를 느낄 때 분출하는 감정이 자기 탓이라고 느꼈다. 그들은 켈리의 폭언이 음식 선택과 자기 신체에 대해 켈리 자신이 어떻게 느끼는지와 관련이 있을 것이라고는 전혀 생각하지 못했기 때문이다.

다행히도 이 이야기는 행복하게 끝난다. 켈리는 이 책에서 소개하는 행그리 관리 방법을 실천했다. 먹을 도넛 개수를 정하고 이를 고수하는 방법을 배웠다. 무엇보다도 아무런 후회 없이 주의를 기울이며 먹는 모든 음식을 즐기는 법을 배웠다.

슬프게도 행그리가 음식을 충분히 먹지 못할 때만 발생하지는 않는다. 켈리의 사연에서 알 수 있듯이 과식 역시 제대로 먹지 못했을 때와 똑같이 불편하고 불행한 감정을 유발할 수 있다. 가끔 내 내담자들은 심지어 "과식할 때 나 자신이 '증오'스러워요. 그냥 너무 역겨워요."와 같은 아주 부정적인 말을 털어놓기도 한다.

그런 짜증은 복부 팽만감이나 과도하게 배부른 느낌처럼 과식이 신체에 미치는 영향에서 비롯되기도 한다. 그러나 동시에 통제 불능 상태라는 감각에도 짜증을 느낀다. 결정을 내리고 이를 지키지 않는 것을 좋아하는 사람은 아무도 없다. 자기 자신에 대한 실망감이 눈덩이처럼 불어나서 무엇을 완수하지 못했을 때 느끼기 쉬운 감정, 즉 죄책감, 후회, 수치심이 될 수 있다. 행그리 관리 프로그램은 사람들이 이 모든 감정을 정복할 수 있도록 돕고자 한다!

행그리가 어떤 형태를 띠든, 너무 많이 먹은 경우든 너무 적게 먹은 경우든 간에, 우리에게 아무런 도움도 되지 않는다는 점을 상세히 설명했다.

행그리가 당신에게 어떤 영향을 미치는지 잠시 생각해 보라. 어떤 부분을 가장 크게 흔드는가? 결정? 관계? 행그리를 느낄 때 당신은 비이성적으로 화를 내는가 아니면 명료하게 생각하기가 어려운가?

이제 그 반대로 마음챙김 식사가 당신의 삶을 어떻게 개선할 수 있을지 생각해 보라. 잠시 시간을 내서 행그리가 없는 상태에서 비롯되는 이점을 진지하게 상상해 보라. 원하는 대로 먹는다면 무엇이 달라질까? 머릿속에 떠오르는 상상이 마음에 드는가? 그렇다면 계속 읽어 나가라!

행그리 이해하기:
행그리는 어디에서, 왜 생겨나는가

—— 단지 배가 고프다는 이유만으로 우리는 왜 그토록 쉽게 사랑하는 사람을 몰아세우거나 사소한 일에 정색하며 화를 내게 될까? 또한 간단하고 건강에 좋은 간식을 쉽게 먹을 수 있는데도 굳이 배고픔을 무시한 채 고되게 하루를 버텨 내려고 하는 이유는 무엇일까? 대체 우리 안에서 '실제로' 어떤 일이 벌어지고 있는 것일까? 왜 배가 고프면 감정 기복이 극심해질까?

아주 간단하고 기본적인 원인으로 배가 고플 때 혈당이 때로는 아주 급격할 정도로 떨어진다는 사실을 들 수 있다. 혈당이 떨어지면 공격성이 증가할 수 있다. 이는 정상적이고 자연스러운 생물학적 반응이다. 석기시대에는 배가 고플 때 공격성이 증가하는 상태가 바람직했다. 공격성이 증가하면 자기 몫의 식량을 확보하고자 동물이나 다른 사람들을 상대로 거침없이 뛰어들어 싸울 수 있었다. 당시에는 행그리를 느끼는 사람일수록 생존할 가능성이 높았다. 그러나 곧 알게 되겠지만 오늘날 행그리는 혈당 저하보다 훨씬 더 복잡한 이유로 발생한다. 행그리는 호르몬과 다양한 신체 기능, 심리가 복잡하게 상호 작용한 결과다.

행그리로 바뀔 수 있는 배고픔 유형 네 가지

우리가 음식을 먹는 근본적인 이유가 항상 위가 비었다는 데서 비롯되지는 않는다. 우리는 다양한 이유로 배고프다는 느낌을 받으며, 육체적인 이유도 있지만 그렇지 않을 때도 있다. 배고픔의 종류에 따라 유발하는 행그리의 유형도 다르다. 또한 이에 대처하는 관리 전략도 달라야 한다.

따라서 배고픔이 행그리로 바뀌기 전에 먼저 자신이 겪고 있는 배고픔이 어떤 종류인지 파악해야 한다.

건강 배고픔 이는 몸이 느끼는 배고픔이다. 장시간 음식을 먹지 않아서 위가 꼬르륵거리기 시작한다. 피로를 느낀다. 충분히 먹지 않았거나 제대로 먹지 않았거나 너무 많이 먹은 경우 몸이 신호를 보낸다. 이는 우리가 음식을 먹는 생물학적 이유에 속한다.

건강 행그리가 발생할 때 느낌: 짜증스럽고 화가 난다.

건강 행그리가 발생할 때 생각: '배고파 죽겠어. 저리 비켜, 뭘 좀 먹어야겠어!'

머리 배고픔 이는 머릿속에서 시작하는 배고픔이다. 육체가 아니라 정신에서 비롯되는 배고픔도 있다. 대개 우리는 이를 갈망이라고 표현한다. 옆방에 있는 초콜릿 칩 머핀을 생각하기 시작한다. 혹은 하루 종일 머릿속에 따끈따끈한 뉴욕식 페퍼로니 피자가 맴돈다.

머리 행그리가 발생할 때 느낌: 전반적인 영양이 아니라 구체적인 음식을 갈구하고, 먹지 못하면 박탈감이나 실망감을 느낀다.

머리 행그리가 발생할 때 생각: '그냥 그게 너무 먹고 싶어.'

심장 배고픔 이는 감정에서 비롯되는 배고픔이다. 계속해서 느끼고 싶은 기쁨처럼 긍정적인 정서일 수도 있다. 혹은 스트레스나 불안, 지루함처럼 음식으로 누그러뜨리고 싶은 부정적인 느낌일 수도 있다. 어느 쪽이든 이 배고픔은 정서에서 비롯된다.

심장 행그리가 발생할 때 느낌: 일시적인 위안이나 부정적인 느낌에서 벗어나고픈 충동이다. 그러나 이 행그리를 채우고 나면 후회와 죄책감을 느낄 때가 많다.

- **심장 행그리가 발생할 때 생각:** '초콜릿을 먹어야겠어.'

손 배고픔 이는 지루하고 주변에 음식이 보일 때 발생한다. 음식의 외양과 냄새가 감각 반응을 일으킨다. 예를 들어, 상점을 지나가면서 맛있어 보이는 시나몬 롤 냄새를 맡는다. 혹은 초콜릿 크링클 쿠키를 예쁘게 쌓아 둔 진열장을 본다. 난데없이 배가 고프다. 뭔가 아작아작 씹는 감각을 느끼고 싶다. 하지만 이는 단지 음식이 보이는 곳에 있기 때문이다. 몸이 진짜로 느끼는 배고픔이 아니다.

- **손 행그리가 발생할 때 느낌:** 감각이 살아난다. 온몸이 반응을 하면서 침이 나오거나 향을 맡거나 음식을 빤히 쳐다본다. 음식이 감각을 자극하기 때문에 혹은 그저 음식이 그곳에 있기 때문에 저절로 음식에 손이 간다.
- **손 행그리가 발생할 때 생각:** '바로 내 눈앞에 있잖아. 게다가 모양도 냄새도 기가 막혀.'

행그리를 느끼는 세 가지 생물학적 원인!

내가 마법을 부릴 수 있다면 하고 싶은 수많은 일 중 하나가 바로 사람들이 자기 자신과 식습관에 대해 말하는 부정적인 단어들을 사라지게 하는 것이다. "그걸 먹다니 어쩜 그렇게 멍청할 수 있을까? 딱히 먹고 싶지도 않았는데."라거나 "브라우니를 추가하지 말았어야 했어. 난 바보야." 같은 말을 없애고 싶다.

내게는 이를 실현할 마법 지팡이가 없다. 하지만 행그리가 대개 개인의 실패가 '아니'라는 사실을 증명할 꽤 믿을 수 있는 증거는 갖고 있다. 행그리는 순전히 생명 활동의 결과일 때가 훨씬 많다!

몸속에서 일어나고 있는 작용을 생각해 보면 행그리가 왜 그렇게 자주 발생하며 이를 선제적으로 관리하는 것이 왜 중요한지 이해하게 된다. 행그리는 여러 생물 요인에서 비롯되는 전적으로 정상적이고 자연스러운 반응이다. 여기에서 가장 두드러진 요인 세 가지를 설명하고자 한다. 바로 혈당 불균형, 스트레스 호르몬인 코르티솔, 식욕에 영향을 미치는 성가신 신경펩티드다.

1. 혈당 불균형

행그리를 유발하는 첫 번째 자극은 혈중 포도당이라고도 하는 혈당의 변동이다. 음식을 먹으면 인체는 음식에서 단백질과 지방, 탄수화물 같은 영양소를 섭취해 이를 아미노산, 지방산, 단당류 같은 좀 더 작은 화합물로 분해한다. 그런 다음에 이 화합물이 몸 전체로 퍼져나가서 호흡 같은 기본 욕구부터 10킬로미터 달리기나 시험처럼 좀 더 격렬한 활동에 이르기까지 모든 작용에 동력이 되는 에너지를 제공한다. 한동안 음식을 먹지 않으면 혈중 포도당 수치가 떨어지고 인체는 제대로 작동하는 데 필요한 영양분을 공급받지 못한다.

포도당은 우리 몸이 주로 사용하는 에너지원이므로 포도당이 부족하면 피로, 짜증, 집중력 저하를 유발할 수 있다. 바쁜 하루 내내 에너지를 태우려고 할 때는 특히 더 그렇다. 식사 간격이 길어질수록 혈류에서 순환하는 포도당이 줄어들고 우리 몸이 기능하는 데 필요한 연료가 줄어든다. 이는 마치 기름도 넣지 않고 차를 몰려는 것과 같다.

뇌가 기능하려면 포도당이 필요하므로, 음식물을 먹었을 때 가장 잘 작동한다. 그러나 포도당 양만 중요한 것은 아니다. 포도당을 무엇에서 얻는지도 중요하다. 초콜릿이나 컵케이크를 섭취하면 에너지를 북돋우는 당분이 급증한다. 그러나 그 효과는 오래가지 않는다. 초콜릿과 컵케이크에 들어 있는 단당류는 혈류로 포도당을 아주 빠르게 방출하기 때문이다. 이런 음식은 약 20분 정도 각성 수준을 높인다. 그러다가 급증한 혈당은 그 끝을 맞이하고, 혈중 포도당 수치는 급락하며, 결국 불안하고 집중할 수 없는 상태에 처할 수 있다.

그러나 섬유질이 풍부한 음식(통곡물, 견과류, 베리류)처럼 천천히

빈속으로 활동

음식이 포도당으로 바뀐다.

포도당이 에너지로 바뀐다.

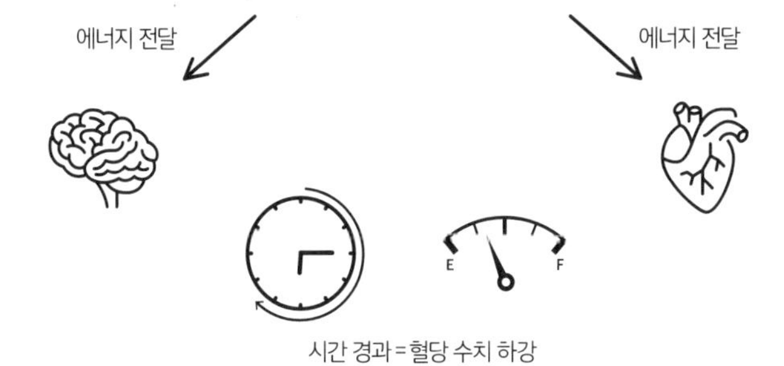

시간 경과 = 혈당 수치 하강

저혈당 = 지적 능력 하락
집중하고 몰두하기 어렵다.
간단한 과제가 힘들어지고 시간도 더 오래 걸린다.
변덕을 부린다.
짜증을 낸다.
심한 저혈당 = 뇌가 이를 생명을 위협하는 상황으로 받아들이기 시작한다.

전투태세

매우 배고픈 상태

혈당 수치 하강,
이는 뇌에 지시를 보내도록 자극한다.

포도당 대응조절 호르몬이라고 하는 호르몬을 합성해서 혈류로 분비하라고 지시한다.

부신이 두 가지 호르몬을 분비한다.

아드레날린

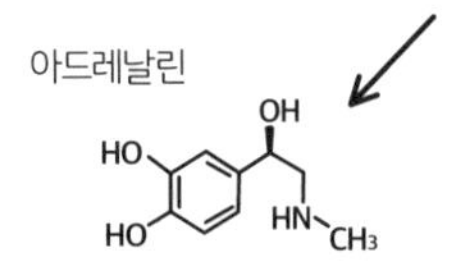

아드레날린은
공격적인 행동을 증가시킨다.

코르티솔

코르티솔은
'투쟁-도피' 반응을 유발한다.

두 가지 호르몬 증가,
공격적 행동,
쏘아붙인다,
짜증을 낸다,
대립을 일삼는다.

작용하는 탄수화물을 먹으면 같은 양의 포도당이 훨씬 더 오랜 기간에 걸쳐 방출된다. 이는 식사 후에 몇 시간에 걸쳐 기운이 넘치고 각성 상태를 유지할 수 있다는 뜻이다.

나는 우리 몸에서 일어나는 혈당 작용이 자동차 연료 체계와 비슷하다고 자주 생각한다. 연료 탱크 수위가 낮아지기 시작할 때 자동차는 방심하지 않아야만 알아차릴 수 있는 미묘한 신호를 보낸다. 바로 연료계 눈금이 줄어드는 현상이다. 이 신호를 무시하거나 알아차리지 못하면 자동차는 신호 강도를 높인다. 우리 주의를 끌려고 소리를 내거나 경고등을 켠다. 그 신호도 무시한다면 정말로 곤경에 처하거나 심지어 털털거리면서 완전히 멈추어 버린다. 이 시점에서 우리는 최대한 가까운 주유소를 간절하게 찾을 것이다. 우리 몸이라면 손닿는 곳에 있는 어떤 음식이든 찾게 될 것이다.

2. 생존 모드와 스트레스 호르몬

혈당은 에너지와 집중력에 영향을 미치는 데 그치지 않는다.

혈당이 낮을 때 우리 몸은 비상 상태에 들어간다. 인체는 지극히 똑똑한 장치이므로 굶어 죽는 사태를 예방하고자 생존 기제를 가동하기 시작한다. 생존 기제란 무엇일까? 포도당을 만들어내는 '예비 발전기'다.

혈당이 떨어질 때 인체는 지방과 단백질로 포도당을 만들어 내라고 명령하는 호르몬을 분비한다. 이 과정을 가리켜 글루코제네시스(glucogenesis, 포도당 생성)라고 한다.

먼저 코르티솔이라는 호르몬이 증가해서 우리 몸에 에너지를 채우도록 해 간에서 포도당을 생산하기 시작한다. 그다음에 아드레날린이 급증한다. 아드레날린은 때때로 초조하고 땀이 나는 듯한 느낌과 심박수 증가가 행그리와 함께 찾아오는 원인이기도 하다. 코르티솔과 아드레날린은 함께 심장 운동을 촉진해 심장 박동 속도를 높임으로써 포도당을 좀 더 빠르게 나른다.

몸이나 마음에 스트레스가 심하면 투쟁-도피 반응을 일으키기 시작한다. 투쟁-도피 반응은 인체에 내장된 고유한 보호 기제로, 살면서 겪게 되는 스트레스에 대한 반응이다. 숲에서 곰과 직면했을 때 끌어모을 수 있는 모든 여분의 에너지가 필요하다.

그러나 현대 사회에는 업무 기한, 가족 문제, 금전 문제 등에서 비롯되는 지속적인 스트레스가 너무 많다. 우리는 일을 산더미처럼 쌓아 두고 언제나 그랬듯이 우리 몸이 계속 작동할 것이라고 가정하며 밀고 나간다. 그러다가 매일같이 끊임없는 스트레스에 시달려 코르티솔 수치에 이상이 발생한다. 스트레스가 빠르게 해소되지 않으면 코르티솔 수치가 '높음'에 고정될 수 있다. 코르티솔 수치가 계속 지나치게 높은 수준을 유지하면 혈당이 계속 상승 상태에 머무를 수 있다. 그 결과로 당뇨, 고혈압, 면역 체계 저하와 같은 각종 증상이 나타난다.

따라서 행그리는 우리 자신이나 우리를 상대해야 하는 사람들에게 좌절감을 주는 데 그치지 않는다. 계속해서 배고픔을 무시하면 우리 몸은 늘 불균형과 스트레스 상태에 시달리게 된다. 이는 기분뿐만 아니라 우리 몸 전체를 위협한다.

3. 신경펩티드 Y

행그리에 영향을 미치는 세 번째 주요 생물학적 과정은 아마 당신이 한 번도 들어 본 적이 없는 화학물질일 것이다. 이는 신경펩티드 Y라는 물질로, 배가 고플 때 뇌로 분비되어 Y1 수용체를 비롯한 다양한 뇌 수용체에 작용하는 천연 뇌 화학물질이다. 신경펩티드 Y는 왕성한 섭식 행동을 유발한다.

신경펩티드 Y와 Y1 수용체는 다양한 역할을 한다. 이 둘은 배고픔을 조절하는 데 그치지 않고 분노와 공격성도 조절한다. 연구 결과에 따르면 뇌척수액의 신경펩티드 Y 수치가 높은 사람은 공격성과 충동 행동을 나타낼 경향이 높다.[11] 이를 이해하면 인체에 내재된 공격 성향에 좀 더 잘 대처하도록 음식과 상호 작용하는 법을 배울 수 있다.

그 음식은 내 것이야!

매우 배고픈 상태

뇌가 신경펩티드 Y를 분비한다.

↓

신경펩티드 Y가 식욕과 섭식 행동을 촉진한다.

또한 신경펩티드 Y 수치가 높으면 공격적 행동이 증가한다.

신경펩티드 Y 증가,
사람이 반드시 먹도록 암호화된 생물학적 기제,
음식을 열심히 탐색,
경쟁적,
공격적,
음식을 예의범절보다 우선한다.

앞에서 봤듯이 배가 고플 때 쉽게 화를 내고 짜증을 내도록 유발하는 생물학적 경로는 다양하다.

그러나 신체적 요인이 행그리에 영향을 미치는 만큼 심리적 요인 역시 커다란 영향을 끼친다.

정서=행그리로 가는 입장권

내가 줄리라는 내담자에게 행그리를 유발하는 생물학적 기초를 한창 설명하고 있을 때 줄리는 손을 내저으며 의아한 표정을 지었다.

줄리는 "네, 무슨 뜻인지 잘 알겠어요. 제 혈당이 문제라는 말씀이죠. 남편은 늘 집을 비우는 외판원이고, 아이는 넷이고, 어머니는 치매를 앓고 있는 75세 노인인데다가 오빠는 조울증 환자예요. 그러다 보니 매년 한 사람당 2킬로그램씩 몸무게가 늘었죠. 그래서 이렇게 살이 찐 거예요."라고 말했다.

줄리가 말하려는 핵심은 잘 이해했다. 줄리의 스트레스는 정상치를 벗어난 수준이었다.

스트레스성 식사 수준 역시 마찬가지였다.

부주의하게 과식하거나 배고픔을 적절하게 해소하지 못하도록 방해하는 요인은 혈당뿐만이 아니다. 우리가 느끼는 감정 역시 커다란 영향을 미친다.

무엇을 먹든 상관없어. 해석: 나 자신에게 너무 화가 나.

초콜릿과 달달한 간식으로 나를 위로해야겠어. 해석: 너무 슬퍼.

할 일이 필요해. 뭐라도 먹을까 봐. 해석: 너무 지루해!

뭐라도 좀 주워 먹어야겠어. 해석: 신경을 진정시킬 방법이 필요해.

입맛이 없어. 해석: 너무 감당이 안 되고 스트레스가 심해.

누구나 강렬한 감정을 느끼고 그런 감정에 어떻게 대처해야 할지 난감할 때도 있다. 현대인들은 더 많은 역할을 수행하고 더 많은 일을 할 수 있도록 그런 감정을 봉인하려고 하기 십상이다. 그러나 자신의 감정을 외면할 때 우리는 결국 혼돈과 엉뚱한 감정의 소용돌이에 처하게 된다.

우리가 감정을 푸는 엉뚱한 통로 중 하나가 음식이다. 지루한가? 화가 나는가? 불안한가? 행복한가? 이런 정서의 근본 원인이 음식에 있는 경우는 하나도 없지만 우리는 너무나 자주 어떤 정서에나 음식을 먹거나 음식을 거부하는 방법으로 대응한다. 따라서 자신의 정서를 인지하고 그 정서가 배고픔과 어떻게 다른지 파악하는 법을 배우는 것은 건강한 식습관으로 나아가는 중요한 단계다.

일진이 진짜 나쁜 날이었다. 우울한 기분을 느낀 당신은 퇴근길에 쿠키를 한 봉지 산다. 그런 다음 냉동실에서 아이스크림을 꺼내서 쿠키와 곁들여 먹었다. 몇 분 동안 짜릿한 행복을 기대한다. 그러나 그 행복감은 먹는 동안만 지속될 뿐이다. 결국에는 실망과 좌절, 후회로 변한다.

어쩌면 인생을 감당하기가 너무 힘들다고 느낄 수도 있다. 중요한 모든 일이 당신의 손아귀를 벗어난 느낌이다. 그러나 단 한 가지, 얼마나 먹을지는 마음대로 할 수 있다. 끼니를 거르거나 열량을 제한하면 일시적으로 통제감을 느끼지만, 그 여파로 몸은 하향 곡선을 그린다. 몸이 나타내는 행그리 반응을 막을 수 없을 때면 전보다 심한 무력감을 느낀다.

요점: 생물 작용이 전부가 아니다. 정서 상태가 섭식 행태에 영향을 미치는 경우가 허다하다. 행그리는 생물 작용과 심리 상태의 강력한 상호 작용으로 발생한다. 이는 정신과 육체와 관련된 모든 계통의 상호 작용에서 비롯된다. 또한 그 모든 계통에 영향을 미친다.

다이어트 = 행그리로 가는 또 다른 통로

『캐시(Cathy)』라는 오래된 명작 연재만화가 있다. 이 만화의 주인공인 캐시는 항상 다이어트 중이지만 안쓰럽게도 단 한 번도 성공

하지 못한다! 만화에서 캐시가 '행그리'라는 단어를 쓰지는 않았지만, 캐시는 만화가 연재되는 내내 행그리의 전형을 보여준다. 예를 들어, 어떤 화는 이런 식으로 전개된다. 캐시가 월요일에 다이어트를 다시 시작한다. 오전 9시에 '단것을 포기'하겠다고 맹세한다. 9시 15분에 동료 두 명에게 소리를 지른다. 9시 20분에 도넛을 먹는다. 만화가 월요일 이후 매일 이런 식으로 흘러간다. 마지막 장면에서 캐시는 "다이어트를 시작한 지 사흘 동안 내가 빼는 데 성공한 것은 사람들뿐이야."라고 말한다.

이 만화가 웃기는 이유는 진실성에 있다. 다이어트를 하는 사람들은 자주 짜증을 낸다. 다이어트 중인 사람들은 상담을 받으러 와서 행그리에 얽힌 이야기를 구구절절 늘어놓는다. 농담일 때도 있다. 하지만 대부분은 다이어트 중일 때 느끼는 기분이나 자신의 됨됨이를 달가워하지 않는다.

내담자 중 한 명이 사무실에서 밀가루가 들어 있지 않은 초콜릿 생일 케이크를 정신없이 먹고 있던 여자들을 봤다고 이야기했다. 그들은 행복하게 웃으면서 풍부하고 밀도 높은 케이크 맛을 평했다. 내담자는 자기가 그 여자들과 케이크에 대해서 했던 생각이 너무 심술궂어서 깜짝 놀랐다고 털어놓았다. 다이어트를 하느라 케이크를 먹지 못했던 내담자는 케이크에 설사약이 잔뜩 들어 있었으면 좋겠다고 생각했다고 한다.

다이어트가 정서에 심각한 문제를 일으킬 수 있다는 사실은 분명하다. 제한된 식이요법이나 유행하는 다이어트를 해 본 적 있는 사람이라면 알 것이다. 이는 한 개인의 실패라거나 그 사람에게 문제가 있어서 일어나는 일이 아니다. 다이어트가 우리 몸과 마음에 미치는 영향이다.

체중 감량 다이어트 프로그램에서는 인공 성분과 감미료가 많이 든 저지방 제품처럼 영양 측면에서 열악한 저열량 식품을 먹으라고 하는 경우가 많다. 이런 다이어트를 하면 박탈감을 느끼게 되고 우리 몸은 건강한 열량과 영양소를 갈망하게 된다.

앞에서 말했듯이 뇌가 잘 작동하려면 포도당이 필요하다. 먹는 음식을 제한하면 뇌가 포도당을 충분히 공급받지 못해서 또렷하게 생각하고 감정을 억누르기가 어렵다. 또한 뇌가 기분이 좋아지는 화학물질인 세로토닌을 비롯한 여러 신경전달물질을 만들려면 특정한 식품을 먹어야 한다. 따라서 식품 섭취를 제한하면 기분을 조절하고 기분을 좋아지게 하는 화학물질에 심각한 타격을 준다!

비현실적인 식단을 고수하느라 애쓰면서 그럴 수 없을 때는 무능하다고 느껴 스트레스가 쌓인다. 그러면서 끊임없이 행그리가 이어지기에 더할 수 없이 완벽한 상황을 맞이한다. 다이어트 중일 때는 간단하게 음식을 선택해야 하는 경우에도 감정의 벼랑으로 내몰릴 수 있다.

다이어트를 할 때 경험하는 변덕과 우울감으로 다이어트를 빨리 끝내게 되는 경우가 많다. 그럴 기분은 느껴야 할 가치가 없다. 한 인간이자 전문가로서 내 경험에 비추어 보면 기분이 좋을 때는 건강한 식생활을 하고 자기 자신을 소중히 하려는 마음이 저절로 생긴다. 다시 한번 이 메시지를 전한다. 다이어트를 버려라. 영원히. 그저 주의를 기울여 먹어라.

이번 장에서는 내 내담자가 '행그리 마을'이라고 부르는 곳으로 가는 여러 길을 간략하게 살펴봤다. 행그리 마을이란 자주 방문하고 싶지 않은 곳이고, 만약 방문하더라도 재빨리 통과해서 가능하다면 먹는 음식에 만족감을 느끼는 더 좋은 장소로 가고 싶은 곳이다. 행그리를 일으키는 근본 원인은 체내에서 발생하는 호르몬, 혈당 수치와 밀접한 관계를 맺고 있다. 그러나 그것이 전부는 아니다. 감정과 다이어트 역시 행그리를 유발할 수 있다. 이번 장을 읽으면서 행그리가 어떻게 발생하며 왜 이를 억제하기가 그토록 힘든지 생각했기를 바란다.

행그리 관리 프로그램

——— 다행히도 행그리를 되돌릴 희망이 있다!

서문에서 언급했듯이 내가 '행그리 관리' 개념을 처음으로 알게 되었을 때는 이에 꼭 맞는 명칭을 몰랐다. 당시 어린 유아 두 명을 키우는 엄마였던 나는 이를 그냥 생존이라고 불렀다. 부모라면 누구나 반복되는 그 패턴을 알아차릴 것이다. 집을 나설 때마다 바나나, 포도, 프레첼처럼 두 아이에게 즉시 먹일 수 있는 휴대용 간식을 가방에 가득 채웠다. 왜냐고? 모든 부모가 알다시피 유아란 배가 고파지면 틀림없이 끔찍하게 난동을 부리기 때문이다. 이때 간식은 마치 마법처럼 작용해서 아이의 기분을 돌려놓는다. 당시에는 깨닫지 못했지만 내 두 아이 브룩과 잭은 내가 처음으로 행그리를 관리한 대상이었다.

첫째 아이가 태어났을 때 나는 예민했고, 배고픔의 징조를 일찍 알아차리고자 신생아인 딸을 유심히 살폈다. 가끔은 그날 교회에서 그랬듯이 딸이 내 가방을 뒤져서 꼬물거리며 간식을 찾기도 했다. 어떤 때에는 꽃처럼 시들어가기 시작했다. 그냥 평소보다 좀 더 신경질을 많이 낼 때도 있었다. 이렇게 딸이 보내는 신호를 완전히 파악하기 이전에는 시행착오를 많이 겪었다. 그 신호를 놓치고 딸이 배고플 때까지 방치한 결과는 난동이었다! 하지만 하루 종일 간식을 마음껏 먹도록 내버려 두는 것도 정답은 아니었다. 그 경우 가족들과 식사를 하지 않아서 식탁에서 실랑이를 벌였고 신경질을 냈다.

하지만 나는 전체 과정에 흥미를 느꼈고 결국 '딸아이가 너무 배고파지기 전에 빨리 간식을 먹여라!'라고 알려주는 신호를 배웠다. 유아를 키우는 부모는 대부분 자녀의 배고픔을 관리하는 세계적 수준의 전문가가 된다. 그러나 어찌 된 일인지 본인의 배고픔을 알려주는 신호를 관리하는 일에는 미숙하다.

심리학자인 나는 성인인 내담자들에게서 내 아이들이 어릴 때 보여주었던 것과 똑같은 배고픔이 끼치는 영향를 본다. 너무 배가 고프면 순식간에 완벽하게 이성적이고 행복한 인간에서 비논리적인 얼간이로 바뀔 수 있다. 단지 배고픔에 몸부림치고 있다거나 너무 과식해서 불편하고 짜증나는 기분이라는 이유만으로 사람들이 배우자와 상사, 자녀와의 관계를 어떻게 파국으로 몰아갈 수 있는지 직접 목격했다. 평온한 기분일 때 결코 하지 않을 말, 심지어 진심도 아닌 말이 걷잡을 수 없이 입 밖으로 흘러나온다. 게다가 단지 행그리를 느꼈기 때문에 그토록 지독하게 비열한 말을 했다고 배우자에게 변명하기란 힘든 일이다.

대화와 농담 중에 튀어나오는 '행그리'라는 단어를 들어 본 사람이 많을 것이다. 그렇다면 이 책에서 언급하는 '행그리'란 과연 어떤 뜻일까?

간단히 말해서 행그리는 우리 몸이 보내는 먹으라는 신호에 주의를 기울이지 않거나 조화를 이루지 않을 때 발생하는 현상이다. 그러나 행그리 개념은 음식 등한시, 감정적 식사, 음식 갈망, 건강에 해롭거나 무심하거나 마구잡이식으로 선택하는 음식, 과식, 먹은 음식에서 만족할 정도로 충분한 영양소를 섭취하지 않은 경우에 이르기까지, 문제 있는 배고픔이 전체 범위다.

우리는 모두 음식을 먹지 않으면 행그리가 일어날 수 있다는 개념에 익숙하다. 그러나 대부분이 행그리가 유발하는 정서적 영향과 신체적 영향이 음식을 먹은 후에도 지속될 수 있다는 사실은 깨닫지 못한다. 이는 행그리를 느낄 때 음식, 특히 소금과 설탕, 지방이 많이 들어 있고 즉시 열량과 풍미를 얻을 수 있는 가공식품을

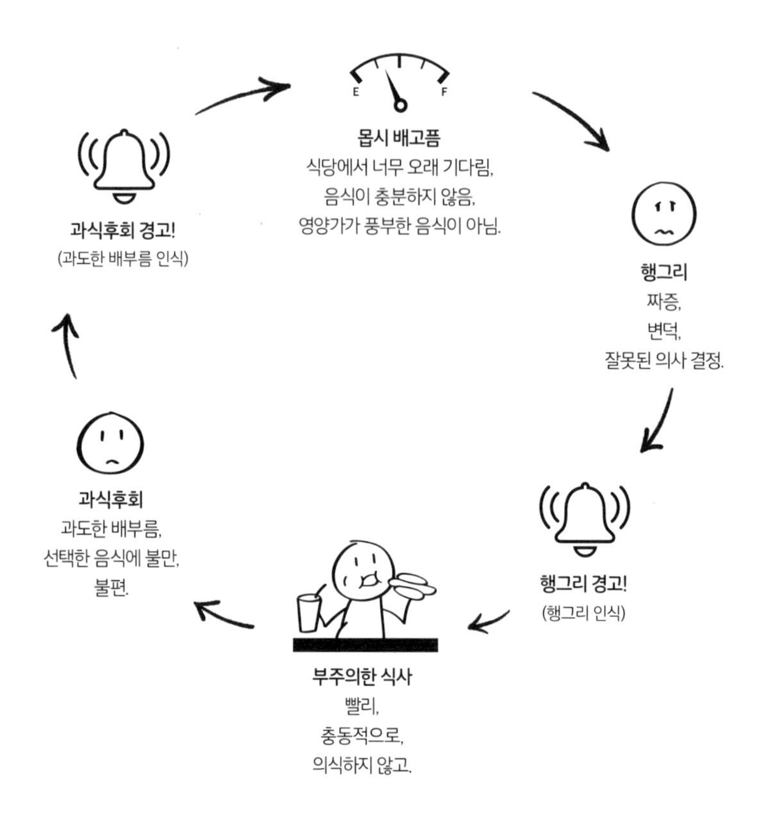

갈망하게 되기 때문이다. 이것들은 간절하게 재빨리 무언가 먹고 싶을 때 손쉽게 찾는 식품이다. 하지만 이런 가공식품은 우리 몸이 요구하는 영양소를 공급하지 않으므로, 행그리를 느낄 때 반복되는 행그리 사이클을 생성할 수 있다.

반면에 마음챙김 식사는 우리에게 완전히 다른 영향을 미친다. 몸과 마음이 기능하기 위해 정말로 필요한 음식을 신중하게 선택하면 기분이 좋아진다. 이 과정에서 정신이 맑아지고 정서적 안정을 찾을 수 있다. 다시 말해 어떤 음식을 먹으면 기분이 좋아지고 어떤 음식을 먹으면 기분이 나빠진다. 나는 내담자들에게 어떤 음식이 '그들의 몸'에 좋고 어떤 음식이 좋지 않은지를 이해하고 구별하는 방법을 가르친다. 피자나 사탕, 귤 등 무엇을 먹든 간에 주의를 기울여 먹는다면 모두 좋은 식품이다. 비결은 어떤 음식이 당신과 당신 기분에 어떤 영향을 미치는지 아는 것이다.

내가 하는 조언의 큰 그림은 듣기에 아주 간단하고, 이 책 전반에서 접하게 될 것이다. 자신의 마음과 기분, 몸이 행그리가 아니라 행복과 만족을 느낄 음식을 먹어라.

말처럼 쉬운 일이면 좋을 텐데. 장담컨대, 그렇지 않다! 하지만 매일 내담자를 대하며 수많은 이야기를 듣고 임상 연구를 깊이 파고드는 과정에서, 마음챙김 식사 습관을 실현할 수 있는 비결과 전략을 발견했다. 내담자들이 마음챙김 습관으로 삶을 바꾸는 모습을 목격했다. 그들은 에너지를 얻는다. 체중을 줄이고 관리한다. 감정적 식사를 그만두고 음식과 더 바람직한 관계를 맺는다. 또한 배고픔을 행복으로 바꾼다.

행그리 관리란 내가 진료를 보면서 개발하고 가르친 전략과 기법

행그리 관리 도표

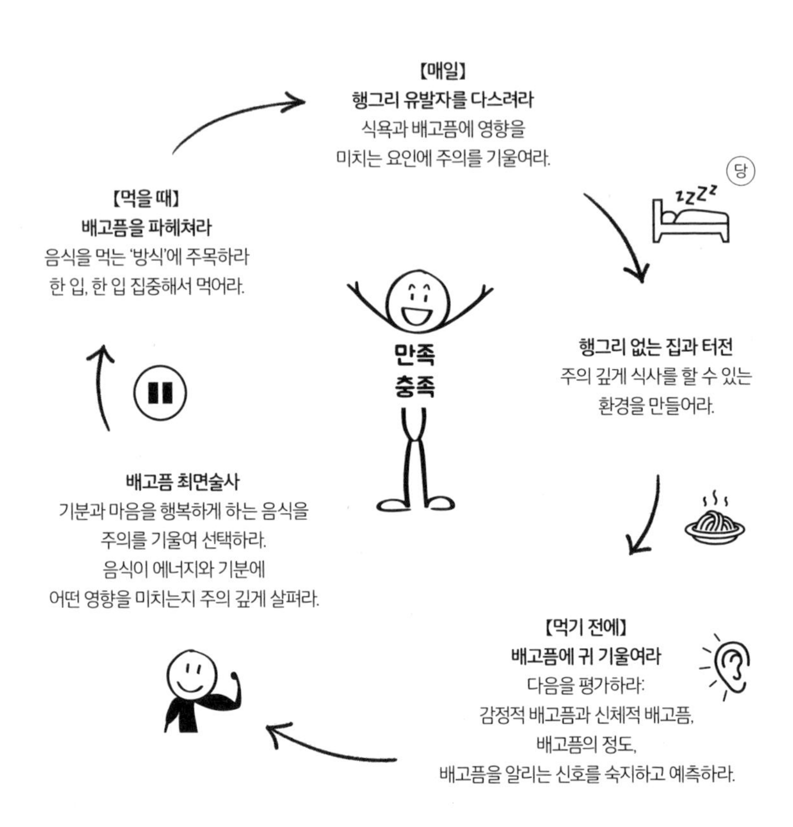

으로, 바쁜 사람들이 배고픔을 훤히 꿰뚫을 수 있도록 도와준다. 그 효과를 임상으로도 입증했다. 행그리 관리는 마음챙김, 배고픔 신호에 맞추어 조율, 배고픔이 감정을 해치는 사태를 예방하는 전략적 식사 방식을 바탕으로 한다. 또한 분노 관리와 마찬가지로 행그리 관리 역시 삶의 질을 더 바람직한 방향으로 바꿀 수 있는 체계다.

마음챙김 식사에 관한 책을 여덟 권이나 쓰고도 같은 주제로 또 책을 쓰는 이유가 궁금한 사람도 있을 것이다. (내가 책 쓰기를 좋아한다고 할 수 있을까?) 그 이유는 바로 행그리 관리가 행복에 얼마나 중요한지 경험으로 알고 있기 때문이다.

나는 대학원에서 마음챙김 식사의 심리학을 매일같이 공부하던 중에 마음챙김 식사를 이해하게 되었다. 나아가 먹는 동안에 의식을 집중하는 방법을 나 자신과 내담자들에게 가르치면서 내가 먹는 '방식'과 '이유'에 주의를 기울여 조율하게 되었다. 그러나 인생의 전환기를 거치면서 마음챙김 식사에 다시 공들이게 된 새로운 도전 과제가 나타났다. 엄마이자 눈코 뜰 새 없이 바쁜 전문직 종사자가 된 지금, 어떻게 하면 배고픔을 한 발 앞서서 파악할 수 있을까? 그냥 혼자였을 때는 훨씬 쉽게 마음챙김 식사를 할 수 있었다. 그러나 내 접시에 새로운 책임을 더하면서(말장난이 아니다) 새로운 방법으로 마음챙김 기법을 만들어야 했다.

나는 제대로 먹지 않았을 때 육아 스트레스가 더 심하다는 사실을 깨달았다. 잘 먹었을 때는 스트레스 자체를 일부 예방할 수 있었다. 살면서 마주치는 도전 과제에 대처할 수 있도록 몸과 마음을 잘 정비해 기분이 나빠지는 상황을 피하는 방법을 찾아야 했다. 하룻밤 사이에 알아낼 수는 없었지만 결국 건강하고 생산적인 삶을 살려면 어떻게 먹어야 하는지 파악했다. 당신 역시 할 수 있다. 이 행그리 관리 도구와 전략은 모든 상황에서 모든 사람에게 효과를 발휘한다.

예를 들어, 어느 날 동료가 내 진료실에 찾아와 맞은편 의자에 털썩 앉더니 "살이 찌고 있어."라고 선언하듯 말했다. 허리띠 위로 뱃살이 출렁거렸고, 배를 시계방향으로 문지르면서 인정하기는 부끄럽지만 예전에는 전혀 문제가 되지 않았던 일로 고군분투하고 있다고 했다. 집에서 홈통을 청소하려고 사다리에 오르거나 진료실에서 아기를 안는 일처럼 간단한 활동이 점점 하기 어려워지고 있었다. 정작 자기 식습관이 엉망인데 환자들에게 식습관을 고치라고 말하는 자신이 위선자처럼 느껴졌다.

그는 '감정적 식사'라는 용어를 달가워하지 않았다. 그는 "아내는 내 식습관이 스트레스성이라고 하더군. 내 일이 스트레스가 심한 것은 사실이지만 '그런' 건 아니야."라고 말했다.

나는 "당신에게 알려줄 행그리 관리 프로그램이 있어요."라고 말했다.

행그리 관리 프로그램은 그에게 새로운 개념이었다. 그는 '행그리'라는 단어는 들어 본 적이 있다고 하면서 웃었다. 하지만 행그리 관리 프로그램은 들어 본 적이 없었다. 그도 그럴 것이 행그리 관리 프로그램은 행그리와 그 영향을 다루는 체계적인 방법이 있다는 개념을 쉽게 전달할 수 있도록 내가 만들어 낸 용어다.

그는 즉시 관심을 보였고, 계획이라는 개념을 좋아했다. 그 순간 모든 것이 그에게 유리하게 바뀌었다.

우리는 함께 그가 배고픔을 관리하는 데 훼방을 놓는 요인을 논의했다. 스트레스가 큰 부분을 차지했다. 현재로 와 보자. 그는 뱃살을 뺐다. 그러나 우리가 집중한 부분은 뱃살이 아니었다. 지금은 그가 훨씬 더 건강해졌다는 사실이 더욱 중요하다. 나아가 그는 스트레스 가득한 날에도 자신의 에너지 수준과 식욕을 관리하는 능력에 더욱 만족한다. 음식이 그의 일상을 방해하기는커녕 돕는다.

이 책에서 다섯 장에 걸쳐 소개하는 행그리 관리 프로그램이 그의 삶을 바꾸었다. 행그리 관리 프로그램은 내가 임상 진료에서 만난 모든 사람의 인생을 바꾸었다. 나아가 당신의 인생도 바꾸도록 도와줄 수 있다.

중요한 사실을 짚고 넘어가겠다. 행그리 관리 프로그램을 실천하는 동안이나 그 이후에 계속 어려움을 겪는다고 해도 괜찮다. 자격을 갖춘 건강 전문가에게 도움을 청하도록 하라. 이런 문제를 해결하기 위해 추가적인 지원이 필요한 경우도 있고 기저 질환이 관련된 경우도 있다.

우리는 배고픔이 이끄는 대로 난동을 부리는 아이가 아니다. 조금도 방심하지 않는 극성 엄마처럼 빠르고 효과적으로 자신의 배고픔을 알리는 신호를 알아차릴 수 있다. 또한 건강하고 튼튼하고 행복한 사람이 되도록 그런 신호에 대응할 수 있다.

그렇다면 행그리 관리 프로그램은 어떻게 작동할까?

이는 무의식적인 습관 때문에 먹기 시작할 때와 그만 먹을 때를 알려주는 구체적인 신호에 유념해, 조율하는 식습관으로 옮겨가는 간단한 변화를 바탕으로 한다.

행그리 관리의 장점

- 생산성 증가
- 결정 능력과 집중력 향상
- 감정 기복 완화
- 감정적 식사 감소
- 체중 감량과 관리
- 마음챙김 식사
- 관계 개선

이 책과 행그리 관리 프로그램의 개요

앞으로 이 책에서 다룰 내용은 무엇일까?

이쯤에서 행그리 관리 프로그램의 각 단계를 간단히 소개하고자

행그리	⟶	행복
무(無)노력 - 부주의		노력 - 마음챙김
무의식		의식
일상 습관과 그 습관이 배고픔에 영향을 미치는 방식 사이의 관련성을 크게 의식하지 않는다.		**배고픔 유발자 다루기** 배고픔 수준에 영향을 미치는 일상 요인을 의식하라.
선택지를 충분히 생각하는 대신 주변 환경 속 자극에 반응해 식사한다.		**행그리 없는 집과 터전** 좀 더 먹는 데 주의를 기울일 수 있도록 주변 환경을 정돈하라.
배고픔에 귀 기울이지 않거나, 과도하게 반응하거나, 제대로 반응하지 않는다.		**배고픔에 귀 기울여라** 배고픔에 주의 깊게 반응할 수 있도록 귀를 기울여라.
자신이 먹은 음식이 어떤 기분을 느끼게 하는지 혹은 자신의 몸에 어떤 영향을 미치는지 깨닫지 못한다.		**배고픔 최면술사** 특정한 음식이 자신의 기분과 전반적인 몸 상태에 어떤 영향을 미치는지 주목하라.
음식의 맛, 자기 몸에 미치는 영향, 먹는 속도, 먹는 장소 같은 요인을 의식하지 않는 부주의한 식사		**배고플 때 습관을 파헤쳐라:** **마음챙김 식사의 열 가지 방법:** 경청하라; 오래 된 패턴을 깨기 위해 음식을 좀 더 즐기고 고수할 수 있도록 결정을 내려라.
부주의한 식사 = 불행, 과식 후회, 불만족.		마음챙김 식사 = 행복, 충족, 만족.

한다.

먼저 곧 알게 되겠지만 각 비결은 간단한 질문으로 시작한다. 이 질문은 정답이나 오답이 있는 퀴즈가 아니다. 단지 본인의 상태를 확인하도록 도와주는 방법, 주의하는 방법이다. 어쩌면 당신은 "그래, 그건 나에게 해당하는 사항이네. 이 부분에 주의를 기울여야겠어."라고 말할 수도 있다. 혹은 정반대로 "이 비결은 완벽하게 이해했어."라고 생각할 수도 있다. 대답이 어떤 방향이든 간에 특정한 비결이나 습관이 당신에게 어떻게 적용되는지 좀 더 깊이 생각하는 것 자체가 도움이 된다.

1단계: 배고픔 유발자 다루기 1단계에서 우리는 배고픔을 유발하는 요인을 깊게 파헤친다. 다시 말해 배고픔을 알리는 신호를 왜곡해 이를 키우거나 혼란스럽게 만드는 특정한 요소를 살펴본다. 주변 환경, 수면 부족, 스트레스, 사회적 상황, 내적 정서 등 온갖 자극을 계기로 배가 고프다고 생각하거나 평소보다 더 배가 고프다고 느낄 수 있다. 내 내담자들은 이런 요인 중 상당수가 음식과 전혀 무관하다는 사실에 놀란다. 그동안 엉뚱한 곳에서 해답을 찾아 헤맨 셈이다. 그들이 행그리를 느끼도록 유도하는 주범은 주방 식탁 위에 오른 음식이 아니라 침실 수면 습관일지도 모른다.

배고픔 유발자가 활동을 시작하면 배고픔을 자극하는 요인이 과

장되거나 희미해질 수 있다. 이 단계에서는 각 자극에 접근하는 마음챙김 방법을 다룬다. 이 책은 쉽게 휙휙 넘겨 가면서 봐도 좋지만 좀 더 주의를 기울여서 음식을 먹겠다고 본격적으로 나서기 '전'에 이 부분만은 먼저 살펴보라고 권하고 싶다. 이런 기본적인 요소 중 몇 가지를 다루기만 해도 마음챙김 식사를 훨씬 쉽게 할 수 있을 것이다.

2단계: 배고픔에 귀 기울여라 두 번째 단계에서는 진정으로 **배고픔에 귀 기울이는** 방법을 배우게 될 것이다. 나는 내담자들을 상담하면서 때로는 배고픔을 알리는 징후를 알아차리기가 아주 쉽다는 사실을 발견했다. 조용한 방에 함께 있는 모든 이가 들을 수 있을 정도로 크게 꼬르륵 소리가 울리는 경우처럼 위는 무척 분명한 신호를 보낸다! 하지만 그 신호가 아주 미묘해서 몸이 무엇을 원하는지 정확히 파악하려면 특히 밀착해 귀 기울여 들어야 하는 경우도 있다. 그러나 내 내담자들 중에는 배고픔을 알리는 신호를 오랫동안 무음 상태로 해 놓으려고 노력했던 사람이 많았다. 이 신호를 다시 켜기란 까다로운 일일 수도 있지만 마음챙김 식사를 하려면 반드시 필요한 과정이다. 이 단계에서는 몸이 원하는 바를 주의 깊게 듣고 이에 의식적으로 응답할 수 있도록 배고픔 신호의 음량을 올리는 방법을 알려준다.

3단계: 행그리 없는 집과 터전 3단계에서는 배고픔을 주도하는 또 하나의 효과적인 방법, 바로 **주변 환경 관리**를 다룬다. 주변 환경은 먹는 음식의 종류와 양에 커다란 영향을 미친다. 직장 휴게실에 몸에 좋거나 나쁜 간식이 있는지, 혼자 먹는지 혹은 다른 사람들과 함께 먹는지, 심지어 식사 중에 휴대전화를 확인하는지도 영향을 미친다. 집에서 하는 식사와 직장에서 하는 식사 사이의 변화는 누구나 흔히 어려워하는 영역이다. 따라서 차분한 식사 환경을 마련하는 방법과 마음챙김 식사에 어울리는 멋진 안식처를 만드는 여러 방법을 알아볼 것이다.

4단계: 배고픔 최면술사 다음으로, 행복해지는 선택을 하려면 음식 전반과 **특정한 음식이 자신의 기분에 깊은 영향을 미칠 수 있다는** 사실을 깨달아야 한다. 이런 맥락에서 이 책에서는 특정한 음식에 관한 연구 결과와 그런 음식이 기분에 어떤 영향을 미치는지 살펴볼 것이다. 나는 이 단계가 무척 흥미롭다고 생각한다. 섭취하는 음식의 양뿐만 아니라 질 역시 행그리를 유발할 수 있다. 몸은 속일 수 없다. 기억하라. 아주 잘 전달되도록 강조해서 말하겠다. **음식 자체가 좋거나 나쁘지는 않다.** 그저 음식이 자기 자신과 자기 감정에 어떤 영향을 미치는지 주의를 기울이기만 하면 된다. 음식을 먹은 뒤에 몸이 어떻게 느끼고 어떤 감정이 몰려오는지 알게 되면 좀 더 의식적으로 음식을 선택하게 된다. 어떤 기분을 느끼고 싶을 때 다른 음식을 제쳐 두고 특정한 음식에 손을 내밀 것이다. 그 음식이 자신에게 어떤 영향을 미칠지 알기 때문이다.

5단계: 배고플 때 습관을 파헤쳐라 마지막 단계에서는 매 끼니와 간식을 먹을 때 좀 더 주의를 기울일 수 있는 손쉬운 방법 열 가지를 소개한다. 식탁에 마음챙김을 적용하는 방법을 자세히 살펴볼 것이다. 이를 가리켜 나는 마음챙김 식사의 열 가지 방법이라고 부른다. 열 가지를 한꺼번에 읽어 버리고 싶은 사람도 있을 것이다. 정보가 너무 많아서 부담스럽다면 하루에 한 가지씩 읽어 보라. 딱 그날만 한 가지 행동이나 습관에 마음챙김 의식을 집중하라. 아무것도 바꿀 필요는 없다. 그저 이런 식사 방식이 당신 자신의 삶에 어떻게 나타나는지에 주목하라.

배고픔 관리는 결코 규칙만으로 해결할 수 없다. "그렇게 하지 말고 이렇게 해!"라고 요약할 수 있기를 바라는 사람도 있을 것이다. 단순하기를 바랄 수도 있다. 그러나 자기 내면의 지혜를 사용할 때 배고픔 관리는 단순해질 수 있다. 이 책에서는 규칙을 말하지 않는다. 그 대신 다른 사람들과 다른 자기 자신과 자신의 패턴을 파악하는 법을 다룬다. 따라서 당신은 자신이 느끼는 배고픔을 알리는 신호와 개인적인 행그리 유발점을 속속들이 배우게 될 것이다. 배고픔이 행그리 참사로 이어지기 전에 배고픔을 알리는 신호를 알아차리는 법을 배울 것이다. 이런 마음챙김 수련으로 완전히 새롭고 균형 잡힌 음식과의 관계를 맺게 될 것이다. 기억하라, 행그리 관리는 별개의 식이요법이나 유행하는 다이어트 방법이 아니다. 현실적이고 다가가기 쉬우며 마음챙김에 기반을 둔 심리학 도구다.

준비되었는가?

시작해 보자!

제2부

행그리 관리 프로그램

1단계

배고픔 유발자 다루기

——— 이제 시작해 보자. 당신이 무엇을 먹거나 먹지 않는 이유 중 상당수는 당신이 식탁에 앉아서 무릎에 냅킨을 깔고 포크를 집어 드는 순간에 일어나는 일과 거의 무관하다. 먹기 '직전'과 '직후'에 일어나는 일이 그만큼 혹은 그 이상으로 중요하다. 예를 들어 보자.

얼마 전에 나는 감정적으로 만신창이가 된 내담자를 만났다. 울부짖었다. 눈물을 흘렸다. 매무새도 엉망이었다. 데니스는 그 주에 자기가 '끔찍한' 음식들을 선택했다며 한 시간 넘게 자기 자신을 비난하고 폄하했다. 진료 예약일은 부활절 직후였다. 부활절에 앞서 며칠 동안 데니스는 밤마다 늦은 시간까지 집안을 구석구석 청소했다. 부활절 주말에 까탈스러운 시댁 식구들이 머무를 예정이라서 집안을 먼지 한 톨 남지 않게 쓸고 닦았다. 부활절 미사와 만찬은 훌륭했다. 시댁 식구들이 떠나고 아이들을 재운 다음 데니스는 부활절 바구니를 뜯어 달걀 모양 땅콩버터 초콜릿을 눈에 띄는 족족 먹었다. 다음날 데니스는 더는 초콜릿을 먹지 않겠노라 맹세했다. 그러나 정오 무렵 바구니에 남아 있던 초콜릿을 전부 먹어치웠다. 하루 종일 짜증이 치밀었다. 당분의 맹공격을 받는 동안과 그 이후에 데니스가 육체적으로 어떻게 느꼈는지 표현하기에 적당한 말로 떠오르는 유일한 단어가 '끔찍한'이었다.

다음 주에 데니스는 전혀 다른 사람으로 진료실에 걸어 들어왔다. 멋지게 차려입고 차분한 태도로 미소를 띠었다. 자리에 앉아 명랑하게 "멋진 한 주를 보냈어요. 과식하는 증상도 전혀 없었죠."라고 말했다. 데니스는 부처의 화신이었다.

어떻게 한 주가 재앙이었는데 바로 다음 주를 무탈하게 보낼 수 있는지 의아해 머리를 긁적이는 사람도 있을 것이다.

데니스는 달걀 모양 땅콩버터 초콜릿 낭패가 있었던 주에 하루 종일 간호사로 근무하고 퇴근한 후에는 밤새 집을 청소했다. 나는 진저리를 쳤다. 내가 아는 데니스는 수면이 부족할 때 감정과 음식 결정 능력이 180도로 바뀐다. 데니스는 마냥 피곤했다. 기진맥진은 행그리를 부추긴다. 게다가 손닿는 곳에 초콜릿이 많다는 사실도 도움이 되지 않았다. 이는 수면 부족 같은 생활 속 요인이 어떻게 음식을 결정하는 데 영향을 주는지 아주 분명하게 보여주는 사례였다.

행그리를 어떤 식으로든 바꾸려면 생활 속 요인을 반드시 확인해야 할 때가 있다. 다시 말해 가능한 가장 쉬운 경로를 구축하고 어디에 노력해야 할지 파악하려면, 본격적으로 행그리를 관리하기 전에 이 장에서 제시하는 항목을 검토해야 한다.

데니스의 경우 하루 종일 부활절 초콜릿을 피하는 방법으로 전략을 짤 수도 있었을 것이다. 멀리 치워 버린다. 사지 않는다. 주의를 돌린다. 그러나 사실 데니스가 다른 행그리 관리 프로그램을 실천할 수 있으려면 가장 먼저 수면의 질을 높여야 했다. 데니스에게 일찍 잠자리에 드는 일은 쉽지 않았다. 야행성인데다가 밤에 각종 요금을 내고 빨래를 하느라 바쁠 때가 많다. 그렇게 바꾸기까지 시간과 노력이 필요했지만, 행그리를 행복으로 바꾸는 커다란 보상을 받았다.

이번 장을 읽으면서 식사 전후와 도중에 일어나는 일이 음식을 선택하는 데 어떤 영향을 미치는지 생각해 보라. 행복하고 만족스러운 음식을 선택하지 못하게 하는 요인이 있는지 곰곰이 떠올려 보라.

배고픔 유발자 #1: 스트레스, 접시에서 스트레스를 빼라

“배가 고프고 스트레스로 지쳤을 때는 조심해야 하죠! 먹는 것에 아예 신경을 쓰지 않아요. 결정해야 할 일이 많을 때 특히 그래요. 결정을 잘 내리지 못하거든요. 저에게 결정은 스트레스고 이는 끔찍한 음식을 선택하게끔 하죠. ‘무슨 상관이야?’라고 말하고는 눈앞에 있는 음식을 아무거나 먹어 치워요. 그런 다음에는 하고 싶지도 않았던 스트레스성 폭식에 굴복했다는 생각이 들어 한층 더 스트레스를 받아요.”

스트레스를 받을 때 나는…

a) 눈에 보이는 모든 음식을 먹는다.

b) 먹는 것에 아예 신경을 쓰지 않는다.

c) 식욕이 뚝 떨어진다.

d) 초콜릿 상자나 감자 칩 봉지 등을 뒤적이면서 여유가 생기면 좀 더 바람직한 식사를 하겠다고 맹세한다.

e) 음식으로 스트레스를 풀지 않는다. 다른 활동으로 기분을 전환한다.

어떤 선택지를 골랐든지 간에 여전히 문제는 똑같다. 스트레스는 식욕에 아무런 도움도 되지 않는다.

내 내담자인 베스는 힘든 이혼 절차를 밟고 있었다. 전 남편이 문자와 이메일을 끊임없이 보내며 괴롭혔다. 그는 미련을 버리지 못했다. 비탄과 분노에 휩쓸린 베스에게 바람직한 식생활이란 한동안 안중에도 없는 일이었다. 자기가 느끼는 감정이 언짢았고 몸도 불편했다. 베스는 자신에게 화가 난 상태를 설명했다. "대개 눈에 띄고 최소한의 노력을 들이는 음식을 먹어요. 나 한 사람뿐이라 때로는 하루 세 끼 시리얼을 먹기도 하죠. 어떨 때는 담요 밑에 숨어서 밤새 주전부리로 짭짤한 칩을 먹고 싶어요."라고 말했다. 몇 달이 지난 뒤 결국 베스는 이런 감정에 질렸다.

베스가 진료실에 들어와 자기 사연과 좀 더 주의를 기울여 식사를 하고 싶다는 목표를 이야기했을 때, 가장 먼저 해야 할 과제가 식단이 아니라는 사실을 알았다. 스트레스 수준을 바꾸지 않는 한, 베스가 마음챙김 식사를 할 수 있을 가능성은 없었다. 전 남편을 통제할 수는 없었다(베스는 그렇고 싶었겠지만!). 그러나 베스가 스트레스에 대처하고 자기 자신을 돌보는 방식을 바꾸도록 노력할 수는 있었다. 나는 내담자들을 대할 때 스트레스가 음식을 선택하는 데 어떤 역할을 하는지 이해하기 전까지는 아예 음식 이야기를 꺼내지 않는 경우가 많다.

연구 결과는 명확하다. 스트레스는 식욕과 배고픔에 직접 영향을 미친다.[12] 그 반대도 마찬가지다. 제대로 먹지 않고 배가 고프면 대개 스트레스가 심해진다. 또한 스트레스가 심할수록 온갖 문제가 벌어지는 와중에 자기 자신을 돌보고 주의를 기울이며 식사하기가 어려워진다.

베스는 많은 사람이 너무나 잘 알고 있는 악순환을 겪고 있었다. 스트레스를 받을 때 우리는 굳이 끼니를 꼬박꼬박 챙겨 먹지 않는다. 이는 행그리를 유발할 수 있으며, 행그리는 몸에 스트레스를 준다. 이미 몸이 스트레스를 받은 상태에서는 사소한 좌절이나 골칫거리 같은 스트레스가 조금이라도 더해지면 감당하기 어렵다. 배고플 때 사소한 일로 폭발하는 경우가 잦은 이유도 여기에 있다.

장시간에 걸쳐 지속적으로 스트레스를 받으면 만성 염증을 유발하고, 만성 염증은 몸을 쑥대밭으로 만들기 시작한다. 스트레스가 심한 시기를 지나면서 갑자기 확 늙은 친구를 본 적 있는가? 아니면 대통령들의 취임 전후 사진을 본 적이 있는가? 비교적 짧은 기간 동안에 주름과 흰머리가 눈에 띄게 늘어난다. 이는 대개 만성 스트레스를 알려주는 숨길 수 없는 징후다.

연이은 연구에서 스트레스를 받는 상황에 놓인 사람은 음식을 면밀히 살펴서 고르는 데 훨씬 더 큰 어려움을 겪는다는 사실을 보여준다. 한 연구에서는 참가자 절반에게 스트레스를 줄 목적으로 얼음물에 손을 담그라고 요청했다. 나머지 절반에게는 요청하지 않았다. 그다음에 두 집단의 뇌를 스캔하는 동안 음식을 선택하도록 했다. 직전에 얼음물에 손을 담가서 스트레스를 경험한 참가자들은 건강한 음식 대신 맛있는 음식을 더 많이 선택했다.

우리는 대부분 일상적으로 얼음물에 손을 담그지 않는다. 그러나 힘겨운 이혼, 예상치 못한 지출, 짜증나는 친인척, 좌절감을 맛보게 하는 상사처럼 살면서 경험하는 진짜 스트레스 요인은, 난데없이 몇 번이고 얼음물을 양동이째 들이붓는 느낌으로 다가올 수 있다. 스트레스를 받을 때나 배가 고플 때는 인생에서 중요한 결정을 하지 말아야 한다. 그런 경우에는 대개 잘못된 선택을 하게 된다.

스트레스에서 벗어날 수는 없다면 무엇을 할 수 있을까?

노스캐롤라이나 대학교 채플힐 캠퍼스 심리신경과학과 조교수 크리스틴 린드퀴스트 박사와 같은 과 박사 과정 학생 제니퍼 매코맥은 「Feeling hangry? When hunger is conceptualized as emotion」라는 연구를 함께했다. 두 사람은 배고픈 참가자들과 배부른 참가자들을 스트레스 상황에 두고 어떤 일이 일어나는지 살폈다. 이 연구에서 참가자들은 컴퓨터 고장으로 지루한 과제를 처음부터 다시 시작해야 하는 짜증나고 스트레스 받는 상황에 처했다. 당연하게도 배고픈 참가자들이 배부른 참가자들보다 이 컴퓨터 결함에 짜증을 더 많이 냈다.

나중에 연구 보조자의 수행을 평가할 때 배고픈 참가자들은 배부른 참가자들보다 부정적인 의견을 훨씬 많이 냈다. 요컨대 참가자들은 배가 고프지 않을 때 스트레스에 더 잘 대처할 수 있었다.

기본적으로 배가 고픈 상태에서 스트레스가 심한 상황에 놓이면 짜증 수준이 크게 증가할 수 있다.[13] 그러나 현재 자신의 기분이 어떤지 주의 깊게 살피거나 이에 대해 인식하고 있으면 배가 고프더라도 행그리를 예방하는 데 도움이 된다.

또한 린드퀴스트와 매코맥은 위 연구를 바탕으로 우리가 행그리를 '좀 더 잘' 인지해야 한다고 제안한다. 자세히 설명하겠다. 위에서 언급한 연구에서 자기 기분에 집중하라는 요청을 받은 배고픈 참가자들은 기분이 나쁜 이유를 자기 자신에게서 찾는 경향이 훨씬 높았다. 반면에 스트레스 받는 컴퓨터 결함 같은 외부 사건에 집중한 참가자들은 기분이 나쁠 때 남의 탓으로 돌렸다. 참가자들은 자신이 배가 고프다는 사실을 인지했을 때 더 상냥했고 나쁜 기분을 드러내지 않았다. 그들은 속으로 "이봐, 나는 지금 엄청 배가 고프고, 그래서 기분이 나쁜 거야." 같은 생각을 했다. 이런 자각이 있는 경우 자기가 짜증이 나는 이유를 알고 있으므로 대개 나쁜 기분을 겉으로 드러내지 않았다.

명심해야 할 교훈: 주의를 기울여라. 잠시 멈추어서 진정하고 자신의 배고픔 수준을 평가하라.

스트레스를 받고 있다는 사실을 인정하라 스트레스를 받을 때 이에 집중하라. 틀린 말처럼 들릴 수도 있지만 사람들은 자신이 스트레스를 받았다는 사실을 깨닫기 전에 스트레스성 폭식을 하고 후회한다. 그토록 기분이 언짢았던 진짜 이유는 나중에서야 깨닫는다. 그러니 지금 당장 당신의 스트레스 수준이 얼마나 높은지 생각하라. 만성적으로 하늘을 찌르는가? 보통 수준이지만 잠시 동안 급격하게 불쑥 증가하는가?

먹기 전에 마음을 가라앉혀라 스트레스 수준이 높으면 한 입씩 먹을 때마다 먼저 잠시 멈추고 접지(grounding)를 하라. 손을 얼음물에 넣는 연구를 떠올리면서 기억하라. 우리는 스트레스를 받았을 때 최악의 음식을 선택한다. 접지를 하면 투쟁-도피 체계가 진정된다. 또한 지금 이 순간으로 돌아오게 된다. 스트레스를 받으면 머릿속을 맴도는 생각에 사로잡힌다. 접지를 하면 현재에 충실하고 즉각적인 감각을 인식할 수 있다. 접지 기법은 식사할 때 곧바로 실천할 수 있다. 먹기 전에 잠시 시간을 내서 마음을 가라앉힌다면 음식을 선택하는 데 좀 더 신중해질 수 있다. 다음 방법 중 하나를 고르거나 전부를 실시하라.

접시 접지 음식을 먹기 전에 손가락을 접시 위쪽에 놓는다. 숨을 깊게 들이마신다. 상단에서 시작해 접시 테두리를 따라 손가락을 시계방향으로 움직인다. 이와 동시에 숨을 내쉰다. 접시 상단으로 돌아오면 다시 숨을 깊게 들이마신다. 마음이 가라앉을 때까지 필요한 만큼 반복한다.

의자 접지 식탁에 앉을 때 허리를 의자에 대고 꼿꼿이 세우면서 두 발로 바닥을 단단히 딛는다. 두 발을 동시에 들어 올린다. 잠시 그 자세를 유지한다. 그다음에 다시 두 발을 내려 바닥을 단단히 딛는다.

음료 접지 손으로 잔을 잠시 잡는다. 차가운 기운을 주의 깊게 느낀다. 잔을 관찰한다. 어쩌면 물방울이 맺혀 있을 수도 있다. 손을 잠시 뗐다가 반복한다.

포크와 숟가락 접지 포크나 숟가락을 든다. 숟가락으로 식탁을 가볍게 세 번 두드린다. 그 소리를 잘 듣는다. 이 행위로 초점이 소리, 즉 당신 외부의 대상으로 어떻게 옮겨가는지에 주목한다. 반복한다.

스트레스 해소 품목에 투자하라 매일같이 스트레스에 시달린다면 요가 강좌, 집에 돌아왔을 때 갈아입을 편안한 옷, 긴장이 풀리는 음악, 치료 시간, 기분 전환용 영화 등 스트레스 해소 품목에 시간과 돈을 투자하라. 이것이 얼마나 중요한지는 아무리 강조해도 지나치지 않다. 다이어트 제품을 그만 사고 스트레스 해소 품목을 구매하라! 『음식 없이 나를 위로하는 50가지 방법』에서 나는 긴장을 풀고 스트레스를 해소하는 자연스럽고 저렴하며 효과적인 방법을 소개했다. 그 방법들은 모두 투쟁-도피 모드에서 빠져나갈 수 있도록 신체 감각을 진정시키는 데 집중한다.

배고픔 유발자 #2: 수면 부족, 적당한 식욕을 느끼도록 숙면하라

"야근하고 집에 오면 늦게까지 안 자고 SNS라는 블랙홀에 빠져듭니다. 긴장을 풀고 뇌 활동을 멈추기가 어려워요. 하지만 수면이 부족하면 완전히 녹초가 되죠. 간식을 먹으면 기운을 차릴까 해서 간식을 더 많이 먹어요. 회사에서 눈을 뜨고 있으려면 설탕이나 카페인이 필요하죠."

수면에 관한 한…

a) 잠을 거의 자지 않는다. 거의 늘 좀비 같은 상태다.

b) 보통 주말에 '보충'하려고 노력하는 편이다.

c) 충분히 자지만 가끔씩 밤잠을 설친다.

d) 매일 밤 적어도 7~8시간은 자는 데 우선순위를 둔다.

e) 너무 많이 잔다.

아침 7시다. 눈이 침침하다. 밤새도록 이리저리 뒤척였다. 커피포트 쪽으로 비틀거리며 다가간다. 배가 고파 죽을 지경인데 이유를 모르겠다. 저녁은 든든히 먹었다.

이토록 배가 고플 때 일어날 일은 점쟁이가 아니라도 예측할 수 있다. 행그리가 바로 코앞에 있다.

수면 부족은 수많은 이유로 행그리를 유발할 수 있다.

미국심장협회 과학 세션에서 연구 결과를 발표했는데, 밤에 4시간밖에 못 잔 여성은 9시간 동안 푹 잔 여성보다 다음날 329칼로리를 더 많이 섭취했다.[14] 《Advances in Nutrition》에 실린 다른 연구에서는 수면이 부족한 참가자들은 야식을 더 많이 먹었으며 고탄수화물 간식을 더 많이 선택했다고 한다.[15] 고탄수화물 식품은 맛이 좋을 뿐만 아니라 졸음을 유발하므로, 수면이 부족한 참가자가 자연스럽게 이런 음식을 찾은 것은 타당하다. 《Canadian Medical Association Journal》에 실린 연구에서는 다이어트를 하면서 2주일 동안 하룻밤에 5시간 30분밖에 자지 못한 참가자들은 같은 다이어트를 하면서 8시간 30분씩 잔 참가자들보다 지방이 55퍼센트 적게 빠졌고 배고픔을 더 많이 느꼈다.[16]

좋은 소식도 있을까? 정반대 역시 사실이다. 잠을 충분히 자면 마음챙김 식사에 도움이 된다.

최근《American Journal of Clinical Nutrition》에 실린 연구에서는 성인이 평소 수면 시간보다 평균 90분 더 많이 잤을 때 다음날 배고픔을 덜 느끼고 음식을 갈망하는 횟수도 줄어들었다.[17] 해당 연구에서 시카고 대학교 연구진은 하룻밤에 평균 6시간 30분 이하로 자는 비만 혹은 과체중인 남녀 10명을 추적했다. 연구 기간 중에 연구 참가자들은 일주일 동안 평소 수면 습관을 고수했다. 그다음 일주일 동안은 하룻밤에 8시간 정도로 수면 시간을 늘렸다. 그 결과 일찍 잠자리에 들었거나 침대에 오래 머무른 사람들은 식욕이 14퍼센트 줄어들고, 몸에 좋지 않은 짜거나 단 간식을 먹고 싶은 욕구가 62퍼센트 감소했다. 와우! 이는 엄청난 결과다.

내담자들에게 수면 시간을 늘리라고 하면 반발이 거세다. 쉽지 않은 일이다. 나도 안다. 정신없이 바쁜 하루와 밤늦은 시간까지 텔레비전을 몰아 보는 즐거움 사이에서 수면 패턴은 엉망진창이다. 게다가 이런 경향은 인류 역사가 시작된 이래 계속된 것 같다. 기원전 350년 무렵 아리스토텔레스는 『On Sleep and Sleeplessness』라는 에세이를 썼다. 수면 문제는 오랫동안 우리 곁에 있다.

그러나 수면 시간을 늘리는 방법을 찾으면 우리가 먹는 음식을 비롯해 우리 삶 구석구석에 큰 영향을 줄 것이다.

나는 내담자들에게 수면 습관을 당장 바꾸려 하지 말라고 말한다.

처음에는 수면 혹은 수면 부족이 기분과 에너지 수준, 행그리에 미치는 영향을 그저 관찰하라. 자기 자신에게 솔직해져라. 수면 부족으로 에너지 수준이 낮을 때 당신은 음식으로 에너지를 보충하려고 하는가? 무엇을 먹는지에 신경을 쓰지 않는가?

그런 다음 자신의 능력에 따라 다음 비결을 따라해 보라.

7시간 혹은 필요한 만큼 수면을 취하라 수면과 섭식에 관한 연구에 따르면 대개의 경우 하룻밤에 7시간에서 8시간 동안 수면을 취하는 것이 가장 적합하다고 한다. 연구 결과 수면 시간이 6시간 미만일 때 과체중 혹은 비만이 될 가능성이 유의미하게 증가했다.[18] 한 가지 주의할 사항이 있다. 사람마다 필요한 수면 시간은 다르다. 수면 시간이 8시간 미만이라도 기운이 넘치는 사람이 있는가 하면 더 많이 자야 제 구실을 다할 수 있는 사람도 있다. 지금 잠시 시간을 내서 자신이 잠을 몇 시간이나 자야 하는지, 수면 시간이 기분과 행그리에 어떻게 영향을 미치는지 생각하라. 잘 모르겠다면 이후 며칠 동안 수면 시간과 배고픔 수준을 기록해 보라.

작은 것부터 시작하라 꼭 극단적일 필요는 없다. 한 시간을 추가로

확보하기가 불가능하다면 평소보다 15분 일찍 잠자리에 들어 보라. 그렇게 짧은 시간이라도 식욕에 유의미한 영향을 미친다.

바나나 차를 마셔 보라 잠드는 데 도움이 필요한가? 바나나와 바나나 껍질에는 근육과 혈관 이완을 돕는 칼륨(포타슘)과 마그네슘이 풍부하다. 바나나 양끝을 자른다. 끓는 물에 바나나를 껍질을 벗기지 않은 채 전부 넣고 8분 동안 끓인다. 체로 걸러서 컵에 따른다. 시나몬을 첨가하고 기호에 따라 꿀을 넣는다. 잠들기 4분에서 5분 전에 마신다. 잠드는 데 도움이 되는 음식은 '배고픔 최면술사 #27'에서 좀 더 자세히 소개한다.

수면의 질을 높여라 수면 시간을 늘리기가 어렵다면 반려동물, 불빛, 소음 등 수면의 질을 낮추는 방해 요소를 줄이고자 최선을 다하라. 휴대전화는 머리맡에서 최소 1미터 떨어진 곳에 두라. 휴대전화 전원을 끄면 더 좋고, 아니면 적어도 뒤집어 놓아라. 휴대전화는 수면의 질에 영향을 줄 수 있는 블루라이트와 소리를 낸다. 블루라이트를 제거하는 앱을 구매하는 방법도 있다!

패턴을 찾아라 수면에 관한 한 패턴은 가장 좋은 친구다. 되도록 같은 시간에 잠자리에 들고 같은 시간대에 일어나라. 잠자리에 들기 전에 요가나 스트레칭, 기도, 독서처럼 신체를 진정시키고 잠들 준비를 하는 일정한 긴장 풀기 루틴을 실천하라.

숙면에 적합한 분위기를 만들어라 너무 더워 잠들기 어렵다고 느낀

적 있는가? 편안한 수면에 최적인 온도는 약 섭씨 21도다. 질 좋은 침구류에도 투자하라. 호텔에서 더 잘 자는 사람들은 자기가 사용하고 있는 매트리스나 침구가 수면을 방해하는 요인인 것이다.

배고픔 유발자 #3: 나쁜 장 건강, 장에 귀를 기울여라

"가끔은 장에서 무슨 일이 일어나고 있는지 모르겠다는 느낌이 들어요. 좋지 않다는 걸 알 뿐이죠. 화장실에서 너무 많은 시간을 보내요. 솔직히 부끄러워요. 장에서 꾸르륵거리며 가스를 내보내려 해서 조만간 미친 듯이 화장실로 달려가야 한다면 어디에도 가기 싫어요."

장에 관한 한 나는…

a) 가스, 팽만감, 변비로 고생하는 일이 잦다.

b) 가끔씩 소화기 증상, 피로, 불안에 시달린다.

c) 과식했을 때만 팽만감을 느끼거나 가스가 찬다.

d) 규칙적으로 배변하고 보통 배 속이 편안하다. 에너지와 집중력은 양호하다.

최신 연구에 따르면 음식 갈망과 기분은 위보다는 장과 더 큰 관련이 있다고 한다.

그렇다면 위와 장은 어떻게 다를까?

간단하게 설명하자면 위는 음식을 소화시키는 근육 기관이다. 미생물군집(microbiome)은 소화관, 즉 장 속에 사는 세균과 호르몬, 유전 물질로 구성된 고유한 조합이며 뇌와 소통한다.

항상 배가 고프거나 행그리를 느낀다면 위의 문제가 아닐 수도 있다. 어쩌면 장과 관련이 있을 수도 있다.

나는 내담자들에게 배고픔과 식욕이 정상에서 벗어났을 때 몸속 미시 차원에서 많은 일이 일어나고 있다고 말하며 안심시킨다. 감정 기복이나 기분 변화, 건잡을 수 없는 갈망을 느낄 때 자기 자신을 탓할 필요는 없다. 실제로 연구에서 체중 문제로 씨름하는 사람들은 체중 문제를 겪지 않는 사람들과 장내 세균 집단이 상당히 다르다는 결과가 나왔다.[19]

장내로 분비되는 호르몬이 배고픔을 조절한다. 당신이 먹을 음식을 결정할 때 장은 뇌만큼이나 크게 관여할 수 있다는 말이다. 유용한 세균을 완전히 바꾸어 놓거나 제거하는 항생제와 설탕, 가공식품을 자주 섭취하게 되면 섬세한 장내벽은 손상을 입거나 변형될 수 있다.

복잡한 과정이지만 일반적으로 장 호르몬은 영양과 에너지 상태를 장에서 뇌로 전달하는 데 중요한 역할을 한다. 장은 배고픔을 조절하는 호르몬을 분비하는 수용체로 가득찬 복잡한 기관이다.

하지만 24시간 안에 장내 미생물군집을 개선할 수 있다는 사실을 아는가? 즉, 배고픔 신호를 정상 궤도로 되돌리는 단계로, 장 건강을 증진하고 미생물군집을 최적화할 수 있는 방법은 많다.

이 책을 읽는 독자들이 알아야 할 가장 중요한 사실은, 특정한 음식이 장과 뇌가 소통하는 방식에 영향을 미치고, 이는 다시 기분과 행그리 수준에 영향을 미친다는 점이다. 지난 10년 동안 연구자들은 '장-뇌 축(gut-brain axis)'이라고 하는 위장관과 중추신경계 사이의 광범위한 소통 네트워크를 발견했다. 이 분야가 발전하면서 기분 장애와 미생물군집 변화를 연결했다. 연구자들은 프로바이오틱스, 즉 '좋은 세균'이 우울감과 불안감을 낮추는 데 도움을 준다는 사실을 발견했다.[20] (프로바이오틱스의 종류, 투여량, 치료 기간은 연구별로 다양했다.) 와! 놀라운 발견이다.

내 내담자인 에미는 청소년기부터 여드름으로 고생했다. 에미는 평생 언제 여드름이 벌겋게 곪아서 올라올지 몰라 불안했다. 피부에 여드름이 나면 자존감이 곤두박질쳤다. 사람들을 만날 때 자주 불안을 느꼈고 여드름이 심할 때는 외출을 꺼리기도 했다. 자신의 불안이 오랫동안 피부를 의식했기 때문이라고 생각했다. 실제로 어느 정도 사실이었다. 의사는 에미의 피부를 치료하고자 여러 차례 항생제를 투여했다. 에미가 알아차리지 못했지만 항생제는 여드름을 없애면서 몸속에 있는 모든 세균, 좋은 세균과 '나쁜' 세균을 파괴했다. 그러다 보니 에미의 불안 수준은 여전히 높았고 항생제 부작용으로 설사를 했다. 그래서 에미는 자신의 몸이 어떻게 느끼는지 좀 더 신경 쓰기 시작했고, 장에 좋은 세균이 다시 서식할 수 있는 식품을 챙겨 먹었다. 이는 전반적인 기분 향상과 불안감 감소, 마음챙김 식사에 도움을 주었다.

행그리에서 행복으로

행그리 관리 프로그램을 실천할 때 유의할 사항은 세 가지다. 첫째, 장이 어떤 식으로든 불편하지 않은지 관찰해야 한다. 둘째, 만약 장이 불편하다면 장을 더 아프게 하고 자극하는 음식이 무엇인지 살펴야 한다. 셋째, 흥미로운 실험을 할 준비가 되었다면 천연 프로바이오틱스를 함유한 식품을 먹었을 때, 감정에 어떤 영향이 있는지 주의 깊게 살펴보라.

장 소리에 귀를 기울여라 전에도 들은 적은 있겠지만 아마 충분하지는 않았을 것이다. 장 소리에 주의 깊게 귀를 기울여라. 장 속에서 무슨 일이 일어나고 있는지 상세하게 조사하라. 당신의 장은 무엇을 말하는가? 조용한가? 아니면 관심을 달라고 크고 분명한 신호를 보내고 있는가?

장이 불평하지 않는다면 좋은 일이다. 하지만 장이 정상인지 잘 모르겠다면, 장 건강에 신경을 썼을 때 식욕과 행그리 수준을 확인해 보라.

특정 식품들은 장 건강에 도움이 되어 행그리 수준을 관리하기 쉽게 해 준다. 식욕을 통제하기 어렵고 항상 배가 고프다면 장 건강을 향상시켜 보자.

장 실험을 해 보자 하루에 한 번 장 건강에 좋은 식품을 추가로 섭취하라. 사워크라우트*, 템페**, 김치 등 천연 프로바이오틱스 함유량이 높은 발효 식품처럼 장에 좋은 음식을 섭취할 때 몸과 행그리 수준에 어떤 일이 일어나는지 살펴보라. 이런 음식으로 우리 장에 필요한 좋은 세균을 섭취할 수 있다. 또한 기분이 나아지는 데 도움을 줄 수 있다.

예를 들어, 《Psychiatry Research》에 실린 한 연구에서는 학부생 700명에게 사워크라우트, 김치, 콤부차***, 요구르트, 콩 발효 식품, 피클, 케피르**** 같은 식품 섭취에 관한 질문을 했다.[21] 또한 같은 학

---

* sauerkraut, 양배추를 발효시킨 독일 음식.

** tempeh, 콩을 발효시킨 인도네시아 음식.

*** kombucha, 홍차나 녹차를 발효시킨 음료.

**** kefir, 묽은 요구르트와 비슷한 발효 식품.

부생들을 대상으로 사회 불안 수준을 평가했다. 그 결과, 발효 식품을 먹은 학생들은 사회 불안을 덜 느꼈다.

이에 관한 연구는 이것뿐만이 아니다. 2013년에 캘리포니아 대학교 로스앤젤레스 캠퍼스에서 실시한 연구에서는 4주 동안 하루에 두 번 요구르트를 섭취한 여성은 기분, 고통과 관련된 뇌 영역 활동량이 낮게 나타났다고 밝혔다.[22] 버지니아 대학교 의과 대학 연구진은 생쥐에게 생배양균을 함유한 요구르트에서 발견되는 프로바이오틱스인 락토바실러스(Lactobacillus)를 먹였다. 그 결과 우울증 증상이 호전되었다.[23] 이런 연구들은 우울감을 줄일 수 있는 방법을 제시한다.

프로바이오틱스와 기분 사이에 연관성이 있는 것은 분명하다. 적절한 보충제 복용은 장내 유익균 복원과 나아가 불안감 감소에 도움이 된다. 감정적으로 무언가를 먹는 행위를 줄일 수 있다. 프로바이오틱스는 인체가 식품을 처리하는 방식을 관리하는 데도 유익하다. 이 방법을 해 보고 싶다면 의사와 상의해, 배고픔과 기분을 조절하는 여러 유익균을 복원하고 보충하도록 식단에 프로바이오틱스를 추가해 보자.

배고픔 유발자 #4: 나쁜 습관, 버릇을 타파하라

"저는 매일 10시 정각에 책상에서 프레첼을 먹어요. 외근으로 사무실 밖에 있었던 어느 날 10시, 프레첼이 완전히 제 일과가 되었다는 사실을 깨달았어요. 프레첼을 먹지 않았더니 짜증이 났죠. 딱히 배가 고팠던 것도 아니에요. 하지만 그 일과 자체가 아쉬웠어요."

식사 습관에 관한 한 나는…

a) 식사 방식이 아주 즉흥적이다.

b) 음식과 관련된 습관이 몇 가지 있다.

c) 매일 같은 장소에서 거의 같은 음식을 먹는다.

d) 매일 하는 정해진 습관이 있다.

셀레스트는 진료실에서 "저는 아주 짜증나는 버릇이 있어요. 책상에서 일할 때마다 먼저 주방에 가서 과자를 들고 온 다음 컴퓨터 바로 옆에 두죠. 화면 오른쪽에 놓아요. 주로 봉지에 든 칩이나 크래커, 팝콘 같은 거예요. 일할 때나 SNS를 보며 머리를 식히는 동안 먹어요. 과자가 없으면 컴퓨터를 할 수 없는 수준이죠."라고 털어놓았다.

나는 이 사실을 깨달은 셀레스트에게 박수를 쳤다. 습관은 대개 너무 일상적이라서 눈에 띄지 않는다. 그다음에 셀레스트에게 그 습관을 바꾸지 말고 그냥 관찰하라고 했다.

다음번에 셀레스트는 책상에서 과자를 먹자마자 자기 자신에게 짜증이 났다. 그 습관은 뼈아프도록 확고했다. 그래서 과자를 끊는 대신 과자 봉지를 컴퓨터 왼편으로 옮겨야겠다고 스스로 결심했다.

"정말 흥미로웠어요. 저는 여전히 과자를 가져왔죠. 하지만 컴퓨터 너머로 손을 뻗어야 한다는 자체가 모든 과정을 방해했어요. 과자 봉지가 오른쪽에 있었을 때는 제 손이 무의식적으로 과자를 집었죠. 그 결과 끊임없이 야금야금 먹었어요. 하지만 간식을 왼쪽으로 옮기자마자 간식 중독에서 벗어났다는 사실을 금방 깨달았어요. 과자를 집으려면 컴퓨터를 가로질러 어떻게 손을 뻗을지 생각해야 했죠. 그러자 이 습관을 완전히 새로운 방식으로 보게 되었어요."라고 말했다.

습관이란 그저 우리가 반복해서 하는 행동이다. 생각할 필요가 거의 혹은 전혀 없다. 습관은 감정에 이끌리지 않은 채로 하는 행동이다. 식사의 경우 습관은 배고픔에 이끌리지 않은 채로 하는 행위다.

나는 내담자들을 처음 만났을 때, 일상생활에서 행그리나 과식후회를 유발하는 습관들을 아주 자세히 살펴본다.

내담자 중 한 명은 '스누즈 습관'을 이야기했다. 매일 아침 알람시계가 울리면 스누즈 버튼을 후려친다. 종종 한 번 이상일 때도 있다. 하지만 이 습관은 확실히 행그리와 관련이 있었다. 내담자는 "스누즈 버튼을 누르지만 않았다면 5분 더 일찍 일어났을 거예요. 그랬다면 샤워하자마자 현관문을 나서서 직장에 도착할 때쯤이면 배고파 죽을 지경인 대신 아침식사를 고려할 시간이 있겠죠."라고 말했다.

반대로 습관은 우리에게 가장 좋은 친구가 될 수도 있다. 매일 밤 나는 어김없이 아침에 일어났을 때 커피가 만들어져 있도록 커피포트를 설정한다. 덕분에 아침에 한 가지를 하지 않아도 된다. 이는 꼭 하지 않아도 되는 선택이다. 그리고 그 선택 덕분에 나는 하루를 여는 아침식사를 무엇으로 할지와 같은 다른 선택을 할 수 있다.

핵심은 바람직하지도 않은 습관에 계속 반복해서 빠지는 대신 습관을 선택하는 것이다. 그렇게 하면 의식적으로 행그리를 없애는 습관을 기를 수 있다.

생각 없이 하는 오래된 습관에서 벗어나는 가장 쉬운 방법 중 하나는 패턴을 방해하는 것이다. 나는 내담자들에게 런던 대중교통 노동자들이 이틀 동안 파업했을 때 실시했던 흥미로운 연구를 들려준다.[24] 지하철이 운행을 개시했을 때 연구진은 어떤 일이 일어났는지 보고자 신용카드에서 얻은 데이터를 100만 건 넘게 조사했다.

통근자 중 5퍼센트가 좀 더 효율적인 경로를 새로 찾아서 계속 그 경로로 다녔다. 잠시 일상적인 습관에 따르지 못했을 뿐인데 통근자들은 마음을 열어 새로운 습관을 형성했다.

내 내담자 멜라니는 방해 기법으로 자신의 습관을 고쳤다. 멜라니는 밤에 개와 함께 산책을 나갈 때 주방으로 어슬렁어슬렁 들어가 생각 없이 뭔가를 집어 먹었다. 그러던 어느 날 밤, 자신이 생각 없이 주방에 들어가지 못하도록 주방문 앞에 애견용 안전문을 설치했다. 이렇게 문을 새로 달자 발걸음을 멈추고 생각하게 되었다. 그리고 새로운 습관을 만들었다.

행그리에서 행복으로

습관의 싹을 없애라! 먼저 습관을 알아차려라. 그다음에는 습관을 방해하라. 마지막으로 새로운 습관을 만들어라.

습관을 알아차려라 처음에는 습관을 알아차리되, 바꾸지 마라. 행그리를 유발하는 것 같은 습관 세 가지를 적어라. 그다음에는 지루할 때 과자를 먹거나 야식을 먹는 습관처럼 한 가지를 선택하라. 그 습관에 최대한 주의를 집중하되 그냥 관찰하기만 하라. 습관의 모든 측면을 파악하라. 내 내담자들은 내가 습관을 바꾸라고 하지 않는 데 놀란다. 하지만 행동을 관찰하기만 해도 그 행동을 바꾸게 되는 경우가 많다. 당신이 일하는 동안 상사가 같은 방에 앉아서 지켜보고 있다고 생각해 보라. 어떻게 되겠는가?

습관을 방해하라 습관은 그 행동을 하도록 유도하는 외부 신호에서 비롯된다. 예를 들어, 조리대 위에 놓인 과자 봉지를 보면 무의식적으로 집어 들게 된다. 그러니 습관을 방해하라. 좋아하는 과자를 두는 장소를 바꾸거나 아예 치워 버려라. 슈퍼마켓에서 자주 사는 과자가 진열된 앞쪽 대신 뒤쪽에서 쇼핑을 시작하는 방법도 있다. 간식을 먹으면서 텔레비전을 보는 사람이라면 다른 의자나 다른 방에 앉도록 하라. 일과를 바꾸어라. "어떻게 하면 무심결에 먹게 되는 식습관을 방해할 수 있을까?"라고 자문하라.

습관을 길러라 습관으로 곤경에 빠질 수 있다. 반면에 도움이 되는 습관도 있다. 바람직한 새로운 습관을 기르는 편이 더 쉬운데도 나쁜 습관을 격퇴하는 데 집중하는 경우가 많다. 예를 들어, 매일 밤 현관문 옆에 과자 봉지를 놓고 다음 날 외출할 때 집어 들고 나가라. 혹은 항상 어김없이 같은 과자를 사는 습관을 들여라. 지금 당신의 삶에서 없애고 싶은 습관이 아니라 '더하고' 싶은 습관이 무엇인지 생각하라.

무엇보다도 이미 완전히 자리 잡은 습관에 더하고 싶은 습관을 '앵커링(anchoring)'하는 것이 중요하다. 예를 들어, 당신이 아침에 일어나 가장 먼저 커피를 내린다고 해 보자. 그러면 커피를 내리는 동안 점심이나 간식을 챙길 수 있다. 한동안 커피를 내리면서 계속 점심을 챙기면 이 두 습관이 서로 연결될 것이다. 그러면 힘들이지 않고도 이 두 과제를 해낼 수 있다.

배고픔 유발자 #5: 끼니 거르기, 지금만큼 좋은 때는 없다

"점심 먹을 시간이 있나요? 저는 없어요. 점심식사보다 중요한 일이 많아요. 할 일이 태산 같은데 앉아 있기란 시간 낭비죠. 가끔은 점심 먹을 시간이 있었으면 좋겠어요. 제겐 사치죠."

내가 끼니를 거른다면 그 이유는 대개…

a) 너무 바쁘다. 시간이 없다.
b) 체중을 줄이려고(혹은 유지하려고) 노력하는 중이라 먹기가 꺼려진다.
c) 머릿속이 너무 복잡해서 깜빡했다.
d) 끼니를 거르는 일이 거의 없다.

지난 10년 동안 나와 함께 일했던 의사와 의료진들은 대단히 열심히 일한다. 그들은 하루 종일 계속 일한다. 그러다 보니 때로는 끼니를 거르기도 한다.

내 친구 한 명은 절대 점심식사를 하지 않는다. '너무 바빠서' 먹을 시간이 없다고 자랑스러워한다. 그 친구는 헌신적이고 인기 있는 의사다. 진료대기실은 환자들로 넘쳐난다. 그리고 거의 매일 진료 일정이 믿기 어려울 정도로 빽빽하다. 제시간에 퇴근해서 가족에게 돌아갈 수 있도록 효율적으로 일하고 싶은 마음이 큰 탓도 있을 것이다.

하지만 오후가 넘어가면 직원들이 그 친구를 멀리하기 시작한다. 이는 두세 시쯤에 패턴이 나타나기 때문이다. 목소리가 날카로워진다. 인내심이 극에 달한다. 심지어 마주치는 사태를 피하고 싶어서 검사실로 숨거나 복도 반대편으로 달아나는 직원을 본 적도 있다.

단지 피곤할 뿐일 수도 있다. 하지만 심리학자인 내가 보기에는 행그리가 기승을 부리는 바람에 내 친구가 평소처럼 동정심과 친절 수준을 보이지 못하는 것 같다. 그렇게 생각하는 사람은 나뿐만이 아니다. 나는 그 친구가 마실 커피에 초콜릿이나 땅콩버터를 타야 한다고 말하는 농담을 여러 번 들었다.

만약 내가 그 친구의 환자였다면 인내심과 혈당 수치가 조절되는 한결같이 친절하고 상냥한 의사에게 진료를 받을 수 있도록, 그 친구가 점심 식사를 하는 동안 기다리는 쪽을 택할 것이다.

연구 결과도 먹는 시간을 확보하는 것이 얼마나 중요한지 뒷받침한다. 그러나 미국인 중 거의 25퍼센트가 매일 아침식사를 거른다.[25] 의대생을 대상으로 한 연구에서 아침식사를 거르는 의대생은 임상 수업 시간에 피로도 수준이 높았고 주의력이 낮았다.[26] 당신은 어떨지 모르겠지만 나는 피로와 집중력 부족에 시달리는 의사에게 진료를 받고 싶지는 않다.

끼니를 거르는 데 영향을 받는 사람은 의사만이 아니다. 은행에서 당신의 돈을 세고 있는 직원이 너무 배가 고파서 집중할 수 없을 때 어떤 일이 일어날지 생각해 보라. 혹은 당신 아이를 돌보고 있는 옆집 엄마가 배가 고프다면 어떻게 될지 생각해 보라. 당신 아이를 태우고 있는 버스 운전사나 당신의 세금을 신고하는 회계사의 경우는 어떨까? 어떤 일을 하는 사람이든 최선의 기량을 펼치려면 날카로운 감각을 유지해야 한다.

'시간이나 노력이 너무 많이 들어. 밥 먹는 걸 깜빡했어. 식사가 우선순위에서 밀려. 살을 빼야 해서 열량 섭취를 제한하는 중이야.' 우리가 끼니를 거르는 이유를 보면 결코 바람직하지 않다. 그리고 어떤 이유로든 끼니를 거르면 언제나 행그리와 피로, 무기력이 따라온다.

사람들이 끼니를 거르는 방식에는 대개 아주 뚜렷한 패턴이 있다. 많은 사람들이 아침식사를 거른다. 너무 바빠서 점심시간까지도 내내 일하는 사람들은 점심식사를 거른다. 아이들을 학원에 데려다주느라 서두르다 보면 저녁을 거르게 되기도 한다.

식사를 방해하는 요인에 주의를 기울여라. 끼니를 걸렀을 때 주목하라. 기분이 어떠한가? 신체에 어떠한 영향을 미치는가? 기력이 떨어지거나 동기 수준이 낮아지는가? 감정에 어떠한 영향을 미치는가? 짜증이 심해지는가? 혹은 인지 수준에 영향을 미치는가? 뇌가 냉장고에 무엇이 들어 있는지만 생각하는 통에 음식 생각밖에 할 수 없는가?

다행히도 습관은 바꿀 수 있다. 습관은 고정불변이 아니다. 간단한 식사나 간식으로도 금방 행그리 상태에서 벗어날 수 있다.

행그리에서 행복으로

사고방식을 바꾸어라 때때로 사람들은 제대로 된 식사를 해야 한다는 생각에 끼니를 거르기도 한다. 하지만 아무것도 먹지 않는 것보다는 뭐라도 먹는 편이 낫다. 시간을 짜내 2분 동안 앉아 바나나 하나를 천천히 먹기만 해도 기분이 나아질 것이다.

휴대할 수 있는 음식을 생각하라 아침이나 점심, 혹은 저녁을 주로 직장에서 먹는 사람이라면 휴대할 수 있는 음식과 간식을 챙기도록 하라. 운반하기 쉬운 품목을 비롯해 가방에 휙 던져 넣을 수 있는 그래놀라 바, 견과류, 바나나, 사과, 치즈, 요구르트 같은 식품을 추천한다. 하루 종일 이동해야 해서 냉장고를 사용할 수 없더라도 자동차에 아이스 팩을 넣은 소형 아이스박스를 두면 냉장 보관해야 하는 식품을 가지고 다닐 수 있다.

넘치게 마련하라 미트볼을 만들 때 여섯 개를 만들 수고이면 열두 개도 쉽게 만들 수 있다. 그러면 엄청 바쁜 날에 대비해 사용하지 않은 분량을 얼려 두라. 미리 만들어 놓은 음식이 있으면 계획을 실천하기가 훨씬 수월하다. 그저 해동해서 다시 데우기만 하면 된다!

정기 배송 비록 좀 더 값비싼 선택지이기는 하지만, 도저히 시장을 볼 시간이 없는 사람이라면 이 문제를 해결해 줄 간편 조리 식품 정기 배송 업체를 이용하자. 요금을 지불하면 가정식을 만들 수 있는 모든 재료와 조리법을 문 앞까지 보내준다. 시간이 부족하다면 한번 고려해 볼 만하다.

친구와 교대로 주고받는 방법도 있다. 한 주는 당신이 두 가족이 먹을 식품을 구매한다. 재료와 조리법을 포함해 한 끼니를 만들 때 필요한 모든 품목을 채운 상자를 만든다. 다음 주에는 친구가 보답한다.

배고픔 유발자 #6: 다이어트, 다이어트를 버려라

"제 친구는 저를 프로 다이어터라고 불러요. 저는 열량, 분량, 지방 함유량 등 알아야 할 모든 정보를 다 알아요. 다이어트를 하고 있지 않을 때는 다음번에 유행할 다이어트를 예측하고 있죠. 한 다이어트에서 다른 다이어트로 계속 옮겨 다녀요. 식품에 대해서 정말 많이 아는데 왜 전혀 효과가 없는지 모르겠어요. 결국에는 굶어죽을 것 같아서 미치광이처럼 먹게 되거든요."

다이어트에 관한 한 나는…

a) 항상 다이어트 중이다.

b) 최대한 자주 끼니를 거르려고 한다.

c) 가끔 다이어트를 한다.

d) 다이어트를 하지 않는다. 그저 신경 써서 먹고자 노력한다.

남 일 같지 않은가?

내 내담자들 중에는 체중과 배고픔을 관리하고자 열량을 제한하거나 다이어트를 하는 사람들이 많다. "배고픔을 이기겠어!"라는 식으로 접근하는 것이다. 그들은 배고픔을 멈출 수 없다는 사실을 안다. 그래서 배고픔을 무시한다. 이 이야기를 들으면 귀를 막고

"네 말 안 들려!"라고 소리치는 꼬마가 떠오른다.

끼니를 거르면 열량 섭취를 줄여서 자기 자신에게 좋은 일을 하고 있다는 느낌이 들 수도 있다. 그러나 나는 주로 상담 초기에 내담자들에게 다이어트를 당장 그만두게끔 설득하려고 애쓴다.

내담자들에게 이렇게 말하면 다들 겁에 질려서 나를 바라본다.

그들은 "다이어트를 하지 않으면 어쩌라는 말씀이에요?"라고 말한다.

그러면 다이어트가 우리 몸에 엄청난 문제를 초래하는 증거를 제시한다. 간단히 말해 인체는 일관성을 선호한다. 다이어트를 하면 우리 몸은 현재 상태로 일관성을 유지하려고 애쓰면서 우리 의도와 반대로 작동하기 시작한다.

런던 임페리얼 대학에서 실시한 연구에서는 아침을 먹었을 때와 아침을 먹지 않았을 때 뇌가 어떤 모습인지 살펴보고자 참가자들의 뇌를 스캔했다. 그런 다음에 연구진은 참가자들에게 나가서 먹고 싶은 만큼 먹으라고 했다. 결과는 어땠을까? 아침을 거른 참가자들은 다음 끼니를 먹을 때 250칼로리를 더 섭취했다. 또한 아침을 거른 참가자들은 고열량 식품, 특히 초콜릿이 더 먹고 싶었다고 말했다.[27]

어찌 보면 이는 인간의 근본적인 심리다. 우리는 가질 수 없는 것을 원한다. 동시에 이는 생리 작용이기도 하다. 끼니를 거르면 장에서 안와전두피질(orbital frontal cortex)로 호르몬을 분비해 메시지를 보낸다. 이때 뇌는 맛있는 음식을 생각하도록 자극을 받는다.

한 끼 열량을 제한하는 방법은 효과가 없다. 그렇게 하면 배가 더 고파지고 다음 끼니에서 마음이 흔들려 바람직하지 않은 결정을 내릴 가능성이 높아지기 때문이다. 행그리가 곧 따라올 것은 불을 보듯 뻔하다.

내담자들은 다이어트를 할 때 기분이 어떻게 변하는지 꽤 잘 알고 있다. 한 내담자는 "제가 새로 다이어트를 시작하면 남편이 바로 알아차려요. 남편은 제가 심하게 날을 세우고 제 옆에 있으면 마치 살얼음 위를 걷는 듯한 기분이라고 말하죠. 사악한 쌍둥이 같은 제 모습이 마음에 들지 않으니 다이어트를 그만두라고 계속 뭐라 해요."라고 말했다.

행그리에서 행복으로

다이어트를 해야 한다는 생각을 버려라 우리는 날씬하면 행복할 거라고 생각한다. 하지만 잘 먹었을 때야말로 긍정적인 기분을 느낄 수 있다. 접시에서 무엇을 덜어낼지 생각하는 대신 접시 '위'에 무엇을 올릴지에 초점을 맞추기 시작하라. 목표는 열량이 아니다. 영양이 풍부하고 맛있는 음식을 고심해서 한 접시에 담는 것을 목표로 하

라. 행복을 다룬 연구에서 매일 아침을 먹고, 매일 8인분 이상 과일과 채소를 먹고, 하루 세 끼에다가 한두 차례 간식을 먹은 학생이 가장 행복 지수가 높았다.[28]

언어를 바꾸어라 일주일 동안 열량이나 일인분을 언급하거나 이에 초점을 맞추는 다이어트 중심 언어를 사용하지 마라. 그 대신 자기 자신에게 "나는 주의를 기울이며 먹고 있나?"라고 묻기 시작하라. 2018년에 《Pediatrics》에 실린 한 연구는 십 대 시절 부모가 다이어트를 하라고 부추겼던 청소년은 성인이 되었을 때 과체중 혹은 비만일 가능성이 높고, 다이어트와 폭식, 몸에 해로운 방식으로 체중을 조절하려는 행동을 할 확률이 높으며, 신체 만족도가 낮을 가능성이 높았다. 또한 15년이 지난 후에도 여전히 이런 섭식 장애 습관이 나타났다! 연구진은 가족이 '다이어트'에서 벗어나는 방향으로 대화를 이끌어야 한다고 권고했다.[29]

이 주문을 반복하라 중요한 조언이니 기억하라. 이 책은 다이어트 책이 '아니다.' 이 책은 배고픔을 존중하고 이해하는 법을 다룬다. 그러니 언제 무엇을 먹기로 선택하든 간에 이 주문을 반복하라.

"주의를 기울이며 먹으면 괜찮다."

배고픔 유발자 #7: 단 음식, 설탕보다 달콤한

"할머니는 제가 어릴 때부터 테이블 위에 놓인 사탕 그릇을 얼마나 파헤쳤는지 떠올려 주세요. 저는 어렸을 때부터 단 음식을 좋아했고 매일 여러 번 먹고 싶은 갈망을 느껴요. 어떨 때는 오로지 단 것만 먹고 싶어요. 밤에 일어나 옷을 입고 차를 몰고 가게에 가서 초콜릿을 사오기도 하죠."

내 인생에서 당의 역할을 이렇게 설명하고 싶다…

a) 나는 사실 당 중독이다.

b) 내 식단에서 당은 주식이다. 나는 지독하게 단 음식을 좋아한다!

c) 주로 식사 후에 단 음식을 즐긴다. 저녁 식사를 마치고 초콜릿이나 케이크 한 조각을 즐겨 먹는다.

d) 설탕은 조금만 있어도 오래 간다. 아주 조금만 드물게 사용한다.

e) 언제라도 단 음식보다 짠 음식을 선호한다.

내 내담자들은 초콜릿, 위로 음식, 치즈 마카로니, 피자 등 온갖 음식을 언급한다. 하지만 내담자들이 가장 힘들어하는 물질 하나를 꼽자면 의심할 여지없이 바로 당이다.

당은 내담자들이 '중독'과 '갈망'이라는 단어와 일상적으로 짝을 짓는 거의 유일한 음식이다.

우리는 모두 당을 좋아한다. 생물학적으로 인간은 당을 좋아하도록 태어났다. 하지만 내담자들은 삶에서 당이 발휘하는 파급력, 기분에 미치는 영향력과 씨름하는 경우가 많다. 당을 과다섭취하지 않는 사람이라고 하더라도 앞에서 언급했듯이 당을 섭취하면 혈당 수치에 영향을 미치므로 기분이 즉각적으로 변한다.

나는 당이 감정에 갖가지 방식으로 영향을 미친다는 사실을 배웠다. 개중에는 긍정적인 영향도 있다. 내가 초콜릿 칩 쿠키를 만드는 모습을 볼 때 아이들의 얼굴에는 미소가 번진다. 별식으로 적은 양을 먹으면 대개 행복해진다.

하지만 당을 대량으로 섭취하거나 배가 고플 때 먹으면, 그리 긍정적이지 않게 기분에 상당한 영향을 미친다. 당 섭취량이 높을수록 우울증 수준이 심각하게 나타난다.[30] 그러나 상관관계의 방향은 명확하지 않다. 우울한 사람들이 당을 더 많이 먹는 것일까, 당을 너무 많이 먹어 우울한 것일까?

내담자들은 행그리가 느껴지기 시작할 때 이를 빨리 해결하고자 당을 섭취한다. 그럴 만한 이유가 있다. 당은 한시적으로 효과를 발휘한다. 당을 섭취하면 금방 혈당 수치가 오른다. 게다가 빠르고 쉽게 봉지를 뜯어 초콜릿을 먹을 수 있다. 잠시나마 배고픔과 짜증을 달래준다.

하지만 상담을 해 보면 당 사이클에 빠져 곤란을 겪는 내담자들을 많이 본다. 그들의 식단을 살펴보면 섭취하는 음식 중 당이 차지하는 비율이 대단히 높다. 사실상 당에 기대어 살아가고 있다.

당 사이클은 이런 식으로 흘러간다.

배가 고프다: 혈당이 낮다

행그리가 찾아온다

당을 섭취한다

혈당이 금방 오른다

배고픔이 일시적으로 누그러진다

혈당이 급격히 떨어진다

당을 섭취하기 전보다도 심하게 배가 고프다

반복된다

개중에는 이 사이클을 아주 잘 알고 있는 내담자도 있다. 아침에 먹는 도넛부터 오후에 먹는 초콜릿 바에 이르기까지 자기가 당을 얼마나 많이 섭취하고 있는지 안다. 당이 삶에 어떤 영향을 미치는지 제대로 인지하지 못하는 사람들도 있다. 도넛과 초콜릿 바만큼 명확하지 않은 음식에도 당은 어디에나 숨어 있기 때문이다. 땅콩버터에서 케첩, 샐러드드레싱, '몸에 좋다는' 아침식사용 시리얼에 이르기까지 당은 온갖 식품에 들어 있다.

다시 말하지만 당이 '나쁜' 것은 아니다. 그러나 당이 우리 기분과 몸에 어떤 영향을 미치는지는 알고 있는 것이 바람직하다.

행그리에서 행복으로

당을 주의하라 당 섭취가 삶에 미치는 역할과 수준을 주의 깊게 살펴보라. 당이 배고픔의 근원인가? 당이 더 배고프게 만드는가? 당이 당신의 기분과 몸에 어떤 영향을 미치는지 파악하라. 당이 첨가된 음식을 먹을 때마다 이후 기분이 어땠는지에 주목하라. 식후 디저트처럼 별식으로 당을 먹었을 때 기분은 어떠한가? 진짜 음식이나 과일 대신 당을 먹을 때, 간식으로 초콜릿 바를 먹었을 때는 기분이 어떻게 다른가?

빠른 걸음으로 산책하라 배가 고픈가? 산책을 해 보라! 당을 갈망하는 상태를 다룬 연구에서 당을 먹는 대신 15분 동안 빠른 걸음으로 산책한 참가자들은 당을 갈망하는 욕구가 더 낮게 나타났다.[31]

당 섭취를 잠깐 멈추어라 당에 손을 뻗으려고 할 때마다 잠시 멈추어라. 잠깐 시간을 내서 자신이 행그리 사이클에서 어느 단계에 있는지 생각하라. 당신이 당을 섭취하려는 이유가 행그리를 느끼기 때문인가, 곧 행그리를 느낄 것 같아서인가? 아니면 당을 별식으로 먹을 생각인가? 별식이라면 문제없다! 하지만 행그리 사이클 소용돌이로 빨려 들어가는 느낌이라면 잠시 휴식을 취하면서 신중하게 배고픔을 채워라. "당이 아니라 배고픔의 실체를 채워라."를 좌우명으로 삼아라.

과일로 기분을 전환하라 혈당 행그리 사이클을 끊을 수 있는 과일을 주의를 기울이며 한 조각 먹어 보라. 과일에는 당도 들어 있지만 식이섬유와 영양소도 풍부하다. 따라서 달콤한 간식용 식품보다 소화 속도가 느리다. 소화가 느리면 행그리를 조절하는 데 도움이 된다. 또한 과일은 기분을 전환하는 역할을 한다. 여성 7만 명을 대상으로 실시한 당 섭취 연구에서, 첨가한 당과 가공한 당을 많이 섭취한 여성은 우울증을 앓을 가능성이 높았지만, 과일에 들어 있는 당처럼 자연에서 발생하는 당을 많이 섭취한 여성은 그렇지 않았다.[32]

인공 감미료를 먹지 마라 무열량 감미료는 마치 구세주처럼 보인다. 무열량 감미료가 일반 설탕보다 낫다고 생각하는 사람이 많다. 안타깝게도 이런 합성 감미료는 문제를 악화할 수 있다. 인공 감미료는 뇌 신호에 혼란을 초래해 더 높은 수준의 단맛을 갈구하게 만들기 때문이다.

배고픔 유발자 #8: 가공식품, 바람직한 진짜 음식을 먹어라

"상자와 봉투로 포장된 음식을 먹는 것에 대해 심각하게 생각해 본 적이 없었어요. 하지만 최근 들어 이런 식품의 유통기한이 어떻게 그렇게 길 수 있는지 의문이 들었어요. 밀봉해서 판매하는 과자 중에는 십 년이 흘러도 상하지 않는 것도 있죠. 저는 그런 음식을 제 몸에 넣고 있어요! 주의 깊게 관찰해 보니 그런 음식을 너무 많이 먹은 다음에는 불쾌감을 느낀다는 사실을 깨달았어요. 가끔은 보존료로 사용했을 화학물질의 맛이 느껴질 때도 있어요."

제일 좋아하는 간식용 가공식품은 무엇인가? 모두 골라라:

a) 쿠키, 사탕, 초콜릿처럼 단 것

b) 칩과 감자튀김처럼 짭짤한 것

c) 페이스트리와 도넛

d) 목록에 없는 기타 가공식품

e) 해당 사항 없음: 간식이나 가공식품을 먹지 않는다.

트윙키*를 먹었다는 이유로 살인죄를 면할 수 있을까?

* Twinkie, 속에 크림이 든 스펀지케이크 형태의 미국 과자.

'트윙키 변호(Twinkie defense)'는 1978년 샌프란시스코에서 하비 밀크 살인 사건으로 기소된 댄 화이트 재판 중에 생긴 실제 용어다. 화이트의 정신과 주치의는 화이트가 범죄를 저지르기에 앞서 단 간식을 다량 섭취했다고 지적했다. 주치의는 그런 단 음식이 화이트의 우울증과 맞물려 화이트가 통제력을 상실한 요인으로 작용했다는 뜻을 내비쳤다.

실제로 트윙키 변호는 밀크 살인 사건 공판에서 중대한 논점으로 전혀 등장하지 않았다. 그러나 그 개념은 대중의 마음을 끌었다. 아마도 다들 비슷한 경험을 한 적이 있기 때문일 것이다. 우리가 '트윙키 변호'를 사용할 때 진심은 "심술 부려서 정말 미안해. 점심에 진짜 맛있는 초콜릿 브라우니 치즈케이크를 먹었는데 너무 많이 먹은 모양이야. 그래서 지금 내가 사람들에게 쏘아붙이고 있는 거야. 제발 용서해 줘."라거나 "몸에 나쁜 걸 먹었더니 기분이 최악이야. 나답지 않은 느낌이야!"라는 의미다. 물론 대다수의 사람들은 간식을 먹었다고 해서 살인을 저지르지 않는다. 그러나 가공식품을 많이 섭취하면 불편감과 불안감, 불안정한 정신 상태를 초래할 수 있다.

감자 칩과 치킨 너겟, 쿠키, 달콤한 시리얼을 처음 몇 입 먹을 때는 정말 날아오를 것 같은 맛이다. 사실 그렇다! 게다가 배가 고파 죽을 지경이라면 이런 음식들은 당신이 갈망하는 만족감을 가져다

줄 것이라는 확신이 들기도 한다. 그러나 그런 만족감은 오래가지 않는다. 가공식품은 혈당 수치에 문제를 일으키는 데 그치지 않는다. 대개는 배고픔도 제대로 채워주지 않는다.

먹은 지 얼마 되지도 않았는데 배고프다고 느낀 적이 있는가? 그런 경우 당신이 먹었던 음식은 영양학상으로 아무런 도움이 되지 않았을 가능성이 높다. 또한 말 그대로 아무것도 채워주지 않으면서 더 많이 원하게 만드는 무열량 감미료를 포함한 가공식품만큼 배고픔을 충동질하는 음식도 없다.

정크 푸드 역시 기분에 영향을 미칠 수 있다. 캘리포니아대학교 샌디에이고 캠퍼스 의과대학에서 실시한 연구에 따르면 정크 푸드를 너무 많이 먹으면 성질이 나빠질 수 있다고 한다. 남녀 약 1,000명을 대상으로 식단과 행동을 조사한 결과, 연구진은 트랜스 지방 과다 섭취가 공격성·성급함 증가와 유의미한 관련성이 있다는 사실을 발견했다.[33]

행그리 관리 프로그램을 진행 중인 내담자들은 가공식품을 많이 먹었을 때 신체에 발생하는 증상을 추적하기 시작하면서 깨닫는다. 어떤 음식은 먹으면 기분이 좋아지고, 어떤 음식은 먹어도 딱히 기분이 좋아지지는 않지만 배고픔을 해소하며, 어떤 음식은 그냥 몸에 잘 맞지 않는다는 사실을 알아차리기 시작한다. 일단 그 사실을 알고 나면 좀 더 적절한 결정을 내릴 수 있다.

한 내담자가 시나몬 롤에 얽힌 이야기를 들려주었다. 그는 공항에서 달콤한 시나몬 롤 냄새를 맡았다. 정신을 차려 보니 마치 피리 부는 사나이에게 홀린 듯 그 냄새를 따라가고 있었다. 그 냄새에 넋이 나갔지만 잠시 멈추고 생각했다.

'이건 엄마가 만든 시나몬 롤이 아니야. 공항 노점에서 파는 제품이야.'라고 되뇌었다. 하지만 냄새에 정신이 팔려서 그 생각은 곧 사라졌다. 몇 분 후 샐러드 접시 크기만큼 거대한 시나몬 롤을 순식간에 먹어치웠고 손가락에 묻은 아이싱까지 빨아먹었다.

그는 우리가 나누었던 상담 내용을 떠올리면서 자기 자신을 비판하지 않았다. 그 대신 그저 자신의 반응에 주목했다. 가장 놀랐던 점은 실망감이었다. 자신이 먹은 롤은 덜 구워져 가운데가 눅눅했지만 어쨌든 일단 먹었다. 엄마가 만든 롤처럼 환상적인 밀도가 전혀 느껴지지 않았다. 게다가 먹고 난 뒤 몇 시간 동안 위에 돌덩이가 들어 있는 느낌이었다고 말했다. 다음 상담 시간에 그 경험이 자신의 몸과 기분에 어떤 영향을 미쳤는지 기억했고, 다음번에 공항에서 향기로운 시나몬 롤의 냄새를 맡았을 때 가장 큰 억지력으로 작용했다고 말했다.

행그리에서 행복으로

당신이 무엇을 상대하고 있는지 파악하라 먼저 주변에서 가공식품을 파악하는 것이 중요하다. 때로는 알아차리기 힘들다! 튀김이나 구이, 냉동식품, 통조림, 포장 식품은 의심스럽다. 첫 번째 단계는 간단하다. 라벨을 읽어라. 제품을 뒤집어서 내용물이 무엇인지 확인하라. 원재료 리스트가 짧은가, 중간인가, 긴가? 모든 원재료에 전문가가 될 필요는 없다. 그냥 자신이 먹는 음식에 무엇이 들었는지 살펴보자.

한 입 먹은 다음 생각하라 가공식품이든 아니든, 어떤 음식을 먹든 간에 잠시 주의를 기울여 생각하고 즉각적인 영향에 주목하라. 일단 목으로 넘어 가면 세 가지 사항, 즉 위에 닿는 느낌은 어떤지, 먹었을 때 만족스러운지, 기분이 어떻게 바뀌는지를 살펴라.

시험하라 음식을 만드는 다양한 방법으로 실험하라. 조리법에 따라 맛이 어떻게 다른지, 다양한 조리법이 기분에 어떤 영향을 미치는지 살펴라. 때로는 음식을 조리하는 방법이 만족도나 포만감에 영향을 미치기도 한다. 예를 들어, 한 연구에서는 사람들이 식전에 사과 주스를 마셨을 때나 사과 소스를 먹었을 때보다 그냥 사과 하나를 통째로 먹었을 때 더 배가 부르다고 느꼈다. 당신도 그렇게 느끼는가?[34]

진짜 식품을 사라 현장에서 직접 만든 음식을 사는 것은 가공식품을 줄이는 좋은 방법이다. 예를 들어, 동네 빵집은 제빵 대기업들이 하듯이 유통기한을 늘리려고 빵에 방부제를 넣지 않는다. 혹은 좋아하는 가공식품을 직접 만드는 법을 배워라. 마이클 폴란*이 조언하듯이 감자튀김을 좋아한다면 잘된 일이다. 단지 직접 만들어라.

배고픔 유발자 #9: 갈증, 물을 충분히 마셔라

"물은 너무 밍밍해요. 저는 하루에 필요한 물을 충분히 마시지 않아요. 오줌 색깔이 샛노란 걸 보면 알 수 있죠."

나는 이럴 때 목이 마르다…

a) 물 마시는 것을 잊어서 늘 목이 마르다.

b) 때때로. 식당에서 물을 줄 때를 빼면 좀처럼 물을 마시지 않는다.

c) 드물게. 나는 물을 많이 마시려고 적극적으로 노력하지만 매

* 미국의 작가이자 저널리스트, 환경운동가, 캘리포니아대학교 버클리캠퍼스 저널리즘학과 교수.

일 목표를 달성하지는 못한다.

d) 물을 많이 마셔서 거의 목이 마르지 않다.

행그리는 음식이 부족할 때만 발생하지 않는다. 물을 충분히 마시지 않을 때도 행그리는 일어난다.

한 내담자는 가족과 함께 숲으로 하이킹을 갔던 이야기를 했다. 내담자는 배낭에 간식 등을 준비해 왔다. 하지만 가장 중요한 물을 깜빡했다. 세 명이서 작은 병에 든 물을 나누어 마셔야 했다.

시간이 흐르면서 날씨는 더워졌고 인내심은 줄어들었다. 그들은 물 한 모금을 두고 누가 더 많이 마셨는지 따지며 싸우기 시작했다.

내담자 가족은 음식을 먹었다. 간식이 다소 도움이 되기는 했지만 갈증은 까칠한 분위기와 무기력을 유발했다.

연구에 따르면 탈수는 그 정도가 경미한 경우에도 기분과 사고에 부정적인 영향을 미친다고 한다. 또한 수분이 부족하면 피로하고 정신이 기민하게 활동하지 못한다. 심지어 탈수가 계속되면 사망을 초래할 수도 있다!

수분이 부족하다고 느꼈던 때를 떠올려 보라. 잔디밭에서 일하던 때였을 수도 있다. 어쩌면 커피를 많이 마셨지만 오전 내내 물을 마시지 않았을 수도 있다. 목이 마르면서 동시에 짜증이 났던 기억이 있는가? 이런 불쾌한 기분은 행그리를 유발하는 것과 동일한 기제에서 비롯된다.

다행히도 물을 마시면 기분과 명확하게 사고하는 능력이 거의 즉시 좋아진다. 최근 한 연구에서 어린이와 성인 참가자를 대상으로 마실 물을 주지 않거나, 25밀리리터, 300밀리리터를 주었다.[35] 연구자들은 물을 마시기 전과 물을 마신 지 20분이 지난 후 혹은 물을 마시지 않고 20분이 흐른 후에 수행 평가를 실시했다.

어린이와 성인 모두 갈증을 해소하려면 물을 많이(300밀리리터) 마셔야 했다. 그러나 소량(25밀리리터)이라도 시각 주의력을 높이기에는 충분했다. 어린이와 성인 모두 소량이라도 물을 마셨을 때 더 높은 시각 주의력을 나타냈다. 성인의 경우 물을 많이 마셨을 때 숫자 주의력, 즉 기억해낼 수 있는 숫자의 개수도 증가했다. 반면에 목이 마른 참가자들은 물을 마신 참가자들보다 그 개수가 적었다.

물 마시는 습관과 기분 사이의 관계를 관찰한 연구도 있다.[36] 건강한 여성 120명에게 5일 연속으로 섭취한 모든 음식과 음료를 기록하게 했다. 참가자들은 긴장, 우울, 분노, 활력, 혼란, 기분 수준에 대해 평가했다. 흥미로운 결과가 나왔다. 연구진은 참가자가 마신 물의 양만 봐도 기분을 예측할 수 있었다!

기억력과 기분이 좋아지는 마법의 묘약이 있었으면 좋겠다고 생각한 적이 있는가? 이미 있다. 게다가 주방 싱크대나 회사 정수기만큼이나 가까운 곳에 있다.

갈증이 유발하는 불쾌감을 예방하고 지적 민감도를 향상(음식을 선택할 때 유리하다)하려면 물을 충분히 섭취해야 한다.

주의를 기울여라 수분 부족을 알려주는 징후를 살펴라. 몸은 몇 가지 뚜렷한 신호를 보낸다. 당신에게는 어떤 징후가 나타나는가? 이런 신호가 터져 나오지 않도록 '예방'하기 위해 충분한 수분 섭취를 목표로 삼아라.

이례적인 배고픔 갈증과 식욕은 둘 다 시상하부가 조절한다. 이 두 기능 사이의 신호는 교차할 수 있고, 실은 목이 마른 상태인데 배가 고프다고 생각할 수도 있다. 물을 많이 마시지 않는 편이라면 머릿속에 '배고파'라는 생각이 떠오를 때 잠시 멈추고 물이 필요한지, 음식이 필요한지 따져 보라.

피로 혹은 탈진 젖산이 쌓이고 포도당 생산이 멈추면 탈진이 일어난다.

변비 수분을 공급하면 소화와 배변 작용이 원활해진다.

입 냄새 수분이 부족하면 입안을 깨끗하게 씻어낼 침이 충분히 나오지 않는다. 입안이 건조하면 입 냄새가 난다.

진한 소변 색깔 소변 색깔이 진할수록 탈수가 심한 상태다. 일반적으로 오줌 색깔은 연할수록 좋다(그러나 거의 투명하다면 수분 섭취가 과하다는 징후다).

두통 수분이 부족하면 뇌 조직이 수축해 두개골에서 멀어지면서 통증 수용체를 자극한다.

안구 건조 눈이 건조한 증세는 점막에 수분이 충분하지 않다는 뜻이다.

과열 액체는 체온 조절을 돕는다.

근육 경련 근육이 효율적으로 수축하려면 물에 나트륨(소듐)과 칼륨(포타슘)이 있어야 한다.

어지러움 탈수 증상이 나타나면 체액이 줄어들어 혈압이 낮아지고 뇌로 가는 혈류가 줄어든다.

3초 동안 꼬집어 보라 손등이나 팔의 피부를 살짝 꼬집어서 1센티미터 정도 들어 올렸다가 놓는다. 피부가 잠시 꼬집힌 모양대로 있다가 천천히 정상으로 돌아가면 탈수 징후일 수 있다. 이 방법을 가리켜 팽압 검사라고 한다. 수분이 부족한지를 빠르게 알아볼 수 있는 방법이다. 피부는 수분이 부족하면 탄력을 잃으므로 평소만큼 빨리 정상 형태로 돌아가지 않는다. 놓는 즉시 원위치로 돌아가야 바람직하다.

갈증 흡혈귀에 주의하라 어떤 식품과 음료는 수분을 즉시 빨아들인다! 카페인이 들어간 커피, 탄산음료, 에너지 음료를 마시면 수분을 충분히 섭취하려는 노력이 전부 수포로 돌아간다. 이런 음료는 이뇨제이므로 소변 생성량이 늘어나고 오줌을 자주 누게 된다. 또한 소금을 과다 섭취하면 혈중 나트륨(소듐) 수치를 정상으로 유지하고자 인체가 세포에서 수분을 끌어당긴다. 갈증 흡혈귀에는 반드시 수분을 보충해서 대항하라.

의식해서 수분을 섭취하라 만성적으로 수분 섭취량이 부족하고 이로 인해 식욕과 행그리 수준이 증가한다고 느낀다면 '배고픔 최면술사 #32'를 참조하라.

배고픔 유발자 요약

지금까지 배고픔을 유발하는 여러 요인을 살펴봤다. 이런 요인들은 평온했을 날에 난데없이 당신 뒷덜미를 잡아 부주의한 식탐으로 끌고 갈 수 있다. 기억하라. 이런 요인들이 마음챙김 식사를 불가능하게 만들지는 않는다. 그러나 분명히 훨씬 힘들어진다.

다음 장으로 넘어가기 전에 자신에게 가장 큰 영향을 미치는 요인에 체크 표시를 하라. 이런 요인이 먹는 방식에 얼마나 큰 영향을 미친다고 생각하는지를 1점부터 10점까지를 기준으로 표시해도 좋다. 개중에는 전혀 문제가 되지 않는 요인도 있을 것이다. 숙면을 취한다면 수면 항목은 문제없다. 하지만 단 음식 항목에서는 머뭇거리며 "그래, 내 얘기야."라고 할지도 모른다.

___ 스트레스 수준

___ 수면 시간

___ 장 건강

___ 습관

___ 끼니 거르기

___ 다이어트 혹은 열량 제한 시도

___ 당분/단 음식 과다 섭취

___ 가공식품 과다 섭취

___ 수분 섭취 부족

당신은 어느 항목에 체크했는가? 어떤 항목에 가장 공감이 가든 간에 그 항목이 훌륭한 출발점이다. 배고픔 유발자를 처리한 다음부터는 마음챙김 식사가 훨씬 쉽고 즐거워질 것이다!

2단계

행그리 없는 집과 터전

당신은 어디에서 행그리를 가장 심하게 느끼는가?

집에서?

회사에서?

휴가 중에?

차 안에서?

이는 내가 내담자들에게 상담 초반에 하는 질문 중 하나다. 답을 들어 보면 행그리가 일상적으로 일어나는 장소가 있는가 하면 애초에 전혀 무관한 장소도 있다.

행그리가 순식간에 발생하는 곳은 마음챙김 식사를 집어삼키는 늪과 같다. 그 환경에 발을 들여놓는 동시에 느닷없이 당한다! 훅

가라앉는다. 아무리 좋은 의도로 걸어 들어가더라도 행그리를 유발하는 자극이 있으면 때로는 좋은 의도도 사라지고 만다.

환경이 부주의한 식사를 부추길 때가 있다. 그런 환경에서는 아무 생각 없이 쉽게 음식을 집어 들게 된다. 예를 들어, 예전에 내 친구는 조리대 위에 혼합 견과 그릇을 놓아 두었다. 그 집을 방문한 사람들이 서서 수다를 떨다가 그 견과 그릇에 손을 넣고, 한두 개를 입안에 넣다가 한 움큼씩 먹는 모습을 수도 없이 목격했다. 이는 그들이 배가 고파서가 아니라 그냥 손닿는 곳에 견과 그릇이 있었기 때문이었다.

반대로 음식을 좀 더 신중하고 의식적으로 선택하도록 주변 환경을 정돈할 수도 있다. 물론 항상 환경을 통제할 수는 없다. 예를 들어, 내 진료실은 도넛 가게 바로 옆에 있다. (농담이 아니다!) 그 사실은 내가 어떻게 할 수 없다. 그러나 고심해서 환경을 조성할 수 있는 장소에서, 한발 앞서 마음챙김 식사를 시작해 보면 어떨까?

행그리 관리 프로그램에서 우리는 먹는 행위를 유발하는 '내부'의 배고픔 신호에 주의를 기울이는 방법을 배운다. 우렁차게 꼬르륵 소리를 내며 울리는 배꼽시계처럼 먹을 때가 되었다고 알려주는 명백한 징후도 있다. 기력이 떨어지는 경우처럼 좀 더 알아차리기 어려운 경우도 있다. 하지만 연구 결과에 따르면 우리는 내부 신호가 아니라 '외부' 신호에 반응해서 먹는 경우가 많다고 한다. 예를 들어, 피자 광고를 본다. 2분 전만 해도 피자가 먹고 싶지 않았다. 하지만 지금은 부풀어 오른 치즈와 도톰한 크러스트만 머릿속을 맴돈다.

행그리 관리 프로그램은 당신이 어디에 있든 간에, 내부의 배고픔에 귀 기울이는 능력을 강화한다. 또한 은퇴 파티에서 주변 사람들이 군것질을 하고 있다는 이유만으로 버팔로 치킨 윙과 소스에 손이 가는 경우처럼 그냥 대세에 따르는 때를 발견하는 능력도 키운다.

그러니 주변을 주의 깊게 살펴보라. 자동차나 주방, 침실, 옷장에서도 시작할 수 있다. 어디가 되었든, 주변 환경이 음식 선택에 미치는 영향에 주목하기 시작하라.

행그리 프리 #10:
접시에 담아라

"음식은 단지 열량을 섭취하는 수단이 아니다. 경험이다." -가이 피에리

나는 음식을 먹을 때

a) 패스트푸드 봉투에서 꺼내 바로 먹는다.

b) 냅킨에 놓고 먹는다.

c) 종이 접시에 놓고 먹는다.

d) 평범한 그릇에 놓고 먹는다.

e) 예쁜 도자기처럼 고급 식기에 놓고 먹는다.

내 어머니는 고급 식기를 좋아한다. 어머니는 외할머니에게 물려받은 도자기 세트와 다른 친척에게 물려받은 그릇 세트들을 갖고 있다. 어머니에게 식사는 언제나 체험이었다. 명절이면 항상 어떤 그릇을 쓸지가 관건이다. 명절을 주제로 한 그릇? 외할머니에게 물려받은 금테를 두른 상아빛 접시? 이모가 선물한 장미 무늬 그릇? 어머니에게 음식을 담아 내는 배경은 중요한 문제다.

어머니가 내게 그릇에 관해 알려준 가장 중요한 지식은, 그릇은 써야 한다는 사실이다. 종종 사람들은 특별한 날에 요리를 차려낼 때를 대비해 '좋은' 그릇을 아낀다. 하지만 어머니에게 예쁜 그릇은 명절이나 특별한 만찬에만 사용하는 물건이 아니다. 어머니는 "아껴서 뭐해. 여왕님 오시면 대접하려고?"라고 농담을 하셨다. 그러고는 웃으며 식탁을 차렸다.

어머니에게 가족은 항상 예쁜 식탁을 차려내기에 충분할 정도로 특별한 대상이다. 우리 가족이 항상 값비싼 그릇을 쓰는 건 아니었지만 어머니는 항상 식탁을 멋지게 차려냈다. 숙제나 책, 장난감, 우편물 같은 잡동사니를 치웠다. 그런 다음 가족 모두에게 접시, 커트러리, 물잔, 냅킨을 주었다. 우리 가족은 식탁에서 패스트푸드를 봉지째로 먹지 않았다.

여러 연구에서 누차 말하지만 음식의 외견은 우리 모두에게 중요하다. 실제로 음식의 외견은 얼마나 맛있게 느껴지는지에 영향을 미칠 만큼 중요하다. 식당이 식탁 주변 분위기를 꾸미고 음식을 맛있어 보이게 담아 내고자 엄청난 노력을 기울이는 이유가 여기에 있다. 식당은 그 모든 것이 식사의 일부라는 사실을 잘 안다.

내 내담자들을 대부분 음식을 차려 내는 방식을 거의 생각하지 않는다고 말한다. 행그리를 느낄 때면 감자튀김을 봉지째로 먹고, 시리얼 상자 그대로 시리얼을 집어 먹고, 포장용기에서 햄을 집어 곧바로 입에 넣는다. 이런 짓을 하고 있다면 정말로 행그리에 시달리고 있다는 징후일 것이다.

다행히 조금만 생각하더라도 음식을 즐기는 정도에 커다란 영향을 줄 수 있다. 음식을 접시에 담는 방식이 식욕, 요리를 마음에 들어 하는 정도, 구매 의욕, 심지어 포만감에도 영향을 미친다. 게다가 간식을 먹거나 식사를 할 때 보이는 것에 약간 주의를 기울이는 정도만으로도, 먹는 음식을 대폭 바꾸거나 추가로 비용을 지불하지 않고 이 모든 요소에 영향을 줄 수 있다.[37]

분량 지각 저널《Appetite》에 실린 한 연구에서는 음식 배치가 분량 지각에 어떤 영향을 미치는지 검토했다.[38] 그 핵심은 음식을 쌓아서 내놓을 때보다 접시에 펼쳐서 내놓으면 더 많게 느껴진다는 것이다. 또한 같은 양이라도 접시 가장자리에 밀어놓았을 때보다 정중앙에 놓으면 더 많게 느껴진다. 그러니 접시 중앙을 시작으로 전체에 음식을 펼쳐놓아 뇌가 더 많이 먹고 있다고 느끼도록 하라.

밝은 색깔 접시 연구에 따르면 접시 색깔은 음식 맛을 느끼는 지각을 바꾼다고 한다.[39] 이는 모두가 원하는 바다! 사람들은 빨강, 파랑, 노랑, 초록처럼 밝은 색깔 접시에 담겨 나오는 음식이 더 달고 짜다고, 즉 풍미가 더 풍부하다고 느끼는 경향이 있다고 한다. 빨간 접시를 사용(뒤에 나오는 비결에서 좀 더 자세히 살펴볼 것이다)하면 다양한 이점이 있다!

가장자리를 주시하라 사람은 델뵈프 착시(Delboeuf illusion)라는 현상의 영향으로 가장자리에 색깔 테두리가 있는 접시에 담긴 음식이 더 많다고 느낀다.[40] 동일한 색깔의 원 두 개를 상상하라. 그중 하나에는 접시 테두리처럼 좁은 원이 둘러져 있다. 그렇게 둘러싼 원은 내부가 더 커 보이도록 만들므로 접시에 놓인 음식이 더 많아 보인다. 우리는 더 많이 먹었다고 지각할 때 더 큰 만족을 느낀다.

그러니 가장자리에 색깔 테두리가 있는 접시를 사용해 포만감을 느끼도록 하라.

메시지가 담긴 접시 접시가 무미건조할 필요는 없다. 나는 "꼭꼭 씹어서 먹어", "음미해", "즐겨" 같은 유용한 메시지가 담긴 접시를 갖고 있다. 주의가 산만할 때나 서두를 때 이런 접시들은 먹는 속도를 유지하도록 도와준다. 긍정적인 메시지가 담긴 식탁 매트를 만들어도 좋다. 내 웹사이트 www.eatingmindfully.com에서 무료로 다운로드받을 수도 있다.

행그리 프리 #11:
눈에서 멀어지면 마음에서도 멀어진다

"저는 '저공비행 식습관'에 시달리고 있어요. 주방문으로 거침없이 들어가 열려 있는 치즈볼 봉투에 손을 넣고 한 움큼을 들고 나가죠. 그러고는 저 자신에게 화가 나요. 딱히 치즈볼이 필요하지도, 먹고 싶지도, 맛있게 먹지도 않았거든요. 그냥 지나가다가 아무 생각 없이 과자를 집어 들었어요."

주변에 음식이 있을 때…

a) 전혀 생각도 하지 않고 냉큼 먹는다.

b) 배가 고프건 말건 먹고 싶다.

c) 배가 고플 때만 먹지만 일단 배가 고프면 무엇을 먹을지 까다롭게 선택하지 않는다.

d) 배가 얼마나 고픈지, 특정한 음식이 먹고 싶은지 아닌지 충분히 생각한다.

남 일 같지 않은가?

분명히 책상에서 일하고 있었다. 정신을 차려 보니 손에 초콜릿 병이 들려 있고 컴퓨터 옆에 초콜릿 포장지가 점점 높게 쌓여 간다.

당신은 "어머나 세상에, 내가 어쩌다 이걸 다 먹었지?"라고 생각한다.

그뿐만 아니라 그 초콜릿을 다 먹고도 허기가 가시지 않는다. 심지어 먹으면서 그리 즐겁지도 않았다. 사실 먹은 기억이 거의 없다. 그저 그곳에 있었기에 먹었을 뿐이다.

물건을 어디에 두는지는 중요하다. 우리는 거리 소음을 피하려고 침실을 집 안쪽에 배치한다. 화장품은 눈에 잘 띄지는 않지만 꼭 필요한 곳인 욕실 거울 뒷장에 넣어 둔다. 텔레비전 리모컨은 일어나서 찾아다닐 필요가 없도록 소파 옆에 둔다.

음식을 어디에 두는지도 중요하다.

심리학에서 말하는 '근접성 원리(proximity principle)'에 따르면 음식이 가까이 있을수록 먹을 가능성이 높다. 내 말을 오해하지 않기를 바란다. 먹는 것이 나쁜 것은 아니다. 그러나 생각 없이 부주의하게 먹으면 행그리와 과식후회를 유발할 수 있다. 내 내담자들은 자신이 아무 생각 없이 무엇인가를 먹을 때 질색한다. 배가 부르지도 않고 즐겁지도 않다.

한 내담자는 냉동고가 부주의하게 음식을 먹게 하는 거대한 원천이라는 사실을 깨달았다. 저녁식사를 준비하기 위해 건강한 식재료를 꺼내려고 냉동고를 열었을 때 가장 먼저 눈에 띈 품목이 아이스크림 통이었다. 아이스크림을 먹고 싶다고 생각하지 않았다. 심지어 배가 고프지도 않았다. 하지만 자기도 모르게 아이스크림을 집어 들었고 용기째로 몇 숟가락을 퍼먹었다. 그리다가 짜증이 났다. 아이스크림을 아예 끊고 싶지는 않지만, 그렇다고 저녁식사 전에 무심코 먹고 싶지도 않았다.

우리가 함께 생각해 낸 해결책은 그리 대단하지는 않지만 효과가 있었다. 그냥 아이스크림을 냉동고 안쪽으로 옮겼다. 그러자 냉동고 문을 열었을 때 아이스크림이 가장 먼저 눈에 띄지 않았다. 아이스크림을 꺼내려면 얼린 수프, 쇠고기 덩어리, 얼음통들을 움직여야 했다. 그러자 '바로 저기 있네' 덫에 걸리는 일이 줄어들었다.

연구 결과도 이 해결책의 효과를 뒷받침한다. 한 연구에서 연구진은 참가자들 앞에 초콜릿 그릇을 놓았다.[41] 그릇은 70센티미터 떨어진 곳과 그보다 훨씬 가까운 20센티미터 떨어진 곳에 두었다. 초콜릿에 가까이 앉은 참가자들이 초콜릿을 더 많이 먹었다. 놀랄 일도 아니다!

가까이에 있다고 해서 먹는 음식은 초콜릿뿐만이 아니다. 다른 연구에서는 포도와 크래커, 초콜릿을 1.8미터 떨어진 곳 혹은 팔이 닿는 곳에 놓아 두었다.[42] 그 결과, 사람들은 음식이 가까이 있을 때 초콜릿뿐만 아니라 초콜릿보다 건강에 좋은 포도와 크래커도 더 많이 먹었다.

사실 이는 정말이지 반가운 결과다. 주변 환경을 다시 정리하는 손쉬운 방법으로, 부주의하게 먹는 음식을 줄이고 의식적으로 먹을 기회를 늘릴 수 있다는 뜻이다.

바로 옆에 있는 음식에 손을 뻗는 행위는 인간의 본능이다. 그러니 그렇게 한다고 해서 심하게 자책하지 마라. 대신에 그 과정을 파헤쳐라. 진짜 에너지를 공급하고 배고픔을 채울 수 있는 몸에 좋은 음식을 쉽게 먹을 수 있는 환경을 만들어라.

행그리에서 행복으로

눈에서 멀어지면 마음에서도 멀어진다 주방을 한 바퀴 둘러보라. 이리저리 살펴봐라. 무심코 음식을 먹도록 유도할 만한 품목이 있지는 않은가? 과자 봉지, 탄산음료 병, 쿠키가 든 병이나 상자가 있는가? 그런 품목을 버릴 필요는 없다. 그저 찬장이나 속이 비치지 않는 봉투에 넣어 두라.

근접성 원리 책상에 앉아 팔을 뻗어 훑어 보라. 손이 닿는 곳에 먹을 것이 있는가? 위에서 언급한 연구에서 제안하듯이 음식을 적어도 70센티미터 이상 떨어진 곳으로 옮겨라. 더 좋은 방법은 서랍에 넣는 것이다. 이로써 무심결에 군것질을 하는 횟수가 상당히 줄어들 것이다.

의식적인 음식 배치 몸에 좋은 음식으로 근접성 원리를 유리하게 활용하라. 먹으면 기분이 좋아지는 음식을 골라 전략적으로 가까운 곳, 즉 책상이나 조리대를 비롯해 눈에 잘 띄는 곳에 놓아라.

행그리 프리 #12:
주의 깊게 고려한 변화

"때로는 몸에 좋은 음식을 먹어야 한다고 스스로를 설득하는 일이 물고기에 물속으로 뛰어들라고 설득하는 일처럼 느껴져요. 무엇이 몸에 좋은지는 압니다. 실천하기가 너무 힘들 뿐이죠."

몸에 좋은 식품에 관해서 나는…

a) 몸에 좋은 음식을 좋아하지 않고 먹기가 고역이다.

b) 몸에 좋은 음식을 좋아하지만 선택하기가 어렵다.

c) 몸에 좋은 음식을 좋아하고 가끔 먹는다.

d) 몸에 좋은 음식을 갖추어 놓고 늘 먹는다.

내 진료실을 방문하는 사람이라면 내 책상 위에서 항상 같은 물건을 본다고 말할 것이다. 바로 사과다.

나는 진료 기록을 입력할 때 반드시 시야에 들어오도록 사과를 모니터 앞쪽 중앙에 놓아둔다.

내가 늘 사과를 먹는 이유는 사과를 좋아하기 때문이기도 하다. 동시에 지갑을 탈탈 털어 동전을 긁어모아서 복도 끝 자판기로 걸어가느니 바로 앞에 있는 사과를 간식으로 먹는 편이 훨씬 낫기 때문이기도 하다. 자판기를 이용하려면 돈뿐만 아니라 시간도 든다. 눈 앞에 있는 사과를 선택하기란 쉬운 결정이다.

내 내담자들은 대체로 몸에 좋은 음식을 좋아한다. 하지만 생각하는 만큼 많이 먹지 않는 내담자들도 있다. 그들은 내게 "초콜릿을 두고 어떻게 사과를 고르겠어요? 사과도 좋아하기는 하지만 초콜릿은 사랑한다고요."라고 말한다.

나는 그런 선택이 얼마나 어려운지 이해한다. 심리학 연구자들은

'선택 설계(choice architecture)'라는 기법으로, 선택하는 괴로움을 덜어주고자 노력해 왔다. 선택 설계란 몸에 좋은 식품을 손쉽게 먹을 수 있도록 기본 선택 항목을 조합하는 것이다. 사소하고 비용이 적게 드는 변화로 편리하고 맛있어 보이고 눈에 잘 띄게 만드는 방법이다. 이는 몸에 좋은 음식을 어려운 선택지가 아니라 쉬운 선택지로 만든다.

예를 들어, 한 연구에서는 샐러드 바에서 음식 위치를 바꾸면 어떤 일이 일어나는지 조사했다.[43] 연구진은 두 달에 걸쳐 샐러드 재료 여덟 가지(브로콜리, 조각 치즈, 닭고기, 오이, 삶은 달걀, 버섯, 올리브, 토마토)의 위치를 이리저리 바꾸었다. 조사 결과 사람들은 가운데에 놓인 재료보다 가장자리에 놓인 재료를 더 많이 가져갔다. 연구진이 계산한 바에 따르면 1년 동안 이렇게 위치를 바꾸기만 해도 몸무게를 227그램 정도 변화시킬 수 있다.

이 정보를 접한 사람은 잠시 멈추고 자신이 어떻게 선택을 하는지 다시 한번 생각하게 될 것이다. 내 경우는 그랬다. 당신은 마음에 들어서 그 물건을 선택하고 있는가? 아니면 그저 바로 앞에 있기 때문에 집어 들었는가? 나아가 어떻게 하면 그 정보를 자신에게 유리하게 사용할 수 있을까?

연구에 따르면 우리는 생각할 필요도 없이 행동을 바람직한 방향으로 바꿀 수 있다. 예를 들어, 물주전자가 6미터나 12미터 떨어진 곳에 있을 때보다 식탁 위에 있을 때 사람들은 식사하는 동안 물을 더 많이 마신다.[44] 즉, 물이 눈앞에 있으면 식사하는 동안 물을 더 많이 마실 것이다.

슈퍼마켓에서 식품을 뒤쪽에서 앞쪽으로 옮겼을 때 어떤 일이 일어나는지 조사한 연구도 있다.[45] 연구진은 과일과 채소를 가게 앞쪽에 가까운 눈에 띄는 진열대로 옮기면 판매량이 증가한다는 사실을 발견했다. 타당한 결과다. 슈퍼마켓 계산대에서 줄을 서서 기다리다가 탄산음료나 초콜릿 바, 사탕을 단지 그곳에 있다는 이유만으로 충동적으로 구매한 적이 있을 것이다.

가게는 우리가 어떤 음식이든 가까운 곳에 있으면 손을 뻗을 것이라는 사실을 알고 있다. 우리도 같은 원칙을 활용해 집과 직장에서 음식을 선택하고 배치하는 설계사가 될 수 있다. 어떻게 하면 덜 힘겹게, 나아가 노력하지 않고도 몸에 좋은 음식을 먹을 수 있을지 생각해 보라. 그런 다음에 당신이 좋아하는 몸에 좋고 건강한 음식을 먹지 않고는 배길 수 없는 환경을 설계하라.

행그리에서 행복으로

자기 자신의 선택 설계사가 되어라 손에 든 바나나 하나는 장바구니에 든 바나나 다섯 개만큼 가치가 있다. 그러니 먹고 싶은 음식을

‘보이는 곳’에 두라. 몸에 좋은 간식을 밖에 내놓아라. 먹고 싶은 음식을 투명한 용기나 봉투에 넣어 아주 잘 보이게 하라. 견과류 병의 뚜껑을 열어 두면 간식으로 좀 더 자주 먹게 된다. 과일을 가방에서 꺼내라.

책상 간식 몸에 좋은 간식을 책상 위 잘 보이는 곳에 놓아서 못 본 척할 수 없도록 하라. 그렇게 하면 바람직한 음식을 더 많이 먹게 되고 눈에 들어오는 음식을 생각 없이 집어 들려고 하지 않을 것이다.

나갈 때 간식 신중하게 고른 간식을 현관문 바로 옆에 두라. 나가려다 말고 허둥지둥 찾아야 하는 일 없이 나가는 길에 간식을 챙겨 가라.

손질 채소 내담자들이 말하는 최고의 투자 중 하나가 손질된 채소를 사는 것이다. 손질된 과일이나 채소를 구매하면 먹을 확률이 올라가기 때문이다. 손질된 농산물은 가격이 다소 비싸지만 건강에 대한 투자로 생각하라. 게다가 농산물이 썩도록 방치하는 대신 먹는다면 두 배로 이득이다. 그러니 냉장고 어디에 넣어둘지를 생각하라. 냉장고 채소 보관실에 넣으면 그곳에 넣어 두었다는 사실을 까맣게 잊기 쉬우므로 영원히 작별을 고하는 셈이다. 냉장고 서랍 대신 잘 보이는 곳에 과일과 채소를 놓아두라.

채소 해결책 냉동 채소를 구매하라. 손질할 필요 없이 파스타를 비롯한 여러 요리에 손쉽게 사용할 수 있다.

손닿는 곳에 물 앞에서 소개한 연구에서 강조했듯이, 물을 채우려고 일어나는 번거로움이 없도록 식탁 위에 항상 물병을 놓아두라. 물병을 가까운 곳에 두는 것은 배고픔 수준을 좀 더 주의 깊게 관리할 수 있는 가장 쉬운 방법 중 하나다. 그리고 텀블러나 물병을 늘 가지고 다녀라. 나는 나나 다른 사람에게 물병이 필요할 때에 대비해서 자동차 트렁크에 물병을 넣어 둔다.

자동차 간식 신중하게 고른 간식을 자동차 팔걸이나 수납공간에 넣어 두라. 그러면 생각 없이 패스트푸드 드라이브스루에 들르는 대신 바로 코앞에 있는 간식으로 배를 채울 수 있다.

행그리 프리 #13:
텔레비전 볼 때를 조심하라

"한 편만 더 보고 자야지, 라고 계속 되뇌어요. 하지만 완전히 정신이 팔려서 빨려 들어가죠. 시즌 전체를 다 볼 때까지 멈출 수가 없어요. 게다가 보면서 간식을 먹죠. 가끔은 한 편이 끝나고 다음 편으로 넘어가기 전에 잠깐 쉬면서 다른 간식을 가지러 가요."

텔레비전을 몰아서 볼 때 나는…

a) 보는 내내 간식을 먹는다.

b) 적어도 한 번은 간식을 먹는다.

c) 배가 고프면 텔레비전을 끄고 간식을 먹고 다시 돌아와서 본다.

d) 간식을 전혀 먹지 않는다.

내가 심리학자로 일한 10년 동안 기술이 많이 발전했다. 또한 기술이 식사에 영향을 미치는 방식 역시 많이 변했다.

온디맨드* 텔레비전 서비스가 발명되기 전까지만 해도 세라는 부주의한 식사로 문제를 겪어 본 적이 없었다. 온디맨드 텔레비전은 역사상 최고 발명품 중 하나라는 데 많은 사람이 동의할 것이다! 상담 시간에 세라는 가만히 앉아서 휴식하거나 긴장을 풀어야 할 때 텔레비전 프로그램을 몰아 보면 도움이 된다고 말했다. 세라는 쉴 새 없이 움직이고 느긋한 마음을 잘 먹지 못하는 다소 걱정이 많은 엄마다. 그래서 텔레비전 프로그램에 몰두하는 것이 긴장을 푸는 데 도움이 되었다.

텔레비전 몰아 보기는 부주의한 식사를 유발하는 가장 큰 자극

* 수요자가 원하는 물품이나 서비스를 바로 공급하는 비즈니스 모델.

중 하나다.[46] 이는 세라를 비롯해 많은 사람이 겪는 문제다. 텔레비전 몰아 보기에 중독된 사람들은 식사를 대충 때우고 동시에 폭식 증세도 보이는 경우가 많다. 이 둘은 도피와 쾌락이라는 똑같은 느낌을 준다. 이 둘을 동시에 하면 세상과 완벽하게 단절된 느낌을 받을 수 있다.

그러나 연구에 따르면 텔레비전을 많이 볼수록 먹는 양도 증가한다고 한다. 또한 액션물이나 슬픈 내용을 볼 때는 다른 장르를 볼 때보다 한층 더 많이 먹는다.

세라도 마찬가지였다. 세라는 주의가 산만하고 안락하다고 느낄 때 더 많이 먹는 경향을 나타냈다. 하지만 상담을 받으면서 그런 상황과 그 상황이 습관에 어떤 영향을 미치는지 주의를 기울이기 시작했다. 몰아 볼 수 있는 텔레비전 프로그램에는 대개 교묘한 음식 광고가 들어 있다는 사실을 깨달았다. 이는 텔레비전을 몰아 보는 사람들은 대개 광고를 보지 않기 때문이기도 하다. 등장인물이 음식을 우적우적 먹거나 맛있어 보이는 음식이 나오면 세라는 먹고 싶다는 자극을 받았다.

예전에는 텔레비전 드라마를 볼 때 스스로 규제하거나 우리 자신에게 "그만 봐!"라고 말할 필요가 없었다. 드라마는 일주일에 정해진 회만 방영할 뿐이었다. 아무 문제도 없었다.

그러나 지금은 뇌의 앞부분인 전전두엽 피질을 활용해야 한다. 전전두엽 피질은 결정을 내리고 쾌락을 '중단'할 때나 '계속'할 때를 알려준다. 우리가 쾌락으로 행복한 상태일 때 뇌는 도파민을 분비한다. 도파민은 섹스나 식사, 재미있는 텔레비전 프로그램을 볼 때 등 기분이 좋아지는 무언가를 즐길 때 나오는 신경전달물질이다. 마치 뇌에 '마약'처럼 작용한다. 하지만 텔레비전 몰아 보기를 포함해 즐거운 일이라도 질릴 수 있고 어떤 일이든 과도할 수 있다. 그 결과는? 무감각해지기 시작한다. 우리 뇌는 더 많은 도파민을 원하므로 도파민 분비를 촉진하고자 그 활동을 계속한다. 우리가 그 과정을 의식하지는 못하겠지만 실제로 뇌에서는 그런 일이 일어나고 있다.

몰아 보기와 관련해 다른 문제를 호소하는 내담자들도 있다. 텔레비전을 몰아 보느라 야심한 시각까지 깨어 있는 것이 문제다. 이는 건강과 행그리에 커다란 영향을 미친다. 다음 날 피로를 느낄 뿐만 아니라 '배고픔 유발자 #2'에서 언급했듯이 수면 부족은 식욕 호르몬을 왜곡한다. 수면 시간이 한 시간이라도 줄면 배고픔을 더 많이 느낄 수 있다. 또한 수면이 부족할 때 음식은 물론 그 외 거의 모든 사항과 관련해 나중에 후회할 결정을 더 많이 내린다.

그러니 브레이크를 밟는 연습을 해야 한다.

한계를 설정하라 미리 몇 회 혹은 몇 시간을 볼지 선택하라. 그러면 그만 봐야 할 시간이 되었을 때 결정하기가 더 수월할 것이다.

광고를 건너뛰어라 광고가 나오면 피자 광고와 과자 광고를 보지 않도록 건너뛰어라. 식사를 대충 때우거나 강렬한 갈망에 시달리는 사람이라면 특히 조심하라.

수면 시간을 확보하라 몰아 보기 마라톤으로 수면 시간을 줄이지 마라. 최선을 다해서 적당한 시간에 잠자리에 들어라. 제한 시간을 정하라. 그 시간이 지나면 절대 보지 마라!

단짝 시스템을 활용하라 당신이 시청 시간을 정확하게 지킬 수 있도록 도와줄 단짝과 함께 시청하라. **보너스:** 지켜보는 사람이 있으면 대개 먹는 양이 줄어든다.

즉각 중단하라 확실한 선택지를 소개한다. 텔레비전을 보면서 동시에 음식을 먹지 마라. 그러면 된다. 간식을 먹을 때는 텔레비전을 끄거나 소파에 앉아 있는 대신, 식탁으로 이동하겠다는 목표를 정하라. 먹는 데 최대한 집중하라.

알코올을 삼가라 텔레비전을 몰아 볼 때는 알코올을 비롯한 기호식품을 삼가도록 하라. 기호식품을 섭취하면 텔레비전을 끄기가 더 어렵고 무의식 중에 음식을 먹을 가능성도 증가한다.

봉지째로 먹지 마라 텔레비전을 보면서 꼭 음식을 먹어야겠다면 그릇이나 접시에 덜어서 먹어라. 봉지나 상자째로 먹지 마라.

손을 계속 움직여라 내 내담자 중에는 텔레비전을 보면서 손뜨개를 하는 사람도 있고, 손을 바쁘게 움직여야 하는 무언가를 하는 사람도 있다. 내담자가 말하길 손뜨개를 하면서 동시에 간식을 먹기란 불가능하다고 한다.

행그리 프리 #14: 식사 중에 휴대전화를 멀리하라

"남편과 식탁에 마주 앉아요. 하지만 식사를 하는 동안 서로 대화를 나누지 않고 둘 다 휴대전화만 보고 있죠. 심지어 식사할 때 마주 앉아서 서로에게 문자를 보낼 때도 있어요."

식사할 때 나는…

a) 휴대전화를 손에서 놓지 않는다.

b) 휴대전화에서 알림음이 울리면 항상 확인한다.

c) 휴대전화 전원을 끄고 먹고 있는 음식에 집중한다.

내담자가 "좀 전에 남자친구가 저를 펍했어요."라고 말했다.

'펍하다'는 처음 들어 보는 단어였다. 행그리와 마찬가지로 펍(phub) 역시 두 단어를 결합한 속어로 이 경우에는 '전화(phone)'와 '무시하다(snub)'를 합친 단어다. 이는 기술이 사회관계에 미치는 방식을 드러낸다. 이런 일이 당신에게 일어난 적이 있다면 당신을 '펍한' 사람이 무례하거나 건방지다고 느꼈을 것이다.

내가 아는 한, 휴대전화를 보느라 음식을 무시하는 행위를 의미하는 단어를 만들어 낸 사람은 아직 없다. 하지만 군것질을 하는 동안 휴대전화에 온통 정신이 팔리는 경우는 흔하다. 한 손으로는 간식을 먹으면서 다른 손으로는 SNS 계정을 훑어본다.

문제는 군것질이나 식사를 하는 동안 휴대전화에 정신이 팔려 있으면 음식을 충분히 즐기지 못할 뿐만 아니라 먹는 데 집중할 수도 없다는 점이다.

《Experimental Social Psychology》 저널에 실린 한 연구에서는 참가자 300명을 대상으로 기술이 식습관에 미치는 영향을 관찰했다.[47] 연구진은 참가자들에게 저녁식사를 하라고 내보낸 뒤 그들이 식사를 할 때 어떤 일이 일어나는지 조사했다. 한 집단은 휴대전화를 가지고 있었고 다른 집단은 가지고 있지 않았다. 식탁에 휴대전화를 놓아둔 집단은 식사 시간의 11퍼센트 동안 휴대전화를 사용했다. 즉, 10분마다 1분 조금 넘게 사용한 셈이다. 식사 중에 휴대전화를 사용한 사람들은 주의가 더 산만하고, 사회 관여도가 낮다고 느낀다고 보고했다. 또한 식사하는 즐거움이 현저하게 떨어졌다고 언급했다.

식사 중에 휴대전화를 치워 두기가 힘들다고 말하는 사람은 그리 드물지 않다. 내 내담자들도 이 습관을 고치는 데 어려워 한다. 요즘은 사람들 손에서 휴대전화가 좀처럼 떨어지지 않는다. 오락에도, 교제에도, 기분 전환에도 휴대전화를 사용한다.

미국인 2,000명의 식습관을 조사한 연구에서는 식사에 집중하지 못하는 사람이 점점 늘어나고 있다는 결과가 나왔다. 조사 대상 중 약 29퍼센트가 '매' 끼니마다 휴대전화를 사용한다고 말했다. 연구 대상 중 절반 이상이 식사할 때 거의 대부분 휴대전화를 사용한다고 말했다. 식탁 위에 휴대전화를 절대 올려놓지 않는다고 응답한 사람은 17퍼센트에 불과했다.[48]

휴대전화를 치워야 한다고 생각하면 "헉! 안 돼!"라고 반응하는가? 휴대전화가 없어도 괜찮다. 그저 잠깐 치울 뿐이라는 사실을 기억하라. 그로 인해 엄청난 혜택을 얻을 수 있다. 식사를 더욱 즐기게 될 것이다. 또한 무엇을 얼마나 먹는지도 훨씬 더 의식하게 될 것이다.

휴대전화를 식탁에서 치워라 음식을 전혀 바꾸지 않아도 되는 간단한 비법을 시도해 보라! 휴대전화를 그냥 가방에 넣어 두거나 뒤집어서 식탁 위에 올려 두는 데 그치지 말고 자동차나 다른 방에 놓아두라. 《Journal of the Association for Consumer Research》에 실린 연구에 따르면 휴대전화는 무음으로 하거나 전원을 꺼놓거나 숨겨 두더라도 여전히 관심을 끌 수 있다고 한다.[49] 휴대전화가 눈에 띄면 누가 메시지를 보내지는 않았는지 궁금하거나 검색할 거리가 떠오르는 등 딴 생각을 하게 된다. 또한 같은 연구에서 휴대전화가 근처에 있다는 사실을 알고 있으면 사용하지 않더라도 여전히 주의를 끌기 때문에 휴대전화 존재 자체가 사람들의 작업 기억과 문제 해결 능력을 떨어뜨린다는 결과도 나왔다.

알림음을 꺼라 휴대전화를 식사하는 공간 밖에 둘 수 없다면 소리가 식사와 간식을 방해하는 커다란 요인이라는 사실을 기억하라. 이메일 착신음도 집중력을 흩트릴 수 있다. 《Journal of Experimental Psychology》에 실린 한 연구 결과에 따르면 휴대전화 진동이나 벨소리를 들으면 이에 반응을 하지 않더라도 인지 과제 수행도에 타격을 줄 수 있다고 한다.[50] 갑자기 "누구일까? 왜 연락했지?"가 궁금해진다. 먹고 있던 음식을 생각하지도 않고 음식을 즐기거나 함께 있는 사람에게 집중하지 못한다. 식탁에서 휴대전화 침묵은 금이다.

디지털 제품 보관 상자를 사용하라 디지털 제품을 즐겁게 수거할 수 있도록 환경을 만들어 보자. 알록달록한 상자를 마련해 식사하기 전에 당신을 포함한 모두가 디지털 제품을 넣어 놓도록 하라. 제품을 충전할 수 있도록 콘센트 근처에 두면 좋을 것이다. 이렇게 하면 모두가 식사 중에 휴대전화를 보지 않는 습관을 들일 수 있다.

가끔씩 인지하면서 확인하라 도저히 휴대전화를 떼놓을 수 없다면 인지하면서 확인하라. 앞에서 언급했듯이 사람들은 휴대전화와 떨어지면 불안을 느낄 수 있다. 그리고 불안할 때는 음식을 제대로 선택할 수 없다. 그러니 때로는 휴대전화를 확인하는 편이 불안을 줄여서 무엇을 먹을지 좀 더 명확하게 생각하는 데 도움이 된다. 그러나 우리는 딱히 필요하지 않은 경우에도 휴대전화를 확인한다. 생각도 하지 않고 그냥 반사적인 습관으로 휴대전화를 확인하는 사람이 많다. 식사 시간에 휴대전화를 확인하고 싶다면 의식적으로 하라. 계획을 세워서 식사를 시작하라. "샌드위치를 먹은 다음에 잠시 쉬면서 휴대전화를 볼 거야. 그런 다음에 휴대전화를 치워놓고 사과를 먹을 테야." 먹으면서 동시에 휴대전화를 확인하려고 하지 않는다면 두 가지 모두 좀 더 주의 깊게 집중하면서 할 수 있다.

행그리 프리 #15:
군것질 사고 피하기

"하루 중 때를 가리지 않고 군것질 사고를 자주 당해요. 보통 저녁식사 준비가 다 되기를 기다리고 있을 때가 많죠. 너무 배가 고파서 군것질을 하기 시작해요. 그러다 보면 그럴 생각이 전혀 없었는데도 이것저것 돌아가면서 먹게 되죠. 결국에는 기다리고 있던 저녁을 먹을 배가 없어요."

군것질에 관한 한 나는…

a) 군것질을 자주 하고 대개 너무 많이 먹는다.

b) 군것질을 하면 뜻하지 않게 너무 많이 먹을 때가 가끔 있다.

c) 설사 식사와 식사 사이에 행그리를 느끼는 사태가 일어난다고 하더라도 절대 군것질을 하지 않고 정해진 시간에만 먹는다.

d) 군것질을 좋아하고 얼마나 먹는지 신경 쓴다.

내 내담자들은 간식으로 먹으려고 했던 양보다 뜻하지 않게 많이 먹게 된 경우를 가리켜 '군것질 사고'라고 한다.

이는 전혀 뜻하지 않게 일어난다. 캐슈너트를 한 움큼 집으려고 통에 손을 뻗었는데 정신을 차려 보니 어느 새 절반이 사라졌다.

게다가 배고픔이 가시는 정도로 그치지 않는다. 불편할 정도로 배가 부르다.

이런 일은 어디에서든 일어날 수 있다. 주방에 서 있다가 느닷없이 조리대 위에 놓인 과자 봉지에 손이 간다. 혹은 일을 하던 중에 곁눈질로 그래놀라 바가 든 그릇을 본다. 순식간에 주변에 빈 포장지가 쌓인다. 그렇게까지 많이 먹을 생각은 아니었다.

군것질 사고는 내 내담자들에게 정말로 간식이 필요한 순간에 가장 자주 슬그머니 다가온다. 그들은 자신이 배가 고프다는 사실을 어느 정도 자각하고 있다. 그러다가 바빠져서 정신을 못 차리는 구간으로 빠져든다. 그러고는 자신이 얼마나 먹고 있는지 파악하지 못하게 된다. 주의를 기울이지 않으면 식욕보다 과하게 먹기 쉽다. 몇 입만으로도 배고픔을 면할 수 있었을 것이다. 하지만 군것질은 눈덩이처럼 불어간다.

군것질 사고의 단점은 간식 자체를 부정적으로 보게 되는 데 있다. 군것질 사고를 당하고 싶지 않은 마음에 간식을 아예 피한다. 그러나 정말로 배가 고플 때 어떻게 해야 할지를 모른다.

어떤 내담자들은 하루 종일 군것질을 한다. 오늘 무엇을, 얼마나 먹었는지 물어 보면 손을 내저으며 "모르겠어요."라고 대답한다. 과식할 생각은 없었다. 하지만 생각 없이 군것질을 하기란 너무 쉽다.

이는 드문 일이 아니다. 군것질을 대상으로 한 어떤 연구는 우리가 먹은 음식을 간식으로 보는지, 식사로 보는지가 미치는 영향과, 간식과 식사를 먹은 장소에 차이가 있는지를 살펴봤다.[51] 여성 참가자 80명에게 파스타를 제공했다. 일부에게는 파스타를 간식이라는 명목으로 주고 용기째로 서서 먹게 했다. 일부에게는 파스타를 식사라고 설명하고 식탁에 앉아 접시에 담아 먹게 했다. 연구진은 사람들이 파스타를 접시에 담아서 먹을 때보다 서서 간식이라고 생각하고 먹을 때 더 많이 먹는다는 사실을 발견했다. 놀랄 일이 아니다. 대개 사람들은 '그냥 간식'이라고 생각할 때 자신이 먹는 양에 관심을 덜 기울인다. 또한 서서 먹으면 아주 정신이 산만해진다.

파스타를 먹은 다음에 참가자들에게 초콜릿을 주었다. 방금 파스타를 간식으로 먹었다고 생각한 참가자들은, 파스타를 식사로 먹었다고 생각한 참가자들보다 초콜릿을 더 많이 먹었다. 연구진은 간식을 먹었다고 생각한 참가자들은 방금 먹은 음식이 '그냥' 간식이므로 나중에 배가 고파질 것이라고 생각해서 더 많이 먹을 가능성이 높다고 말한다.

행그리에서 행복으로

나는 행그리 관리 프로그램에 참여하는 내담자들에게 간식은 바람직하고 필요하다고 일깨워준다! 간식은 배고픔을 관리하고 행그리를 물리치는 데 엄청난 도움이 된다. 관건은 간식에 마음챙김 요소를 적용하는 것이다. 이 연구에서 배운 교훈은 간식을 먹는다면 올바른 간식을 선택하는 것이 중요하다는 점이다.

의도를 갖고 간식을 먹어라 의도하지 않게 먹는 사태를 피할 수 있도록 다음 사항을 기억하라.

여유를 가져라 의식적으로 간식을 선택하라. 가장 먼저 눈에 띄거나 손닿는 데 있는 음식을 덥석 먹지 마라. 자신이 정말로 무엇을 먹고 싶은지 생각하라.

배고픔에 주목하라 1(배우 배고픔)에서 10(배가 가득 참)까지로 봤을 때 몇 점인가? 이를 고려할 때 든든한 간식이 필요한가, 가벼운 간식이 필요한가?

자문하라 어떤 선택지가 있는지 생각하라. 지금 당장 먹을 수 있는 간식 세 가지를 말해 보라.

신중하게 선택하라 자기 자신에게 물어 보라. 이 간식이 욕구를 채워 줄까? 이 간식이 배고픔을 달래 주거나 내가 정말로 원하는 맛일까?

친절 간식을 먹으면서 자기 자신에게 "지금 나는 내 몸을 친절하게 대하고 있나? 그만 먹어야 할까 아니면 계속 먹어야 할까?"

라고 물어 보라. 한 입 더 먹고 싶다면 만족스러울 때까지 계속 먹어라.

간식이라는 경계를 설정하라 간식을 먹는다는 마음가짐을 유지할 수 있도록 위에서 언급한 연구를 참조하라. '간식'이라는 단어를 의식적으로 생각하라. 식사할 때 사용하는 그릇인 만찬용 접시나 샐러드 그릇 대신, 작은 접시나 종지를 사용하라. 혹은 간식이라는 마음가짐을 상기시켜 줄 냅킨에 간식을 올려놓도록 하라. 혹은 비닐봉지에 '간식'이라는 단어를 붙여라. 그다음 자리에 앉아라!

행그리 프리 #16:
식사 '정지 신호'를 켜라

"행그리 관리 프로그램 중에서 몇몇 비결은 정말 수월하고 거의 노력할 필요가 없어서 정말 좋아요. 제일 마음에 드는 비결 중 하나가 빨간 접시를 사용하라는 거예요. 당장 나가서 하나 사 왔죠. 집에서는 항상 간식 먹을 때 그 접시를 사용해요. 간식을 피하거나 거르는 것이 아니라 천천히 먹어야 한다는 점을 생각하죠. 빨간 접시는 절묘하게 그 점을 떠올려 줘요. 머릿속이 복잡한 사람인 제게 필요한 거죠."

그만 먹어야 할 때 나는…

a) 음식이 없어질 때까지 그냥 먹는다.

b) 일단 배가 부르면 의식적으로 그만 먹으라고 스스로 말해야 한다.

c) 그만 먹어야 한다는 사실을 상기시켜 줄 신호를 만든다.

d) 배가 부르면 별다른 노력이나 생각을 하지 않아도 저절로 그만 먹는다.

내담자 중 한 명이 최근에 고등학교 과학전람회에서 음식 색깔에 관한 실험을 했다. 사람들이 음식을 평가하는 방식에 색깔이 어떤 영향을 미치는지 살펴봤다. 실험 재료는 케이크 두 개로, 하나는 딸기 분홍색으로 물들였고 다른 하나는 진한 파란색으로 물들였다.

결과를 들어도 별로 놀랍지 않을 것이다. 두 케이크는 똑같은 맛이었지만 분홍색 케이크가 훨씬 더 맛있다는 평가를 받았다.

내담자는 실험에 파란색을 쓴 이유가, 블루베리를 제외하고 파란색은 보통 입맛을 돋우는 색으로 여기지 않기 때문이라고 했다. 아마도 생물학적인 요인일 것이다. 자연에서 파란색을 띠는 음식은 많지 않다. 철 성분으로 선홍색을 띠는 육류처럼 붉은색 식품이나 식물에 함유된 엽록소에서 비롯된 초록색 식품에 훨씬 익숙하다. 심지어 최근 한 연구에서 푸른 조명 아래에 놓인 음식이 덜 먹음직스

럽다고 느끼며 더 적게 먹는다는 사실을 발견했다.[52, 53]

마케터들은 사람들에게 어떠한 영향을 미치고자 항상 색깔을 활용한다. 예를 들어, 와인 라벨의 색깔은 와인이 어떤 맛을 낼지 추측하는 데 영향을 미친다. 빨간색과 검은색을 사용한 라벨은 쏘는 듯한 풍미가 날 것이라고 예측하게 하고, 반면에 빨간색과 주황색을 사용한 라벨은 주로 과일맛과 꽃향기를 연상시킨다.[54]

색깔은 음식 맛에 대한 기대에 영향을 미치는 데 그치지 않는다. 나아가 우리 행복을 바꾼다.

그중에서도 빨간색은 가장 강력한 색깔 중 하나다. 빨간색은 사고방식과 실제 행동 모두에 영향을 준다. 정지 신호를 생각해 보라. 아무런 말이 없더라도 그 신호를 보면 멈춘다. 그 색깔에 반응하는 것이다.

또한 색깔이 우리가 음식과 상호 작용하는 방식에 영향을 준다는 사실도 증명되었다. 건강에 좋은 음식과 건강에 좋지 않은 음식에 관한 실험에서 음식 주변에 빨간색을 사용하면 사람들이 건강에 좋지 않은 음식을 먹는 양이 줄어들었다.[55] 흥미롭게도 빨간색은 건강에 좋은 음식에는 그만큼 강력한 영향을 미치지 않았다. 아마도 '건강에 좋은'이라는 말을 들으면 양을 제한하지 않고 먹어도 된다고 생각하는 듯하다. 그 연상이 우리가 빨간색에서 떠올리는 연상보다 더 강한 것 같다.

빨간색을 다룬 다른 연구에서 소비자는 파란색 라벨이 붙은 식품보다 빨간색 라벨이 붙은 식품을 구매할지 말지 결정할 때 더 오랜 시간이 걸렸다. 이는 서로 다른 인지 과정이 발생했다는 의미로 볼 수 있다. 즉, 빨간색이 시야에 들어왔을 때 사고 속도가 늦추어진다는 뜻이다.[56] 다른 연구들에서도 우리가 일상생활에서 빨간색과 초록색을 볼 때 '빨간색은 멈추라는 뜻이고 초록색은 가라는 뜻'으로 강하게 받아들인다는 결과가 나타났다.[57]

이런 반응을 당신에게 유리하게 적용해 보지 않겠는가? 빨간색은 이미 우리 뇌에 새겨진 자동 반응을 활용하는 손쉬운 방법이다.

행그리에서 행복으로

빨간 접시 빨간색, 파란색, 흰색 접시를 사용해 살펴본 연구에서 참가자들은 빨간 접시에 놓인 음식을 가장 적게 먹었다.[58] 즉, 빨간색이 잠재의식 속에서 먹는 속도를 늦추었다. 빨간 접시에 국한될 필요 없다. 빨간 컵, 빨간 조리도구, 빨간 냅킨도 사용해 보라!

초록색은 먹으라는 신호 한 연구에서 사람들은 라벨이 빨간색 혹은 초록색인 초콜릿 바 중 초록색인 초콜릿 바가 분명히 건강에 더 좋을 것이라고 믿었다.[59] 또한 사람들은 초록색을 '가라' 혹은 '건강한'이라는 뜻으로 받아들인다는 사실도 증명되었다.[60] 그러니 몸에 좋은 간식을 녹색 용기에 넣어 두거나, 주방 조리대 위에 초록색 그릇에 건강한 간식을 놓아 자주 먹게끔 유도하라!

스마일 이모티콘을 활용하라 몸에 좋은 간식을 먹도록 하고 싶은가? 한 시내 초등학교에서는 점심식사 메뉴 중 몸에 좋은 음식에 녹색 스마일 이모티콘을 붙였다. 스마일 이모티콘을 붙이자 흰 우유 소비가 기준치인 7.4퍼센트에서 17.9퍼센트로 증가했다. 또한 초콜릿 우유 소비가 약 20퍼센트 감소했다. 그뿐만 아니라 채소 소비도 현저하게 증가했다. 그러니 포스트잇에 스마일 이모티콘을 그려서 자기가 반드시 먹었으면 하는 몸에 좋은 간식에 붙여라.[61] 아니면 마커를 꺼내 상자나 포장지에 바로 스마일 이모티콘을 그려라!

행그리 프리 #17:
여행 중 식사

"예전에 남편과 저는 여행만 하면 항상 싸웠어요. 우리는 휴가 때 보통 자전거를 타거나 하이킹을 즐기며 무척 활동적으로 보내요. 간식을 든든하게 챙기지 않으면 기분 좋게 경치를 즐기다가도 순식간에 말다툼을 벌이게 되죠. 대개는 단지 남편과 제가 배가 고파서 짜증이 솟구치기 때문이에요. 비싼 대가를 치르고 깨달았죠. 간식을 챙기면 휴가를 무사히 보낼 수 있다는 사실을요."

여행할 때 나는…

a) 여행하는 동안 몸에 좋은 선택지를 찾으려 애쓴다.

b) 먹고 싶은 음식을 발견하지 못해 찾는 데 자주 많은 시간을 허비한다.

c) 인터넷으로 미리 식당을 선택한다.

d) 적당한 선택지를 찾을 때까지 버틸 수 있도록 간식을 많이 챙긴다.

조만간 여행을 떠날 예정인가? 그렇다면 아마도 음식을 염두에 둘 것이다. "여행가서 무엇을 먹을까?"

디즈니월드로 가는 휴가든 출장이든 간에 내 내담자들은 여행할 때 음식과 관련된 불안을 많이 느낀다. 그들은 외식할 때 과식할까 봐 걱정한다. 동시에 맛있는 음식을 놓칠까 봐 걱정한다. 보스턴에 가면 클램차우더*를 먹을 수 있기를 바란다. 이탈리아에 간다면 꼭 파스타를 먹고 싶어 한다.

또한 내담자들은 출장에서 신경을 써서 먹는 방법을 고심한다. 연구 결과에 따르면 출장을 자주 다니는 사람은 그렇지 않은 사람들보다 섭식 문제가 더 많고 살이 더 많이 찐다고 한다.[62]

---

* 대합이나 가리비를 넣은 수프.

여행할 때면 일상이 바뀌고 선택지도 크게 변한다. 일단 일정이 제멋대로일 수 있다. 여행할 때는 수면 패턴이 바뀌기 마련이므로 식욕이 늘고, 시차 증후군이 생긴다. 여행은 신체에 스트레스를 주므로 스트레스성 식사로 이어질 수 있다. 내 경우에는 내 침대가 아닌 곳에서는 절대 숙면하지 못한다. 게다가 여행할 때는 선택할 수 있는 음식이 낯설거나 제한된 경우가 많다. 어떨 때는 '배고파 죽겠으니 이 휴게소에서 피자를 먹자' 혹은 '16킬로미터를 가면 더 나은 선택지가 있으리라는 가능성에 걸어 보자' 중에 하나를 골라야 한다. 무엇을 먹을지 결정하기란 자기 집에서도 충분히 어려운 일이고 집을 떠나면 한층 더 어려워진다.

당일치기 여행도 장기간 여행만큼 힘들 수 있다. 예전에 우리 가족은 집에서 차로 한 시간 반 거리에 있는 콜럼버스 동물원에 놀러 간 적이 있다. 동물들을 보느라 흥분한 나머지 식사 일정이 완전히 어긋났다. 어느 순간 아이들이 점점 시들해지더니 불평하기 시작했다. 그래서 나는 아이들을 그늘에 앉히고 간단한 간식을 먹였다. 시간을 들여서 그렇게 하기란 여간 귀찮은 일이 아니다. 하지만 아이들은 음식을 먹고 해가 비치지 않는 곳에서 쉬었더니 금방 기운을 차렸다. 그 이후로는 아무도 투덜거리지 않았고, 시간을 투자한 보람이 있었다.

여행할 때 우리 자녀들이나 우리 자신이 행그리 난동을 피할 수 없는 것은 아니다. 여행할 때는 짐 싸기부터 이동 일정에 이르기까지 모든 세부 사항을 계획한다. 더불어 배고픔을 관리할 계획을 세워야 할 뿐이다.

행그리에서 행복으로

휴대할 수 있는 영양이 풍부한 간식 보통 여행할 때는 이동하고 활동할 일이 많다. 장시간 하이킹이나 쇼핑, 산 속에서 드라이브를 하거나 해변에서 하루를 보낼 에너지가 필요할 때는 견과류와 치즈, 육포, 단백질 바, 아몬드 혹은 땅콩버터처럼 포만감을 주고 단백질이 풍부한 음식으로 속을 채워라.

슈퍼마켓을 방문하라 어디에 가든 슈퍼마켓이 있기 마련이다. 그러니 여행 중에 그냥 식당에만 가지 마라. 슈퍼마켓을 찾아서 샐러드나 농산물 코너에 들려 간식을 쟁여라.

차에서 게임을 하라 이동 중에 지루하다고 느끼면 생각 없이 먹기 쉽다. 그러니 차 안에서 게임을 하거나 오디오북을 들으면서 계속 머리를 굴려라.

물병을 얼려라 여행으로 인한 피로와 차 안에서 느끼는 지루함 때문에 자극적인 음식을 갈망하게 된다. 충분한 수분 섭취는 이를 극복하도록 도와준다. 게다가 얼었거나 차가운 물병은 마사지 도구로도 쓸 수 있다. 차나 비행기에서 목 뒤에 물병을 놓고 어깨 위를 굴리거나 발밑에 놓고 굴려라. 얼음이 녹으면 한 모금 마셔라!

앱을 활용하라 여행을 떠나기 전에 어라운드미(AroundMe)나 옐프(Yelp) 같은 앱으로 먹을 만한 음식을 미리 알아놓아라. 그러면 이동하면서 몸에 좋은 음식을 파는 음식점 위치를 파악하는 데 도움이 된다.

단백질 분말을 먹어 보라 여행에는 에너지가 많이 필요하다. 단백질 분말을 준비해 요구르트, 오트밀, 우유 등에 타서 먹어라.

보충제 여행을 하면 몸에 무리가 갈 수 있다. 수면 시간이 한 시간만 줄어도 식욕이 증가할 수 있다. 수면과 식욕을 정상으로 유지할 수 있도록 비타민과 멜라토닌을 반드시 챙기도록 하라.

행그리 없는 집과 터전 요약

집에서 저녁식사를 준비하는 중이든, 사무실에서 간단히 식사를 하든, 식당에서 식사를 하든 간에 음식을 먹는 장소와 사용하는 식사 도구와 접시 종류는 음식을 어떻게 먹을지에 영향을 미친다. 배가 고플 때 딱 먹을 수 있다면 좋을 것이다. 정말 그렇다. 하지만 실제 상황은 전혀 그렇지 못하다.

이 장을 읽고 나면 주변을 유심히 둘러볼 것이다. 360도로 돌아보면서 당신이 어디에서 먹고 무엇을 먹는지 살펴라. 이런 요소들이 교묘할 수 있다는 사실을 기억하라. 어떨 때는 주의를 기울이면서 먹는 데 도움이 되기도 하지만 그렇지 않을 때도 있다. 관건은 그런 요소에 주의를 기울이는 것이다!

행그리 없는 집과 터전을 위해 확인할 사항:

____ 음식을 어디(접시, 컵, 냅킨)에 올려놓고 먹는지 생각한다.

____ 음식을 전략적으로 배치하고 치운다.

____ 끊임없이 먹는 사태를 방지하고자 손이 닿지 않는 곳에 음식을 둔다.

____ 텔레비전을 보는 동안 내가 어떻게 음식을 먹는지 주의를 기울인다.

____ 화면 앞에서는 먹지 않는다.

____ 언제 간식을 먹는지 알고 있고 의도에 따라 먹는다.

____ 신경을 쓰면서 먹고 부주의하게 음식을 먹지 않도록 유용한 도구를 활용한다.

____ 여행할 때 먹는 데 주의를 기울인다.

3단계

배고픔에 귀 기울여라

내담자들이 배고픔에 관해 이야기할 때 내 머릿속에 떠오르는 시각 이미지가 있다. 배고픔은 날이면 날마다 문을 두드리는 짜증나는 이웃이다. 매일 이 이웃은 계속 찾아와서 무엇인가를 요구한다. 그 요구는 늘 다르다. 어떤 날은 자기가 무엇을 원하는지 잘 모르는 상태로 문 앞에서 우물쭈물한다. 어떤 날은 집안일에 필요한 망치처럼 무엇이 필요한지 정확하게 알고 있다. 그러면 당신은 뛰어가서 망치를 갖다 준다. 하지만 때로는 기껏 망치를 찾아왔는데 "제가 정말로 원했던 건 망치가 아니었어요. 스크루드라이버 있나요?"라고 말한다. 땅콩버터 샌드위치를 먹다가 "이게 아니야, 내가 진짜로 원한 건 치즈 마카로니였어."라고 말하는 상황과 비슷하다.

보통 사람들은 이 끈질기고 성가신 이웃을 무시하고 싶어 한다. 마찬가지로 내담자들도 배고픔이 문을 두드리는 소리를 못 들은 체하려고 한다. 배고픔을 무시하면 저절로 사라질지도 모른다고 생각한다. 하지만 배고픔을 무시하면 더 크게 문을 두드릴 뿐이다. 배에서 꼬르륵 소리가 난다. 점점 짜증이 솟구친다. 배고픔이 노크하는 소리를 회피하는 것은 최선의 선택이 아니다.

때로는 배고픔이 노크하는 소리에 화를 내는 사람도 있다. 진저리를 친다. 그들은 "대체 지금 뭘 원하는 거야?"라며 소리치고 싶다. 배고픔이 무엇을 원하는지 파악해야 한다는 사실에 짜증이 난다. 무엇을 먹을지 선택하는 일이 골칫거리처럼 느껴진다.

어떨 때는 배고픔을 그냥 충족시키는 대신 행복하게 하려고 대단히 애쓰기도 한다. 그냥 적당히 만족스러운 음식이 아니라 완벽한 음식을 먹어야겠다고 결심한다. 완벽한 음식을 생각해 내려고 애쓰는 동안 자기도 모르게 행그리 속으로 서서히 빠져든다.

배고픔을 무시하거나 달래거나 무찌르는 대신 서로 알아갈 수 있도록 대화에 초대하라. 이렇게 하면 다음번에는 좌절하지 않을 것이다. 나아가 배고픔에 무엇이 필요한지 예측해서 노크 소리를 들을 때마다 이를 준비할 수 있을 것이다.

배고픔은 나쁘지도 좋지도 않다. 그저 몸에서 보내는 정보일 뿐이다. 그리고 우리는 그 정보를 이해하는 법을 배워야 한다. 이번 장에서는 배고픔의 수준을 평가하는 법을 배울 것이다. 배고픔에 다가가라. 배고픔과 친해져라. '당신'의 배고픔이 어떻게 발생하는지 이해하라. 그런 다음 행그리를 더 행복한 당신으로 바꾸어라.

배고픔에 귀 기울여라 #18:
행그리 목소리에 귀를 기울여라

"남편이 브로콜리로 저녁식사를 만들자고 제안하면, 저는 저도 모르게 눈을 가늘게 뜨고 머리를 흔들며 '윽! 말도 안 돼!'라고 말해요. 제대로 생각해 보지도 않죠. 예전부터 그냥 브로콜리가 싫었어요. 요즘에는 제가 새로운 음식, 특히 과거에 맛없다고 생각했던 음식에 열려 있지 않다고 깨닫기 시작했어요. 행그리 관리 프로그램으로 저는 내면의 대화, 음식을 선택하게 하는 머릿속 목소리가 얼마나 강력한지 더 잘 알게 되었죠."

음식에 관해 내면과 나누는 대화에서 나는…

a) 음식을 선택할 때 나 자신과 대화하지 않는다. 그냥 먹는다.

b) 무엇을 먹을지 나 자신과 대화를 많이 나눈다.

c) 음식 선택지를 의식적으로 충분히 생각한다.

d) 음식 선택지에 대해 어떻게 생각하는지 아주 잘 주의하고 있다.

언어는 중요하다. 우리가 먹는 음식에 관해 스스로 말하는 방식은 음식을 먹는 방식에 강력한 영향을 미친다.

다이어트 관련 언어가 부정적이다 못해 폭력적이기까지 하다는 사실은 우리가 음식에 부정적인 느낌을 받는 여러 이유 중 하나다. 생각해 보라.

"배고픔을 난도질하라!"

"갈망을 정복하라!"

"식욕을 짓눌러라."

이런 언어로는 다이어트 혹은 먹는 것 자체를 즐거운 활동으로 보이게 할 수 없다.

자각이 있든 없든 간에 우리는 자신이 먹는 음식에 대해 끊임없이 자신에게 이야기하고 있다. 그래서 나는 내담자들에게 계속해서 실황 방송을 하는 그 내면의 작은 목소리에 귀 기울이라고 권한다. 그 대화에는 힘이 있기 때문이다. 만약 자기 자신에게 "웩! 아스파라거스는 징그럽게 생겼어!"라고 말한다면 아무리 아스파라거스가 맛있다고 한들 먹을 턱이 없다.

음식에 관해 스스로 이야기하는 방법에, 중요하지만 단순한 두

가지를 바꿈으로써 낡고 무심한 식사 습관에서 벗어날 수 있다.

첫 번째로 나는 내담자들에게 '배부르다'라는 단어를 어떻게 사용하는지 다시 생각하라고 가르친다. 내담자들은 자주 '배부르다'고 느끼고 싶다고 이야기한다. 하지만 그것이 무슨 뜻일까? 단순히 위가 확장되거나 묵직하다는 육체의 느낌일까? 아니면 다른 의미가 있을까? 나는 내담자들에게 '배부르다'라는 관점에서 생각하는 대신 무엇에서 충족감, 즉 만족스럽고 즐겁고 사물의 상태를 수용하는 느낌을 얻는지 생각해 보라고 제안한다. 또한 충족감에는 육체적인 상태를 넘어서서 정신적인 요소가 있다는 점에 주목하라고 격려한다. 배가 불러도 항상 배가 부르다고 느끼지는 않는다는 점에서 이를 이해할 필요가 있다. 음식을 먹고 나서 우리 몸의 감지기가 배가 부르다고 느끼려면 몇 분 정도 시간이 걸릴 수 있다. 실제로 위에서 육체적인 포만감을 느낄 무렵이면 이미 과식한 경우가 많다.

배부름의 개념을 바꾸기 위해 나는 내담자들에게 텅 빈 종이 쇼핑백을 상상해 보라고 한다. 그런 다음 머릿속으로 쇼핑백이 꽉 찰 때까지 채우라고 말한다. 내담자들은 대개 물건이 입구로 삐져나올 정도로 꽉 채우는 상상을 한다고 말한다.

그러면 나는 "이제는 들기 편하다고 느껴질 정도로 쇼핑백을 채우는 상상을 해 보세요."라고 말한다. 이번에 내담자들이 상상하는 쇼핑백은 사뭇 다르다. 그들은 빈 공간을 어느 정도 남기고, 구석구석 꽉꽉 채워야 한다는 압박감을 느끼지 않는다. 위를 채우는 방식도 마찬가지다.

두 번째로 중요한 사고 전환은 특정한 음식, 특히 몸에 좋은 음식을 어떻게 이야기하는지 인지하기 시작하는 것이다.

내담자들이 말할 때 나는 경청한다. 그들이 음식을 언급할 때 사용하는 모든 단어에 주의를 기울인다. 즐기다, 음미하다, 맛있게 먹다, 기분이 좋다, 힘이 난다, 기운이 솟는다 같은 행복한 언어로 이야기하는가? 아니면 밍밍하다, 맛이 없다, 싫다, 단조롭다, 불편하다, 이래서는 안 된다, 형편없다 같은 부정적인 단어로 말하는가? 때로는 말이 아닌 몸으로 의사를 표현하기도 한다. 종종 내담자들은 채소 같은 특정한 음식을 언급하면서 코를 찡그린다.

내담자들이 선택하는 단어를 들으면 그들 내면의 목소리를 엿들을 수 있다. 그 목소리가 무엇을 말하고 있는지 알아차리면 그 힘을 긍정적인 방식으로 사용할 수 있다.

한 연구에서는 줄기콩에 다양한 문장을 쓴 라벨을 붙였다. 기본 라벨은 줄기콩이다. "담백한 저탄수화물 줄기콩과 샬롯"이라는 라벨은 줄기콩이 몸에 좋다는 사실을 강조하면서도 식사하는 사람들에게 식이를 제한해야 한다는 사실을 상기시켰다. "몸에 좋고 기운을 북돋우는 줄기콩과 샬롯"이라는 라벨은 좀 더 긍정적이면서 건강에 좋다는 의견을 제시했다. "달콤하게 지글지글 구운 줄기콩과 바삭한 샬롯"이라는 마지막 라벨은 그 음식을 특별한 요리처럼 광고했다. 식사하는 사람들은 채소에 특별한 요리라는 라벨을 붙였을 때, 기본 라벨을 붙였을 때보다 25퍼센트 더 많이, 건강에 좋고 긍정적인 라벨을 붙였을 때보다 35퍼센트 더 많이, 몸에 좋고 식이 제한을 상기시키는 라벨을 붙였을 때보다 41퍼센트 더 많이 선택했다. 흥미롭게도 사람들은 채소가 건강에 미치는 이점을 강조한 라벨보다 기본 라벨을 선호하는 듯했다.[63] 안타깝게도 몸에 좋은 음식에는 종종 맛이 없다는 부정적인 고정 관념이 따른다.

음식에 대해 말하는 방식은 중요하다. 생각하는 방식을 바꾸면 먹는 방식을 바꾸게 될 것이다.

행그리에서 행복으로

언어에 신중하라 무엇을 어떻게 먹는지 자신이 말하는 방식에 귀를 기울여라. 아무것도 하지 말고 그냥 들어라. 나는 사람들에게 한쪽 어깨에서 행그리 목소리, 다른 쪽 어깨에서는 행복한 목소리가 들리는 상상을 하도록 시킨다. 음식을 선택할 때 어떤 목소리가 말하고 있는지에 주목하라. 행그리 목소리는 어떤가? 투덜거리는 노인인가, 건방지고 비판적인 논평자인가? 힘을 주는 친구나 다정한 부모처럼 몸에 좋은 음식을 먹으라고 권하는 목소리는 어떠한가?

자기 자신을 긍정하라 처음에 내 내담자들이 주로 사용하는 언어는 자신은 할 수 없다는 내용을 크고 명확하게 전달한다. 그들은 "마음챙김 식사에 너무 많이 실패했어요."라거나 "나는 못해요."라거나 "나는 자제력이 없어요." 같은 말을 한다. 연구는 그런 언어가 사람들을 오래된 습관에 가두어 둔다는 사실을 보여준다.[64] 반면에 자신을 긍정하는 언어를 사용하면, 자신의 선택을 좀 더 의식적으로 통제하는 데 도움이 된다는 연구 결과도 있다. 그러니 부정적인 생각을 "어렵지만 할 수 있어. 나는 끈기가 있고 노력하면 무엇이든 할 수 있어." 같은 긍정적인 생각으로 바꾸기 시작하라.[65]

'배부르다'라는 단어를 다시 정의하라 배부르게 먹기보다는 배고픔을 느끼지 않을 때까지 먹겠다는 목표를 세워라. 그런 다음에 "나는 만족스러운가?"라고 자문하라.

즐겨라! 새로운 음식을 즐기는 훌륭한 방법으로 앞에서 소개한 연구에서처럼 재미있는 설명을 활용할 수 있다. 음식을 먹을 때마다 무엇을 먹든 간에 재미있는 형용사 세 개를 골라라. 예를 들어, "실크처럼 부드럽고 퇴폐적인 내 그릭 요구르트 간식"처럼 말이다. 이 설명을 읽을 때 미소를 지었는가? 언어는 사람을 행복하게 할 수 있다!

배고픔에 귀 기울여라 #19:
행그리 예측하기

"매일 밤 가족들이 언제 배가 고플지 예상해서 딱 적절한 시간에 식사를 주려고 노력합니다. 너무 오래 기다리면 가족들이 간식을 먹고 주방을 뒤지기 시작하면서 입맛이 떨어지게 되죠. 저녁을 너무 일찍 차리면 아무도 먹지 않아서 좌절감이 들어요. 6시 정각에 먹을 수 있으면 좋겠어요. 하지만 운동 연습이나 교통 체증으로 아내 퇴근 시간이 늦어지는 경우처럼 나날이 생기는 변수를 고려해 식사 시간을 조절하고 있어요."

내가 배가 고프다는 사실을 깨닫는 때는 보통…

a) 끼니때를 심하게 놓쳐서 배고픔에 허덕이고 있을 때.

b) 짜증나는 기색이 느껴지고 그 이유가 배고픔임을 알 때.

c) 배고픔을 느끼자마자. 배고픔을 즉시 알아차린다.

d) 그런 일이 거의 없다. 몇 시에 먹어야 할지 예측할 수 있다.

식당과 식품 회사들은 사람들이 언제 어떻게 배가 고파지는지 이해할 수 있다고 확신한다. 또한 식욕에 관한 이런 지식을 이익 창출에 활용한다.

예를 들어, 맥도날드는 월드컵이 열리는 동안 실시간 데이터를 맥

딜리버리 주문에 이용하고자 구글과 제휴했다. 맥도날드는 언론 기관인 OMD 홍콩과 손잡고 구글이 제공하는 광고주용 실시간 트리거 프로그램과 데이터 관리 플랫폼을 이용해 경기 중에 축구팬들이 배가 고파지는 시간을 예측하고, 이들이 주문을 하도록 유도하는 광고를 집중적으로 내보냈다.[66, 67]

'배고픈 순간'은 축구 팬들이 흥분했을 때 배가 고파진다는 통찰을 근거로 계산했다. 따라서 경기 시작과 하프타임, 경기 종료 시, 득점이 나왔을 때 집중적으로 광고를 내보냈다.

광고주들은 배고픔을 예측하는 것이 고객에게 음식을 구매하도록 유도하는 관건임을 안다. 하지만 나는 상담을 하면서 자신의 배고픔을 예측하면 이와 반대 효과를 낼 수 있다는 사실을 발견했다. 즉, 언제 무엇을 먹을지에 관해 더 바람직한 선택을 할 수 있다. 배고픔에 주의를 기울여 예측하는 일은 행그리에 맞서는 최선의 방어책 중 하나다.

사람들은 대부분 살면서 문제를 예측하는 방법을 배운다. 항상 미래를 예상할 수는 없지만 경험을 바탕으로 잘못될 가능성이 있는 사태를 예측할 수 있다. 예를 들어, 나는 전 세계를 다니면서 마음챙김 식사에 관한 강연을 한다. 그럴 때마다 반복해서 발생하는 커다란 난관이 두 가지 있다. 기술적 문제가 발생하거나 주최 측에서 유인물을 충분히 준비하지 않는 문제다. 이 두 가지 문제 중 하나가 발생하면 강연은 갑자기 중단된다. 그래서 나는 이런 문제를 예측하고 해결책을 준비했다. 바로 강연 내용 백업 복사본과 여분의 유인물이다.

사람들은 대부분 자기 자신의 배고픔을 예측하는 데 어려워 한다. 우리는 가까운 사람들, 특히 배우자와 자녀들의 배고픔은 아주 잘 예측한다. 배우자가 주방을 어슬렁거리거나 아이가 손에 집히는 음식을 아무거나 먹기 시작하거나 짜증낼 기미를 보일 때 그 징후를 멀리서도 알아차린다.

자기 자신의 배고픔이 몰려오는 낌새를 알아차리기가 훨씬 더 힘들 수 있다. 내 내담자들은 배고픔에 대처할 훌륭한 계획을 세워두지만 예상 밖의 문제가 발생하는 바람에 엉뚱한 소용돌이에 휘말리기도 한다. 예를 들어, 예정보다 늦어서 가지고 나오려던 간식을 깜빡 잊는다거나 회사 일이 바빠서 평소처럼 음식을 사러 밖으로 나갈 수가 없는 경우가 생긴다.

배고픔은 예측뿐만 아니라 계획을 세우는 것도 중요하다. 내 생활에서도 그 중요성을 발견한다. 나는 오랫동안 나 자신의 배고픔에 주의를 기울여 왔다. 내가 배가 고파지기까지 일반적으로 얼마나 걸리는지 알고 있다. 또한 평소보다 일찍 일어나서 더 많이 움직이고 더 많은 내담자를 상담하는 목요일 오전처럼 행그리를 일으키기 쉬운 순간도 알고 있다. 목요일 오전은 매주 찾아오므로 미리 계획을 세우려고 애쓴다. 하지만 내 계획이 어떻게 틀어질지 생각하지 않을 경우, 어쩌다 차질이라도 생기면 여전히 행그리가 찾아올 수 있다.

그런 사태를 예방하려면 추가 조치가 필요하다. 발생할 수 있는 차질을 미리 고려해서 놀라운 일이 연속으로 벌어지는 날에도 정상 궤도에 머무를 수 있는 조치를 취하는 것이다.

행그리에서 행복으로

배고픔을 인터뷰하라 행그리에 맞설 확실한 계획을 세우기 위해 자신이 언제 행그리를 일으킬 가능성이 가장 높은지, 또 행그리에 대해 무엇을 알고 있으며 어떻게 대처할 수 있는지 생각해 보는 시간을 가지도록 하라. 다음 질문에 답하라.

가장 배가 고파지는 '장소'는 주로 어디인가? 직장에서? 집에서? 길에서? 그 밖에 다른 곳에서?

배가 고파지는 '시간'은 주로 언제인가? 아침? 저녁? 주말? 특정한 요일?

배가 고파지는 '이유'는 주로 무엇인가? 심심해서? 바빠서? 간식이나 식사 간격이 너무 길어서?

배고픔을 알리는 '신호'는 무엇인가? 음식을 생각하기 시작하는가? 짜증이 나는가? 기운이 빠지는가?

행그리 경보 체계를 활용하라 배고픔 예방이란 배고픔보다 한 발 앞서 나간다는 뜻이다. 다행히도 우리 몸은 경고 신호를 보낸다. 배가 고프기 전에 찌릿한 통증이 온다. 하지만 배고픔이 정통으로 덮쳐와서 배고파서 죽을 지경이 될 때까지 가만히 기다리는 사람이 많다. 그때쯤이면 우리에게 음식이 당장 필요하다는 사실이 지극히 분명해진다.

하루를 보내면서 한 시간 정도마다 잠시 멈추어서 얼마나 배가 고픈 느낌이 드는지 살펴라. 한 시간마다 혹은 하루 중에 배고픔을 의식할 시간을 낼 수 있을 때마다 어떤 느낌이 드는지 기록하고 아래 평가 체계를 활용하라.

행그리 경보 체계

1) 충족: 먹을 필요 없음

정상적인 휴식 상태 경험

현재 배고픔을 느끼지 않음

음식을 생각하지 않음

2) 배고픔 초기: 배고픔을 의식하기 시작

음식 선택지를 고려

배고픔의 징후를 알아차리기 시작

3) 배고픔: 지금 먹어라

음식을 많이 생각함

무엇을 먹을지 계획

간식이나 식사가 필요

기운이 달린다고 느낌

4) 굶주림: 긴급!

기운이 몹시 달린다고 느낌

짜증이 나기 시작

위에서 꼬르륵 소리가 남

음식을 갈망

음식을 찾음

5) 너무 늦음! 행그리 경보!

집중하거나 몰두하기가 어려움

인내심이 줄어드는 느낌

사소한 일에 과민반응

사고와 기억이 흐려짐

두통 발생

무기력증 경험

사소한 스트레스에 짜증이 발생

만사가 어렵고 힘들게 느껴지는 기분

사람들에게 쏘아붙이거나 자기답지 않은 말을 함

결정을 나중에 후회

행그리 계획을 세워라 "경보 체계 각 단계에 대처할 계획은 무엇인가?"라고 자문하라. 각 단계에서 무엇을 할 수 있는지 기록하라. 예를 들어, "긴급 단계에 있다면 하던 일을 즉시 멈추고 X를 든든하게 간식으로 먹겠다."라는 계획을 세워라.

계획의 결함을 바로잡아라 당신이 세운 계획에 어떤 문제가 일어날 수 있을지 생각해 보라. 당신의 일상에서 문제를 일으킬 수 있는 세 가지 요소를 나열하라. 아이가 아픈 경우? 회의 시간이 늘어지는 경우? 앞으로 맡을 대형 프로젝트를 끊임없이 계속 이야기하는 잠재적 사업 파트너? 어떻게 해야 이런 사태를 헤쳐 나갈 수 있을까? 이 질문에 대한 대답은 대개 이상적인 선택지가 아니라 위기 상황을 모면할 해결책, 다른 모든 상황이 잘못되었을 때 그 고비를 넘기도록 도와줄 방법이다.

배고픔에 귀 기울여라 #20:
행자이어티에 대처하기

"이런, 배고파서 죽을 것 같아! 남편이 말하길, 배가 고플 때면 저는 언제나 그 사실을 전 세계에 알리고 싶은 충동을 느끼는 것 같다고 해요. 일리 있는 지적이에요. 실제로 마치 응급 상황인 것처럼 말하거든요. 거의 공황 상태에 빠진 듯하죠. 이제 뭘 어떻게 해야 하죠?"

배가 고프면 나는…

a) "이런! 배고프네. 이제 어떻게 하지? 뭘 먹어야 할지 모르겠어."라고 생각한다.

b) 불안해 하면서 무엇을 먹을지 조바심을 내기 시작한다.

c) 무엇이 정말 좋고 맛있을지 생각한다. 한동안 이 생각에 빠진다.

d) 구할 수 있고 마음에 드는 음식을 바탕으로 차분하게 계획을 세운다.

6월 말 어느 날 오후 야외 결혼식에 갔다. 결혼식이 대개 그렇듯 예식과 피로연 사이에 상당히 시간이 비었다. 감색 정장을 입은 남편은 땀을 흘리고 있었고 불쾌감은 높아졌다. 그리고 나는 결혼식과 피로연 사이에 '행자이어티'*를 느끼기 시작했다. 아무것도 먹지 않고 버티기에는 너무 긴 시간이었다. 만약 피로연을 시작하고도 저녁식사를 하기 전까지 음식이 나오지 않는다면 어떻게 하지? 게다가 배 속에 음식이 들어 있지 않은 상태로 술을 마셨다가는 졸릴 것 같았다. 나는 결혼식을 즐기고 싶었다. 하지만 내가 확실한 전략을 세우지 않으면 남편은 불평불만을 늘어놓을 것임이 틀림없었다.

내 내담자들 중에도 행자이어티에 시달리는 사람들이 많다.

간단히 말해서 행자이어티란 배고픔에 불안을 느끼게 되는 상태를 의미한다. 그냥 약간 불안할 수도 있다. 가슴이 살짝 두근거리거나 어떤 음식이 있는지 다소 조바심을 내는 경우다. "먹을 게 뭐가 있지? 마땅한 음식이 없네." 때로는 행자이어티가 난동으로 이어질 수도 있다. 배가 고플 때만 이런 일이 일어나는 것은 아니다. 어떤 내담자들은 배가 고파질 것이라는 생각만 해도 행자이어티를 느낀다고 한다.

행자이어티가 너무 심해서 아예 대처할 의욕을 잃는 경우도 있다. 연구에 따르면 이는 생물학적 관점에서 타당한 반응이다. 석기시대 때는 배고픔이 정말이지 심각한 문제였다. 배가 고프면 사냥

---

* Hanxiety; 이 단어를 검색해 보면 숙취(hangover)와 불안(anxiety)이 합쳐진 신조어라고 나온다. 여기서 저자는 hanger와 anxiety를 합쳐서 쓴 것으로 보인다.

을 나가거나 음식을 찾으러 나가야 했다. 아무것도 발견하지 못하면 며칠이나 굶주려야 했다. 현대에도 세계 도처와 우리 주변에 여전히 음식이 없어서 굶는 사람들이 있다. 전쟁으로 피폐한 나라나 자연 재해가 덮친 곳의 아이들 모습이 우리 뇌리를 떠나지 않는다. 그러니 맥락에 따라서 배고픔이란 아주 절실한 응급 상황이나 위기, 기근과 연관이 있다. 배고픔 때문에 공황 상태에 빠지더라도 자기 자신을 너무 탓하지 마라. 그 느낌은 현실에 뿌리를 두고 있다.

무엇이 행자이어티를 유발할까? 일단 배가 고프면 결정을 내려야 한다는 사실에서 행자이어티가 비롯되기도 한다. 무엇을 해야 할지 알기가 늘 쉽지만은 않다.

문제는 행자이어티를 느끼는 사람들은 불안 수준을 관리하기 위해 자주 먹는다는 것이다. 그들은 신경을 가라앉히려고 음식을 씹는다. 이해는 가지만 최선의 결정이라고는 할 수 없다.

어떤 종류든 불안을 느끼는 사람들을 상담하면서 탈출 계획을 세우면 불안이 대폭 줄어든다는 사실을 배웠다. 예를 들어, 졸업 파티에 갈 일이 걱정인 사람은 감당이 안 된다는 느낌을 받을 때 자연스럽게 자리를 뜰 수 있는 방법을 구상함으로써 상당한 안도감을 얻을 수 있다. 또한 그들은 떠날 수 있다는 사실을 알기 때문에 대개 떠나지 않는다. 계획이 있다는 것만으로도 긴장을 풀고 상황 전체를 좀 더 즐기는 데 도움이 된다.

행자이어티에도 똑같이 적용할 수 있다. 행자이어티를 피할 전략을 미리 세워 두면 불안해서 아무거나 먹고 싶은 상황과 배고픔이 닥쳤을 때 어쩔 줄 몰라서 당황하는 사태를 모두 면할 수 있다!

행그리에서 행복으로

자기 자신에게 관대하라 배고플 때 행자이어티가 느껴지더라도 괜찮다. 배고픔이란 정상적이고 자연스러운 느낌이다. 앞으로 무엇을 할지 생각할 수 있을 때 불편한 기분을 느끼느라 시간을 낭비하지 마라.

배고픔에 익숙해져라 다소 배가 고프더라도 익숙해지도록 노력하라. 배가 고파서 속이 찌릿할 때 불편할 수는 있겠지만 그렇다고 해서 정말 몸이 상하는 일은 없다. 배고픔에서 비롯되는 불편감이 몸 속 어디에서 발생하는지를 의식하라. 식사와 식사 사이에 간격을 두고 배고픔의 단계에 따라 느낌이 어떻게 달라지는지 살펴보라.

차이를 배워라 때때로 우리는 배고픔과 불안을 혼동한다. 그러니 언제 어디에서 불안을 느끼는지에 주의를 기울여라. 불안감을 느낄 때 어떻게 알 수 있는가? 호흡이 가빠오는가? 이를 악무는가? 다른 반응이 있는가? 주의를 기울이고 불안과 배고픔이 어떻게 다른지 분명히 파악하도록 하라. 불안은 빠른 심장 박동과 가쁜 숨처럼 좀 더 다양하게 나타난다. 배고픔은 대부분 위와 에너지 수준, 기분, 음식 생각에 집중된다.

행자이어티 계획을 세워라 배고픔을 느낄 때 이에 대처하는 방법으로 의사 결정 나무를 만들거나 '만약 X라면 Y' 계획을 세워라. 발생 가능한 시나리오와 각각에 대처할 방법을 목록으로 작성하라. 예를 들어, 내가 사용하는 계획 중 하나는 '운전하다가 배가 고파서 간식을 먹고 싶다면, 잠깐 차를 대고 팔걸이에 넣어 둔 아몬드를 꺼내 먹을 것'이다. 이 아몬드 한 줌은 내가 한동안 버티도록 해 줄 몸에 좋은 선택지이므로, 나는 배가 고파질까 봐 걱정하지 않는다. 배고픔에 대처하는 계획과 더불어 불안에 대비하는 계획도 세워라. 천천히 심호흡을 해서 두생-노뇌 반응을 잠재운 다음 불안을 가라앉히기에 가장 좋은 방법이 무엇일지 고민하라.

배고픔에 귀 기울여라 #21: 배고픔 고자질쟁이가 되어라

"제 일정은 미친 듯이 빡빡해요. 맡은 일을 해 내려면 항상 정신없이 내달려야 해요."

배고픔에 주의를 기울이는 일에 관해 나는…

a) 너무 바빠서 배고픔에 딱히 주의를 기울이지 않는다.

b) 배가 고플 때면 대개 알아차리지만 무시한다.

c) 정말로 배가 고픈지 혹은 배부른지 알기 위해 몸 상태를 확인하려 애쓴다.

d) 언제 배가 고프고 언제 배가 부른지 정확하게 안다.

마음챙김 식사 기법을 요약하면 바로 '경청'이다.

배고픔을 경청하라. 때때로 우리는 배고픔의 소리를 크고 분명하게 듣고, 이를 심각하게 받아들인다. 자신의 느낌에 공감하고 감정을 개선하고자 노력한다. 긴 하루를 보낸 끝에 따뜻하고 푸짐한 음식을 간절히 원하는 자신을 발견한다.

하지만 어떨 때는 전혀 배고픔에 귀 기울이지 않는다. 바쁘다는 이유로 혹은 그저 듣고 싶지 않다는 이유로 아주 크고 분명한 배고픔의 징후를 무시한다. 우리 내면의 목소리는 배고픔에 응답하는 대신 "아, 그냥 좀 닥쳐!"라고 말한다.

배고픔을 경청하기는 배우자의 말을 경청하는 것과 다르지 않다. 얼마 전에 한 내담자가 남편 이야기를 했다. 아침에 남편에게 아이들을 데리러 갈 시간과 장소를 말했다. 남편은 경청하는 듯 보였다. 고개까지 끄덕이면서 "좋은 하루 보내."라고 말했다. 하지만 세 시쯤에 남편은 당황한 목소리로 전화했다. “애들 어떻게 하라고 했지? 언제 어디로 데리러 가야 하는 거야?” 아침에 남편은 내담자에게 주의를 기울이지 않았다.

배고픔이 말을 걸기 시작할 때 내 내담자들도 대개 비슷하게 반응한다. 인생을 있는 힘껏 헤쳐 나가는 동안 자신의 신체와 연락을 주고받는 통신선이 항상 열려 있지는 않고 때로는 그저 반만 듣고 있다. 그러다가 행동해야 할 시간이 오면 무엇을 해야 할지 막막하다. 우리가 배고픔에 응답하지 않을 때 몸은 한동안 잠자코 있다. 그러다가 배고픔은 한층 더 강력하게 되돌아온다. 내담자 중 한 명이 제일 좋아하는 슬로건은 “몸이 속삭일 때 경청하면 몸이 지르는 비명을 들을 필요가 없다.”라는 말이다.

우리 몸은 항상 메시지를 보내고 있다. 예를 들어, 팔을 찧으면 몸은 통증 신호를 보낸다. 우리는 대개 아픈 부분을 문지르는 것 같은 행동으로 반응한다. 그러나 아무 행동으로나 반응하지는 않는다. 통증을 느낄 때 보통 연민이 담긴 위로하는 행동으로 반응한다. 다른 신체 감각에는 배고픔보다 훨씬 즉각적으로 반응하는 경우가 많다.

현재 자신의 몸이 보내는 신호를 정말 열중해서 경청하는 내담자들 중에는 비싼 대가를 치른 사람도 있다. 그들은 몸이 상할 때까지 자기 몸을 몰아붙인 사람들이다. 이제 그들은 멈추라고 말하는 자기 몸을 그냥 지나쳤다는 사실을 깨달았고, 그 대가를 치렀다. 음식 알레르기가 있는 사람들은 자기 몸에 귀 기울이는 법을 배운다. 내 친구 라일라는 유제품 알레르기가 있다. 유제품을 조금이라고 먹으면 즉시 토한다. 몸이 유제품을 낯선 침략자로 인식하기 때문이다. 라일라는 자신이 먹는 음식에 아주 신중해야 한다. 그렇지 않으면 결국 끔찍한 기분을 느끼게 될 것이다!

행그리를 피하려면 배고픔이 내는 목소리를 다시 키우는 법을 배워야 한다. 내담자들은 배고픔에 주의를 기울이며 경청하는 법을 배우면 배려 넘치고 주의 깊은 행동으로 반응하게 된다.

행그리에서 행복으로

배고픔을 듣는 비결은 주의 깊고 공감 어린 마음으로 귀 기울여 듣기 시작하는 것이다. 배고프다는 사실을 듣는 데 그치지 않고 지금 당장 무엇이 필요한지 이해해서 반응해야 한다. 경청의 단계를 살펴보자.

주의 깊은 경청 마음과 정신을 다해 경청한다. "나는 배가 고파. 알고 있어. 불편하지. 기운이 없어. 지금 당장 무엇을 해야 할까? 에너지 수준을 높일 대책이 필요해."

집중 경청 몸이 배고픔에 관해서 알려주는 내용에 정신적으로는 주의를 기울이면서도 연관된 감정은 무시한다. "그냥 배가 고플 뿐이야."

선택 경청 관심이 가는 부분만 듣는다. "어떤 음식을 먹을 수 있어. 사탕을 원할 뿐이야!"

위장 경청 경청하고 있다는 인상을 풍기지만 그 상황을 진지하게 받아들이지 않는다. "그래, 그래, 내가 배가 고프다는 건 알아. 나중에 해결할게."

무시 경청하려고 애쓰지 않는다. 배고픔은 중요하지 않고 다른 일들이 더 중요하다는 듯이 행동한다. "배가 고플 리가 없어. 먹은 지 세 시간밖에 지나지 않았는걸."

자기 자신에게 "지금 현재 나는 배고픔을 어떤 단계로 경청하고 있는가?"라고 물어보라. 그러고 나서 다음 비결들을 활용해 주의 깊고 공감 어린 마음으로 배고픔을 경청하기 시작하라.

속도를 줄여라 "조용해질수록 더 많이 들을 수 있다." -람 다스
자동차 엔진 회전 속도가 올라가면 다른 소리는 잘 들리지 않는다. 자기 자신의 엔진 소리를 줄이려면 속도를 줄이고 자기 감정이 어떤지 자세히 살펴보는 시간을 가져라. 하루에 최소 세 번은 잠깐 멈

추고 몸의 소리를 엿들어라.

신호를 배워라 배고픔을 자동차 엔진 점검 표시등이라고 생각하라. 우리 몸은 항상 우리와 의사소통을 한다. 예를 들어, 피곤할 때면 우리 몸은 분명한 신호를 보낸다. 눈이 무거워지고 호흡이 느려지기 시작한다. 피로가 쌓이면 하품을 한다. 배고픔을 알리는 신호는 무엇인가? 배고픔이 커질수록 그 신호는 어떻게 바뀌는가?

요가 자세를 해 보라 자기 몸의 소리를 듣기가 어렵다면 요가는 자기 몸을 알아가는 훌륭한 방법이다. 의자에 앉아서 할 수 있는 이 요가 자세를 해 보라. 먼저 무릎을 90도로 구부리고 양발을 바닥에 대고 의자에 앉는다. 발을 의자 쪽으로 움직이거나 팔을 사용하지 않은 채 발꿈치부터 아래로 힘을 주면서 일어선다. 일단 일어서면 앞뒤로 기울어지거나 엉덩이를 좌우로 움직이지 않도록 주의하면서 다시 천천히 똑바로 앉는다. 다섯 번에서 열 번 정도 반복한다. 천천히 앉으면서 발이 바닥에 닿는 느낌과 균형, 허벅지 뒤쪽에 느껴지는 긴장감에 의식을 집중하라. 이 자세는 먹기 전에 식탁에서 중심을 잡고 접지하는 데도 도움을 준다. 이 요가 자세를 해도 좋고 몸 상태를 알려주는 다른 자세를 해도 좋다. 핵심은 우리 몸의 현 상태를 아는 데 요가가 도움이 된다는 사실이다.

배고픔에 귀 기울여라 #22:
행그리 장애물 극복하기

"저는 바빠요. 더 건강한 식사를 하지 못하는 이유로 나 자신에게 하는 변명이죠. 사실이에요. 학교 다니면서 일하고 남자친구까지 만나려고 하니 바빠요. 하지만 때때로 저 자신에게 한없이 솔직해져 보면 다른 일을 할 시간은 어떻게든 만든다는 걸 스스로도 알아요. 하지만 건강한 식생활은 내 우선순위 목록에서 맨 아래로 밀려나 버렸어요."

건강한 식생활 계획을 지키려 할 때 나는…

a) 거의 불가능하다. 하고 싶다고 해도 절대 실행할 수 없는 일 같다.
b) 엄청난 노력이 필요하다. 좀 더 자주 할 수 있었으면 좋겠다.
c) 어떤 날은 하고 어떤 날은 하지 못한다.
d) 이미 그 요령을 터득했고 대부분은 계획대로 먹는다.

"하지만…"

짧은 단어지만 지극히 강력한 단어이기도 하다.

하지만… 너무 바빠.

하지만… 스트레스가 너무 심해.

하지만… 너무 귀찮아.

심리학자로 일하면서 나는 사람들이 건강한 식생활을 하고 싶어 한다는 사실을 알았다. 우리는 진심으로 자기 자신을 잘 돌보려고 한다.

단지, 이를 가로막는 '하지만'이 너무 많을 뿐이다.

식생활 개선에 관심이 없다고 말하는 사람은 만나 본 적이 없다. 지나치게 배고프거나 행그리 때문에 그리 달갑지 않은 버전의 자신으로 변하는 느낌을 좋아하는 사람은 없다. 배고픔과 굶주림, 과식이 반복되는 사이클에 갇히는 것 또한 아무도 좋아하지 않는다.

많은 사람들이 앞을 가로막는 현실적인 장벽 때문에 힘들어한다.

예를 들어, 내가 사는 곳의 경우 내담자들 상당수가 가장 가까운 슈퍼마켓에 가려면 30킬로미터 넘게 차를 운전해야 한다. 그러니 몸에 좋은 음식을 구하는 일 자체에도 시간과 계획, 돈이 필요하다.

스트레스나 변화에 대한 두려움처럼 감정적 장벽도 있다. 피곤하거나 감당하기 힘든 날이면 슈퍼마켓에 가는 대신 패스트푸드점에 들리고 싶은 유혹이 훨씬 커질 수 있다. 이는 내가 진료실에서 가장 자주 보는 감정적 장애물이다. 물리적 장벽보다는 눈에 잘 띄지 않지만 그에 못지않게 현실적이다.

유럽 15개국에서 실시한 연구에 따르면 사람들이 꼽은 건강한 식생활을 가로막는 가장 큰 장벽은 시간 부족, 불규칙한 근무 일정,

편식이었다.[68] 당신에게도 해당 사항이 있는가?

내가 진료를 볼 때도 이런 요소를 만난다. 그리고 아마도 내가 심리학자이기 때문이겠지만 다른 요소도 눈에 보인다. 바로 감정이다. 감정은 건강한 식생활에 큰 영향을 미칠 수 있다.

많은 내담자의 경우 감정적 장벽은 바쁨, 우울, 귀찮음이 그 핵심이다.

바쁨 음식을 요리하거나 식재료를 사거나 준비하기에 너무 바쁘다고 느낀다. 다른 일들이 더 높은 우선순위를 차지한다.

우울 스트레스를 받고 있다. 감정적으로 식사를 많이 한다. 스트레스를 받거나 감당이 안 된다고 느낄 때면 건강한 식생활에 기력을 쓰기가 힘들다.

귀찮음 건강한 식사가 귀찮게 느껴진다. 현재 습관을 바꾸려면 노력을 많이 해야 하는데, 쉽지만은 않은 일이다.

나는 내담자들에게 먼저 건강한 식생활을 가장 자주 가로막는 장애물이 무엇인지 파악하라고 시킨다. 그런 다음에 핵심을 찌르는 세부사항에 닿을 수 있게 깊게 파고들도록 한다. 그곳에서 해결책을 찾을 수 있다.

예를 들어, 한 내담자는 가장 주요한 장벽이 바쁨이라고 말했다.

그는 주변 모든 일에 집중했고 다른 사람들을 모두 돌봤다. 자신의 배고픔은 안중에도 없었다. "하지만 먼저 …을 처리해야 해"라는 말을 하다 보면 마음챙김 식사를 하겠다는 계획은 수포가 된다.

그 내담자는 자기가 어떨 때 '하지만'이라고 하는지 알고 나서부터 행그리를 행복으로 바꾸기 시작할 수 있었다. 마치 휴대전화로 지연과 사고, 도로 폐쇄 속보를 받는 기분이라고 말했다. 교통 정보를 확인한 순간 앞으로 닥칠 상황을 알았고, 그것을 바탕으로 자기가 나아갈 길을 막는 좌절에 휘말리지 않고 순조로운 경로를 개척했다.

내담자는 바쁨과 행그리에 마음 졸이느라 기력을 낭비하는 대신, 가게에 가지 않고 간식을 온라인으로 주문하고 슈퍼마켓 배송 서비스를 이용하고 저온 조리기를 쓰는 등 건강한 식습관을 자신의 생활에 편리하게 끼워 넣을 방법을 모색하는 데 에너지를 집중하기 시작했다.

행그리에서 행복으로

'하지만'을 '그리고'로 바꾸어라 행그리를 행복으로 바꾸려면 머릿속에 맴도는 '하지만'을 통과해야 한다. '하지만'을 인정하라. 그 생각에서 벗어나야 한다고 자신을 설득하려 하지 마라. 그 대신에 그냥 그 목소리를 인정하고, 그것이 무엇이든 당신을 실수하게 만든다는 사실에 공감하라. 장벽을 이해하면 그것을 처리할 방법을 떠올릴 때 도움이 된다. '하지만'을 '그리고'로 재구성하라. "나는 좀 더 주의를 기울이면서 먹고 싶다. '그리고' 정말로 바쁘다."

이미 하고 있는 일에 좀 더 집중하라 새로운 일과를 채택해야 한다고 느끼는 대신 '이미 하고 있는' 일을 좀 더 집중해서 수행하라. 예를 들어, 간식을 먹는다면 먹는 동안 휴대전화를 끄고 좀 더 주의를 기울이면서 먹어라. 초콜릿을 한 조각 먹을 생각이라면 천천히 먹음으로써 좀 더 집중하라. 이런 일에는 '단 1초도 시간이 더 걸리지 않지만' 음식을 먹는 방식을 바꾼다. 마음챙김 식사가 너무나 귀찮게 느껴진다면 당신에게는 이 비결이 안성맞춤이다.

배고픔에 귀 기울여라 #23:
가짜 배부름

"아침으로 베이글을 먹어요. 제가 느끼기에 아주 크고 하루 종일 배가 불러야 할 것 같죠. 하지만 좌절할 정도로 금방 다시 배가 고파요. 그러면 '대체 뭐가 문제지?'라고 생각하죠."

먹을 때 나는…

a) 거의 먹자마자 금방 다시 배가 고프다.

b) 금세 다시 배가 고파지는 듯하다.

c) 한동안은 배가 든든하다.

d) 다음 간식 시간이나 식사 시간이 될 때까지 괜찮다.

내담자 줄리는 거대한 블루베리 머핀을 먹으면 어떤지 설명했다. 머핀을 먹으면서 "이걸 먹으면 정말로 오랫동안 배가 부를 것 같아."라고 혼잣말을 한다.

하지만 휙!

한 시간 후 줄리는 다시 배가 고파 죽을 지경이다.

많은 내담자가 이런 현상을 경험한다. 나는 이를 가리켜 '가짜 배부름'이라고 부른다.

그들은 어떤 음식, 심지어 상당히 많아 보이는 음식을 먹지만 배부른 느낌은 금방 허공으로 사라진다. 그들이 먹은 음식은 거의 만족감을 주지 않으며 배고픔을 채우는 데도 실패한다. 그래서 시도 때도 없이 행그리가 튀어 나온다.

줄리 같은 내담자들은 처음에 자기 자신과 몸을 탓한다. 그들은 "다시 배가 고플 리가 없어요. 뭐가 잘못된 거죠? 어떻게 이렇게 빨리 다시 배가 고파질 수가 있죠?"라고 말한다.

나는 내담자들과 먹은 음식을 이야기하다가 종종 흥미로운 사실을 발견한다. 그들은 가짜 배부름을 불러일으키기로 악명 높은 음식을 자주 먹는다.

연구 결과 어떤 음식들은 체내에서 다른 음식들보다 훨씬 빨리 소화된다. 그런 음식들은 행그리로 가는 지름길이다.

한 연구에서 여성들에게 서로 다른 세 가지 간식을 제공했다. 세 가지 모두 160칼로리였다. 세 가지 선택지는 고단백 요구르트와 고지방 크래커, 고지방 초콜릿이었다.[69]

칼로리는 동일하므로 세 가지 모두 몸에 똑같은 영향을 미칠 것이라고 생각할 수도 있다. 그러나 연구진이 관찰한 결과는 그렇지 않았다. 요구르트를 먹은 여성은 초콜릿을 먹은 여성보다 오후 내내 배고픔을 덜 느꼈다. 또한 요구르트를 먹은 여성은 다른 여성들보다 더 늦게 배고픔을 느꼈다. 크래커를 먹은 여성보다는 20분 늦게, 초콜릿을 먹은 여성보다는 30분이나 늦게 배고픔을 느꼈다.

간식의 종류는 여성들이 나중에 저녁식사로 고른 음식에도 영향을 미쳤다. 요구르트를 먹은 여성은 크래커나 초콜릿을 먹은 여성보다 저녁식사를 적게 먹었다.

사람이 먹은 음식은 그 순간과 나중에 어떻게 공복감을 느끼는지에 철저하게 영향을 미친다. 내담자들이 이 요인에 진지하게 주의를 기울이고 어떤 간식이 가짜 배부름을 일으키지 않는지 알기 시작하면 배고픔이 아니라 행복을 느끼도록 해 주는 음식을 먹기 시작한다.

행그리에서 행복으로

내 내담자들은 자신의 몸을 자로 잰 듯 정확하게 알게 된다. 그들은 어떤 음식이 기분에 영향을 미치고 얼마나 배부르다고 느끼는지 배운다. 이런 연관성이 명백해지면 음식을 선택하는 방식이 변하기 시작한다.

'당신'이 가짜 배부름을 느끼지 않도록 예방하는 식품이 무엇인지 알고 싶다면 앞에서 언급한 연구와 비슷한 실험을 해 보라.

세 가지 간식 실험: 간식으로 세 가지 음식을 골라라. 예를 들어, 고단백 식품(치즈, 견과류, 가공육, 요구르트), 건강한 간식(과일, 생 채소), 별식(초콜릿, 감자 칩, 사탕)을 먹어 볼 수 있다. 혹은 그냥 제일 자주 먹는 좋아하는 간식 중 세 가지를 선택하라. 여러 날에 걸쳐서 하루에 한 종류씩 먹어라.

기록하라. 서로 다른 간식을 먹고 나서 3분, 30분, 3시간이 지난 후 당신의 행복 혹은 행그리 수준에 미친 영향에 대해 무엇을 알아차렸는가?

배고픔에 귀 기울여라 #24:
"그걸 먹고 싶어!" 에 대처하기

"매일 출근길에 마카롱 가게를 지나갑니다. 알록달록한 마카롱이 줄지어 진열된 모습을 보죠. 가게를 지나쳐 걷는 동안 가게에 들를 시간이 있었으면 좋겠다는 생각이 들어요. 하루 종일 계속 마카롱을 생각하죠. 그러고는 퇴근길에 들러서 마카롱을 살 수 있도록 꼭 그 가게 앞으로 지나가야겠다고 다짐해요."

음식의 외양에 관한 한 나는…

a) 맛있어 보이는 음식을 보면 즉시 먹고 싶다.

b) 맛있어 보인다는 이유만으로 음식을 먹을 때가 많다.

c) 음식이 어떤 맛일지, 먹으면 얼마나 배가 부를지 생각한다.

d) 어떤 음식이 맛있고 배가 부른지 알고 그런 음식을 신중하게 먹는다.

초콜릿을 좋아하는 내담자가 있었다.

그는 초콜릿을 너무 좋아해서 끊어야 한다고 생각했다.

그래서 내 충고를 듣고는 놀랐다. 나는 그에게 "초콜릿을 원하는 식욕을 진지하게 받아들이세요. 그리고 하루에 한 조각씩 드세요." 라고 말했다.

그렇게 해서 '의사 처방'에 따라 초콜릿을 하루에 한 조각씩 먹기 시작했고, 매일 찾아오는 간식 시간이 기다려졌다.

그 후에 내담자는 다시 한번 놀랐다. 매일 초콜릿을 먹으니 그리 좋아하지 않는 다른 간식들을 좀 더 쉽게 포기할 수 있었다. 매일 초콜릿을 먹는다는 걸 알고 있었으므로 먹음직스러워 보이는 모든 음식에 먹고 싶다는 욕구를 느끼지 않았다.

우리는 '식욕(appetite)'과 '배고픔(hunger)'이라는 단어를 같은 의미로 사용한다.

하지만 그렇지 않다.

내가 내담자들에게 전하는 중요한 비결 중 하나가 이 둘을 구별하는 것이다.

배고픔은 전적으로 생물학적 현상이다. 배가 고플 때는 배에서 꾸르륵거리는 소리가 나는 등 '내부' 신호가 나타난다. 또한 혈당과 호르몬처럼 측정할 수 있는 화학적 요인이 배고픔을 유발한다.

반면에 식욕은 외적 신호에서 비롯되어 나타나는 먹고 싶은 욕구다. 음식을 보거나 음식 냄새를 맡거나 음식 생각을 할 때 식욕이 생길 수 있다. 다들 경험해 본 적이 있을 것이다. 오븐에서 풍기는 따뜻한 빵 냄새를 맡거나 좋아하는 음식 광고를 보면, 이미 식사를 했고 배가 부르더라도 갑자기 먹고 싶은 생각이 든다.

반복되는 일상이 식욕을 유발하기도 한다. 내 내담자들은 특정한 장소나 상황에 처했을 때 갑자기 어떤 음식이 먹고 싶다고 이야기한다. 예를 들어, 우리 동네에서 매년 9월에 열리는 농축산물 축제 시기가 찾아오면, 많은 내담자들이 엘리펀트이어*가 먹고 싶다고 말한다. 일 년 중 나머지 시기에는 그 설탕을 뿌린 튀긴 과자를 먹고 싶다는 말을 전혀 하지 않는다. 마을에서 열리는 축제가 다가온다는 설렘이 그 욕구를 자극한다.

식욕은 배고픔과 같지 않지만 여전히 강력하다. 내 내담자들은 때로는 식욕이 배고픔을 넘어설 정도로 강한 힘을 발휘한다고 자주 이야기한다. 일단 식욕이 개입되면 얼마나 배가 고픈지가 아니라 무엇을 원하는지가 더 중요하다. 그들은 종종 식욕에 휘둘려 이리저리 끌려 다니는 기분을 느낀다. 클레어는 오렌지 쿠키를 자주 언급한다. 오렌지 쿠키를 떠올리는 순간 "머릿속에 떨쳐낼 수가 없어요."라고 말한다.

어떤 내담자들은 배고픔, 식욕과 싸우려고 한다. 당신도 이렇다면 당신만 그렇지는 않은 것이다. 하지만 식욕을 무시하라고 자신에게 말하는 것은 숨을 쉬지 말라고 말하는 것과 마찬가지다. 혹은 "나는 하루에 세 번만 숨을 쉴 거야."라고 말하는 셈이다.

문제는 우리가 배고픔 대신에 식욕을 채우면 결국 행그리를 느끼

---

* elephant ear, 밀가루 반죽을 튀겨 시나몬과 설탕을 뿌려 먹는 과자의 일종으로 주로 축제나 유원지에서 판매한다.

게 되는 경우가 많다는 사실이다. 하지만 식욕을 완전히 무시하려고 할 때도 마찬가지다. 식욕을 자극하는 대상에 '그냥 안 돼'라고 말한다면 이는 우는 아기를 외면하려는 것과 같다. 식욕에는 관심을 기울여야 한다. 하지만 올바른 관심이어야 한다. 아기의 요구를 딱 적절하게 채워 줄 때 울음을 그치게 할 수 있다. 다행스럽게도 식욕 역시 마찬가지다.

행그리에서 행복으로

내담자들에게 내가 말하는 슬로건은 "주의를 기울여서 식욕을 채워라."다. 자기 자신이 식욕을 주의를 기울이면서 채우도록 허락하면 식욕이 "나는 …을 원해!"라고 말할 때마다 이에 반응해야 할 필요를 느끼지 못할 것이다.

하지만 식욕에 대해서 알아가려면 시간과 마음챙김이 필요하다.

심호흡을 하라 한 입 베어 물기 전에 적어도 심호흡을 여섯 차례 하라. 한 연구에 따르면 천천히 심호흡을 하면 심장 박동을 늦출 수 있다. 학생들에게 컴퓨터 화면으로 제일 좋아하는 음식을 보는 동시에 규칙적으로 호흡을 하도록 했다. 천천히 규칙적으로 호흡을 하니 배고픔을 대하는 양상이 바뀌었다. 몸의 긴장을 풀자 갈망이

줄어들었다. 우와! 호흡을 하기만 해도 좀 더 주의를 기울여 먹는 데 도움이 된다.[70]

솔직하라 지금 느끼는 감각이 식욕인지 배고픔인지 자문하라. '욕구'인가, '필요'인가? 둘 다 괜찮으니 지금 상대하고 있는 대상이 무엇이지만 분명하게 밝혀라.

식욕을 유발하는 요인을 의식하라 무엇이 식욕을 유발하는가? 음식이 눈에 들어왔을 때? 광고? 냄새? 환경? 빵 굽는 천상의 냄새가 갈망을 유발하는가? 아니면 음식의 외양이 중요한가? 맛있어 보이는 음식을 보면 먹고 싶은가? 개중에는 피할 수 있는 요인도 있다. 반면에 피할 수 없는 요인도 있다. 하지만 자신이 어떤 감각에 반응하는지 알기만 해도 무엇에 흥분하게 될지 예상하는 데 도움이 되므로 미리 대비할 수 있다!

집중해서 먹어라 식욕을 자극하는 음식을 먹을 때는 먹는 데 집중하라. 한 입 한 입 즐기는 데 필요한 모든 노력을 기울여라. 자리에 앉아라. 하고 있는 일을 전부 멈추어라. 그리고 최대한 즐거움을 이끌어내도록 천천히 먹어라.,

바람직한 혜택을 염두에 두라 예일대학교 정신의학과·심리학과 부교수 헤디 코버 연구팀은 《Proceedings of the National Academy of Sciences》에 게재한 연구에서, 단순한 인지 훈련 기법이 식습관에 미치는 영향에 대해 몇 가지 실험을 했다.[71] 한 실험에서 참가자들은 몸에 좋은 음식에 관한 문헌을 읽고 나서, 영양가가 높고 몸에 좋은 음식을 고르면 얼마나 기분이 좋을지 생각함으로써 갈망에 대처하는 방법을 15분 동안 훈련했다. 흥미롭게도 잘 먹어서 얻는 이익에 초점을 맞추면 좀 더 주의 깊게 음식을 선택할 수 있다.

당신도 똑같이 할 수 있다. 마음챙김 식사에 따르는 이익을 생각함으로써 먹는 방식을 바꾸어라. 무엇을 먹을지 결정하기 전에 '지금' 마음챙김 식사를 선택함으로써 얻게 될 세 가지 이익을 검토해 보라.

주의가 덜 산만하다고 느끼거나 선택을 더 잘 통제할 수 있다고 느끼는 것처럼 '정신'에 미치는 즉각적인 이익 한 가지.

후회를 경험하지 않거나 좀 더 통제감을 느끼는 것처럼 '기분'에 미치는 이익 한 가지.

속이 더부룩하거나 지나치게 배부르다고 느끼지 않는 것처럼 '신체'에 미치는 이익 한 가지.

배고픔에 귀 기울여라 요약

말 전달하기 게임을 해 본 적 있는가? 여럿이 둘러앉는다. 한 사람이 옆 사람에게 속삭이며 이야기한다. 옆 사람은 다시 자기 옆 사람에게 들은 이야기를 속삭이는 식으로 쭉 이어간다. 마지막 사람이 들은 이야기를 큰 소리로 말한다. 마지막 사람이 하는 이야기는 원래 이야기와 완전히 달라서 웃음을 주는 경우가 많다. 이야기를 전달하는 과정에서 메시지가 사라지거나 대충 해석되거나 왜곡되거나 추가되기도 하고 그냥 들리지 않기도 한다.

이는 우리가 배고픔에 대해 자기 자신에게 하는 이야기에 일어나는 양상과 비슷하다. 전달 과정에서 배고픔이나 욕구, 요구에 관해서 들은 메시지가 다소 흐릿해진다. 게다가 배우자의 말을 들을 때나 몸이 보내는 신호에 주의를 기울일 때나, 듣기와 경청은 서로 완전히 다른 행동이다.

어떤 날에는 배고픔이 너무 크게 소리를 질러서 귀마개가 필요하다고 느낀다. 어떤 날에는 몸이 배고픔을 이야기하는 희미한 속삭임을 알아듣느라 보청기가 필요하다고 느낀다.

아래 확인 사항을 비롯해 이번 장에서 소개한 수단은 당신이 전문 청취자가 되도록 도와서, 배고픔을 행복으로 바꾸기 위해 무엇이 필요한지 들을 수 있도록 이끌어 줄 것이다.

____ 나는 내가 먹는 방식을 묘사할 때 사용하는 언어와 단어에 주의한다.

____ 나는 마음챙김 식사를 가로막는 감정적 장벽이 무엇인

지 알고 있다.

___ 나는 배고픈 느낌이나 배고플 가능성에 대해 염려하지 않는다.

___ 나는 내 몸이 무엇을 원하고 필요한지 경청한다.

___ 나는 언제 배가 고파질지 예측하면서 배고픔보다 앞서 있다.

___ 어떤 음식을 먹으면 배가 부르고 어떤 음식을 먹으면 배가 부르지 않은지 주의를 기울인다.

___ 음식이 맛있어 보여서 먹고 싶을 때와 정말 배가 고파서 먹고 싶을 때의 차이를 안다.

___ 나는 갈망에 무의식적으로 반응하는 대신 신중하게 대응할 수 있다.

4
단
계

배고픔 최면술사

— 이 단계는 쓰기가 힘들었다.

왜 그랬을까?

나는 지금껏 책과 사설에서 사람들에게 '무엇'을 먹으라고 말하지 않는다고 여러 차례 말했고 지금도 말하지 않기 때문이다.

내 전반적인 철학은 이런 저런 음식을 논하지 않는다. 마음챙김 식사가 중심이다. 상담을 할 때 나는 사람들에게 어떤 음식을 먹으라거나 어떤 메뉴를 피하라고 말하지 않는다. 나는 "비타민 D를 얻으려면 버섯 섭취를 늘려야 합니다."와 같은 조언을 하고 있다는 인상을 주고 싶지 않다.

하지만 시간이 흐르면서 내가 내리는 마음챙김 식사의 정의는 계속 진화하고 넓어졌다. 마음챙김 식사는 텔레비전을 보는 동안 크래커 한 봉지를 아무 생각 없이 먹어치우지 않도록 단순히 식습관을 알아차리는 데 그치지 않는다. 특정한 음식이 몸과 기분, 행그리 수준에 어떤 영향을 미치는지 관찰하는 행위이기도 하다. 몸이 특정한 음식에 어떻게 반응하는지 정말로 주의를 기울일 때, 행그리를 조정하는 훨씬 더 큰 능력을 갖추게 된다.

예를 들어, 내 내담자 니콜은 자신이 치즈를 얼마나 많이 먹는지를 신경 쓴다. 니콜은 블루 치즈, 체다 치즈, 프로볼로네에 이르기까지 각종 치즈를 무척 좋아한다. 유제품이나 유당 알레르기가 전혀 없지만 너무 많이 먹으면 위가 불편하다. 그래서 피자에 뿌려진 치즈 양이 얼마나 되는지, 샌드위치 안에 치즈가 몇 조각이나 들어가 있는지, 간식으로 몇 쪽을 먹을지에 아주 세심한 주의를 기울인다고 여러 차례 이야기했다. 니콜은 치즈 소량은 충분히 즐긴다고 설명했다.

하지만 치즈를 많이 많으면 아마도 나트륨(소듐)이나 포화 지방을 과다 섭취하게 되면서, 몸이 처진다고 느끼거나 변비에 걸릴 수 있는 듯하다. 윽! 음식 때문에 그런 일을 당하고 싶은 사람은 아무도 없을 것이다! 다행히도 니콜은 특정한 음식에 자신이 어떤 반응을 보일지 알아내는 데 고수다. 맛좋은 음식이 고통을 유발하지 않도록 이 지식을 활용한다.

이 장에서는 이중 작업을 해야 한다. 먼저 음식과 영양소가 기분과 행그리 수준을 어떻게 뒷받침하거나 방해할 수 있는지 이해하는 법을 배운다. 그다음에는 실험을 한다. 이 작업을 하려면 이 장에서 언급한 구체적인 음식 혹은 그 외 다른 음식을 먹은 다음에 어떤 일이 일어나는지 세심하게 관찰해야 한다. 음식을 먹은 뒤에 배고픔의 강도가 어떻게 바뀌는지에 주의하라. 특정한 음식을 먹으면 얼마나 오랫동안 배고픔을 막아주는가? 그 음식을 먹은 후에 얼마나 든든함을 느끼는가? 그리고 가장 중요한 질문은 이 음식을 먹어서 행복한가? 이다.

6년 정도 전에 내 주치의가 내 철분 수치가 낮다고 말했다. 아주 예상하지 못한 소식은 아니었다. 그 전에도 몇 차례 빈혈 상태인 적이 있었다. 내가 놀란 부분은 내가 내 철분 수치를 잘 관리하고 있다고 생각했다는 사실이었다.

그때도 나는 이미 철분이 풍부한 음식을 많이 먹고 있었다. 하지만 녹색 채소와 고기 등 철분이 풍부한 음식을 더 많이 먹어서 철분 섭취량을 늘리기 시작하자 놀라운 일이 벌어졌다. 마치 전등 스위치를 켠 듯했다. 거의 하룻밤 사이에 에너지 수준이 상승하기 시작했다. 그동안 내가 얼마나 힘겨워했는지 깨닫지 못하고 있었다. 철분 수치가 낮을 때는 모든 일이 더 오래 걸리는 느낌이었다. 하지만 나는 그저 내담자가 늘어나고 어린 아이들을 키우고 있어서 그렇다고 치부했다. 나는 나 자신에게 "누군들 안 피곤하겠어?"라고 말했다.

기력이 달릴 때 흔히 기운을 북돋아주는 커피나 당분이 든 음식을 찾는다. 하지만 철분 수치가 낮으면 둘 다 전혀 도움이 되지 않는다. 우리에게 필요한 다른 모든 영양소도 마찬가지다.

그러니 지금부터 우리는 자신의 몸과 배고픔, 기분이 특정한 음식에 어떻게 반응하는지 세심하게 주의를 기울여야 한다.

어떤 음식을 먹으면 행그리를 느끼는가?

어떤 음식을 먹으면 행복한가?

배고픔 최면술사 #25:
행그리를 방지하는 방법

"저는 스트레스성 식습관을 극복했어요. 이제는 형편없는 하루를 보낸 날에도 손에 집히는 대로 먹지 않아요. 놀라운 발전이죠. 스트레스가 심한 날이 꽤 많지만 그럴수록 무엇을 먹을지 사려 깊게 생각하려고 애써요. 제가 겪는 스트레스는 저한테 좋지 않고 몸을 너덜너덜하게 만들어요. 진짜 끔찍한 하루를 보내거나 중대한 프레젠테이션이 있는 날이면 이틀 뒤에 몸이 아프기 때문에 이 사실을 알아요. 스트레스로 몸이 그냥 멈추는 거죠. 그래서 이런 탈이 나지 않도록 오렌지와 베리류, 견과류를 많이 먹어요. 스트레스 돌풍에 대비해서 모래주머니를 쌓는 것과 같죠."

스트레스를 받을 때 나는…

a) 치즈나 감자튀김, 초콜릿 같은 위로 음식이 당긴다.

b) 음식 선택에 신경을 쓰지 않는다.

c) 입맛이 뚝 떨어진다.

d) 영양소가 풍부하고 스트레스를 견디는 데 도움이 되는 음식을 먹는다.

나는 매일 내담자들이 스트레스성 식사를 그만두도록 도와준다. 우리는 '스트레스 받아서 지금 당장 기분 좋게 해 줄 위로 음식을 먹고 싶어'라는 복잡한 사이클을 끊으려고 노력한다. 우리는 불편하고 불쾌한 감정을 달래려고 너무나 자주 음식을 동원하고 이미 일이 벌어진 뒤에야 그 사실을 깨닫는다. 하지만 때는 이미 너무 늦었다! 어떤 때는 스트레스를 음식으로 풀고 있다는 사실을 뼈아프게 인식하고 있고, 그 습관을 고치려고 절실하게 애쓰고도 실패한다.

이 사이클을 끊기 위해 나는 몸이 정말로 배고프다고 느낄 때가 언제인지 알아내는 방법을 가르친다. 몸이 배고픈 상태가 아니라면 음식을 먹는 대신에 진정하고 긴장을 푸는 데도 도움이 되는 자연스럽고 건강한 대안이 있다. (내가 쓴 『음식 없이 나를 위로하는 50가지 방법』과 그 속편인 『50 More Ways to Soothe Yourself Without Food』를 참고하라!)

또한 내가 항상 아주 중요하게 말하는 것이 있다. 바로 스트레스를 받았을 때도 '계속 먹어야 한다'는 것이다. 핵심은 신체를 강화하는 음식을 먹어야 한다는 점이다. 위로 음식을 먹으면 잠깐은 기분이 좋아진다. 그리고 솔직히 가끔은 그냥 구운 치즈와 감자튀김이 먹고 싶을 때도 있고 그런 경우는 괜찮다. 하지만 스트레스를 견디게 하는 음식을 먹으면 기분이 나빠지는 사태를 예방할 수 있고, 한 발 나아가 기분을 개선할 수도 있다!

기본적으로 스트레스는 몸을 망가뜨릴 수 있다. 스트레스는 염증을 유발하고 호르몬을 바꾸어 짜증을 한층 돋운다. 그러면 이제 그 효과를 뒤집어 보자. 면역 체계를 강화시키는 특정한 음식을 먹으면 스트레스성 손상을 예방하거나, 심지어 보수하는 데 도움이 된다. 놀라운 일이다. 음식은 짜증에 저항하는 힘을 기르는 데 도움이 되고, 저항력을 강화시켜 스트레스에서 비롯되는 손상을 최소화할 수 있다.

내 내담자이자 호스피스 근로자인 로리는 스트레스가 심한 한 주를 보내고 나면 식단에 두 가지 음식을 꼭 빼먹지 않고 넣는다.

첫 번째 음식은 오메가-3가 풍부한 생선이다. 오하이오 주립대학교에서 실시한 연구가 이 선택을 뒷받침한다. 이 연구에서는 스트레스가 아주 심한 시험 기간을 전후로 대학원생 집단의 스트레스 수준에 오메가-3 식단이 미치는 영향을 살펴봤다. 연구진은 오메가-3 지방산이 풍부한 식단을 섭취한 학생들은 그렇지 않은 학생들보다 불안감을 20퍼센트 적게 느꼈다고 한다.[72] 학생들이 먹은 음식이 실제로 스트레스를 줄였다.

스트레스가 심한 주에 로리가 먹는 두 번째 음식은 베리류, 특히 블루베리다. 로리는 스트레스를 심하게 받으면 저절로 미간을 찡그리고, 그렇게 미간을 찡그릴 때 얼굴에 깊게 주름이 팬다는 사실을 알게 되면서 베리류를 먹게 되었다.

우리는 깊은 이마 주름과 스트레스, 심혈관 질환으로 사망할 위험 사이에서 유의미한 관계를 발견한 최근 연구를 이야기했다. 이 연구에서는 환자가 심장 질환이 있을 수 있다고 의심이 가는 경우, 의료계 종사자는 이런 깊은 이마 주름을 빠르고 쉬운 선별 도구로 활용할 수 있다고 했다. 연구진은 스트레스, 높은 콜레스테롤 수치, 고혈압을 비롯한 몇 가지 요인이 이런 주름을 유발한다는 가설을 세웠다.[73] 블루베리에는 항산화물질이 풍부하고, 이는 세포 노화와 주름을 유발하는 산화 스트레스를 예방하는 데 도움이 된다! 따라서 블루베리를 먹으면 스트레스가 손상시킨 세포의 재건을 돕는 셈이다.

내가 개인적으로 스트레스 관리에 애용하는 식품은 귤이다. 감귤류 향을 90초 동안 들이마시면, 편안하고 이완된 느낌을 높이는 오른쪽 전전두엽 피질에 유의미한 반응을 일으킨다.[74] 달콤한 감귤류 향은 불안 증세를 줄이고 기분을 나아지게 한다. 감귤류에 면역 체계를 강화시키는 비타민 C가 많이 들었다는 사실을 말할 것도 없다. 이는 스트레스가 심할 때 우리 모두에게 필요하다!

나는 일과 중에 문을 닫고 '마음챙김 휴식'을 갖는다. 귤을 들고 진료실 의자에 앉아 신중하게 껍질을 벗긴다. 달콤한 귤 향을 들이마신다. 귤과 마찬가지로 비타민 C를 함유하고 있어 같은 효능을 발휘하는 키위와 망고도 즐겨 먹는다.

스트레스를 받았을 때는 먹지 않아야 한다고 생각하는 까닭에, 음식의 힘을 활용하지 않는 사람이 많다. 하지만 스트레스를 받아서 감당이 안 된다고 느낄 때 음식을 먹는 것은 사실 우리에게 가장 바람직한 방안이다.

행그리에서 행복으로

스트레스 확인 스스로에게 솔직하라. 지금 당신의 스트레스 수준은 어느 정도인가? 천장을 뚫고 나가서 하늘을 찌를 듯이 높은가?

아니면 "스트레스가 너무 심해!"라고 혼잣말로나 다른 사람들에게 말하는가? 아니면 감당할 수 있는 정도의 사소한 골칫거리들을 겪고 있는 시기일 수도 있다. 누구나 어느 정도는 스트레스를 받는다. 그것은 예상 가능한 범주다. 하지만 만약 당신이 "정말 스트레스 수준이 높아요."라고 대답했다면 식생활에 신경 씀으로써 행그리를 예방하고 스트레스를 줄일 수 있다.

스트레스 퇴치 식품 스트레스가 심한 날에는 스트레스 퇴치 식품으로 무장하라. 신중하게 고른 간식이 갈망과 스트레스성 식사를 막아주는 예방 주사 역할을 할 것이다. 스트레스가 유발하는 염증을 최소화하도록 돕고, 행그리로 변하기 전에 스트레스를 견딜 수 있도록 도와주는 음식이 많다. 그중에서 몇 가지를 소개한다.

항산화물질이 풍부한 식품 다행히도 이런 식품들은 맛있다! 항산화물질이 풍부한 식품으로는 블루베리(베리류 중에 항산화물질 함유량이 가장 많다), 크랜베리, 딸기, 산딸기, 시금치, 케일, 감귤류, 콩, 피칸, 고수 등이 있다.

비타민 E가 풍부한 식품 해바라기씨, 아몬드, 헤이즐넛, 망고, 아보카도, 땅콩호박, 시금치, 키위, 브로콜리, 토마토는 모두 비타민 E가 풍부하다. 비타민 E는 항염증 작용이 뛰어나고 면역 기능을 도우며 신체를 파괴하는 활성산소로부터 세포를 보호한다.

오메가-3가 풍부한 식품 대서양고등어, 연어, 호두, 치아씨, 청어, 아마씨, 참치, 달걀노른자는 각각 스트레스가 유발하는 염증을 줄이는 오메가-3를 다량 함유하고 있다. 아보카도 역시 오메가-3가 풍부하게 들어 있다. 통밀 빵 토스트에 으깬 아보카도를 올려서 먹어 보라. 아이도 만들고 즐길 수 있을 만큼 간단하고 포만감을 주는 스트레스 퇴치 식단이다.

호박씨 아연, 마그네슘, 오메가-6가 꽉 들어찬 호박씨는 내가 가장 좋아하는 미네랄이 풍부한 휴대용 간식 중 하나다. 혹시 호박씨에 감칠맛을 더하고 싶다면, 바다 소금이나 향신료를 뿌린 호박씨를 구매하라.

차 시나몬 차는 혈당 조절에 효과가 있다고 임상적으로 증명되었다. 또한 행그리를 좀 더 쉽게 억누를 수 있다. 캐모마일 차는 불안을 줄이고 숙면에 들게 한다. 녹차는 스트레스를 받을 때 신체를 진정시킨다. 홍차도 유익하다. 남성 75명을 대상으로 실시한 연구에서, 6주 동안 홍차를 마신 경우 다른 카페인 함유 음료를 마신 경우보다 스트레스가 심한 일이 닥쳤을 때 코르티솔 수치가 적었다.[75]

다크 초콜릿 여러 건의 연구에서 몸이 스트레스를 겪을 때 다크 초콜릿을 먹으면 코르티솔 수치가 감소된다는 사실이 밝혀졌다.[76] 매일 다크 초콜릿을 소량 섭취하면 스트레스 해소에 도움이 된다는 말이다!

사골 육수 아미노산이 풍부한 사골 육수는 원기 회복에 좋다. 사골 육수를 먹으면 콜라겐을 비축해 스트레스로 감소한 콜라겐을 다시 채운다. 또한 사골 육수와 옛날부터 전해 내려오는 치킨 누들 수프는 항염증 작용이 있다.[77]

배고픔 최면술사 #26:
행그리를 막아주는 식품

"저는 오전에 늘 엄청 허둥지둥해요. 수업에 가기 전에 계속 알람시계를 꺼 버리거든요. 아침식사를 좋아하지만 늘 거르는 편이죠. 오전 10시 무렵이면 배가 고파 죽을 지경이 되어서 먹을 것이 간절해요. 깜짝 놀랄 정도예요."

당신은 항상 아침식사를 하는가?

a) 일어났을 때 배가 고프지 않다.

b) 커피만 마시면 된다.

c) 보통 까먹거나 먹을 시간이 없다.

d) 물론이다! 농담인가? 꼭 먹어야 한다! 아침을 먹지 않으면 제대로 일을 할 수 없다.

우리는 아침을 '먹어야' 한다는 사실을 안다. "아침식사는 하루 중 가장 중요한 끼니다."라는 말을 아주 잘 알고 있다. 그 사실에 이의를 제기하지 않는다.

하지만 세상에, 침대에서 빠져나와 보니 회의 시작까지 10분밖에 남지 않은 경우에는 그 모든 사실이 아무런 도움이 되지 않는다. 혹은 새벽 3시까지 텔레비전을 몰아 보면서 아무 생각 없이 야식을 먹은 탓에 실제로 배가 고프지 않을 수도 있다. 아니면 그냥 '아침식사를 좋아하는 사람'이 아닐 수도 있다.

하지만 이 옛말은 중요한 진실을 담고 있다. 아침식사를 거르면 기분에 심각한 영향을 미친다. 아침을 먹지 않으면 혈당이 떨어져 기운이 빠지고 행그리가 덮칠 수 있다.

경우에 따라서 아침식사를 거른 결과가 한층 더 심각하게 나타나기도 한다. 당뇨병을 앓고 있는 내 내담자들은 아침식사를 거르면 안 된다는 사실을 몸소 체험했다. 당뇨병 환자는 아침식사를 거르면 혈당이 상당히 낮은 상태인 저혈당증을 보이며, 이 경우 불안과 피곤, 떨림 증상이 나타난다.

반면에 아침을 챙겨 먹으면 온갖 이점을 누릴 수 있다. 아침을 먹는 순간 좋은 일이 일어나기 시작한다. 《Journal of Frontiers of Human Neuroscience》에 실린 연구는 아침식사가 글리코겐 회복과 인슐린 수치 안정화에 도움을 준다고 밝혔다.[78] 게다가 아침식사의 긍정적 효과는 하루 종일 지속된다. 한 연구에서는 아침을 먹은 여성은 아침을 거른 여성보다 하루 전체에 걸쳐 더 적게 먹었다고 한다.[79] 다시 말해 아침식사를 한 여성은 하루 시작부터 잘 먹었으므로 나중에 과식하지 않았다.

아침을 먹어야 하는 가장 설득력 있는 이유는 바로 아침식사가 인생을 더 많이 즐기도록 도와준다는 데 있다. 무용가를 대상으로 한 어떤 연구에서는 연구에 참가한 일부 무용가에게는 발레 수업 전에 에너지 바를 먹도록 하고 나머지 무용가에게는 물만 주고 금식하도록 했다.[80] 연구 결과 에너지 바를 먹은 무용가들은 금식한 무용가보다 높은 혈당 수치를 기록했다. 혈당 저하는 행그리로 직결된다는 점에서 이는 중요한 사실이다. 행그리를 피하려면 혈당을 안정적으로 유지해야 한다. 또한 연구진은 에너지 바를 섭취한 무용가들이 물만 마신 무용가보다 수업에 더 즐거워 했다는 사실을 발견했다. 다시 말해 아침을 먹은 무용가는 자기가 하고 있는 일을 더 많이 즐겼다. 이는 아마도 기운이 더 넘치고 집중을 더 잘할 수 있었기 때문일 것이다.

당신은 스튜디오에서 춤을 추지는 않는 대신 살아가는 내내 바삐 돌아다닐 것이다. 때로는 삶이 아주 빠른 속도로 흘러가서 마치 이리저리 빙글빙글 돌고 있다고 느낄 수도 있다. 하지만 삶의 곡조가 어떻든 간에 당신이 아침을 먹었다면 그 안에서 더 많은 즐거움을 누리고 좀 더 집중해서 현실에 충실할 수 있을 것이다.

유럽을 여행할 때 나는 사람마다 다른 아침식사를 먹는다는 사실을 자주 깨달았다. 유럽 사람들은 얇게 썬 고기와 치즈처럼 점심식사로 먹을 법한 음식을 자주 아침식사로 먹는다. 이런 단백질은 하루를 시작하기에 훌륭하다.

나는 내담자들에게 아침식사는 이러저러 '해야 한다'는 선입견을 접고 어떤 음식이 자기에게 맞는지 생각해 보라고 말한다. 당신은 아침에 무엇을 먹고 싶은가? 그리고 언제 먹고 싶은가? 침대에서 빠져나오자마자 아침식사 생각이 나지 않을 수도 있다. 어쩌면 일어나서 하루를 시작하기 전에 책상에 잠시 앉아 있다 보면 식욕이 생길 수도 있다.

아침식사로 무엇을 선택하든, 언제 어디에서 먹든 간에 아침식사를 챙기는 것은 행그리를 관리하는 가장 중요한 요인 중 하나일 것이다. 아침식사는 신체에 중대한 영향을 미칠 뿐만 아니라, 기분과 하루 종일 능력이 제 기능을 하는 데에도 영향을 미친다.

행그리에서 행복으로

아침식사를 신경 써라 아침을 먹었을 때와 먹지 않았을 때 몸이 어떻게 반응하는지를 살펴보라. 아침을 먹었을 때, 걸렀을 때 오전 중 기분은 어떠한가? 하루 내내 기분은 어떠한가?

아침식사를 정의하라 아침식사는 당신에게 어떤 의미인가? 아침식사는 어떤 모습인가? 몇 시에 먹을 것인가? 어떤 장소에서 먹을 것인가? 예를 들어, "오전 10시 이전에 주방 식탁에서 집을 나서기 전에 먹는다."와 같이 구체적으로 목표를 정하라.

아침식사를 방해하는 장애물은 무엇인가? 먼저 아침식사를 방해하는 요소를 평가하라. 아침식사를 하고 싶을 만큼 배가 고프지 않은 '이유'는 해결해야 할 중대한 쟁점이다.

'아침식사 메뉴를 즐기지 않는 사람'이라면 고정관념을 깨라. 아침식사로 꼭 시리얼을 먹어야 할 필요는 없다. 실제로 당신은 무엇을 먹고 싶은가? 어젯밤에 먹고 남은 음식을 조금 먹어도 된다. 수프 한 그릇도 괜찮다. 기운이 날 만한 음식이라면 무엇이든 좋다!

아침에 배가 고프지 않다면 밤늦게 음식을 먹거나 몸이 늦게 깨어나는 경우일 가능성이 높다. 인체는 수면 패턴과 식사로 내부 시계를 맞춘다. 일어났을 때 배가 고프지 않다면 먼저 따뜻한 물이나 차를 마셔라. 이렇게 하면 소화 기관을 깨우는 데 도움이 된다. 가장 먼저 먹는 음식이 몸에 신호를 보낸다. 마치 불을 켜고 신진대사에 시동을 거는 것과 같다. 몸속 모든 체계를 작동시킨다. 너무 늦게까지 깨어 있다면 그것이 해결해야 할 진짜 문제다.

밤 늦게 먹는 습관도 문제다.

시간이 없다면 휴대할 수 있는 음식을 챙겨 보자. 바나나는 손쉽게 가방에 넣을 수 있다. 책상에서 먹을 수 있는 요구르트도 좋다. 삶은 달걀이나 그래놀라, 치즈에 만 저민 가공육, 단백질 바, 땅콩버터와 사과 조각을 넣어서 돌돌 만 아침식사용 토르티야 등 맛있다고 생각하고 휴대하기 편한 음식이면 무엇이든 좋다.

쿠키! 나는 아침식사용 쿠키를 즐겨 만든다. 주재료는 귀리이고, 견과류와 크랜베리 등 넣고 싶거나 집에 있는 아무 재료나 섞어서 만든다. 용기에 넣어 두면 우리 가족이 쉽게 먹거나 가지고 다닐 수 있다. 쿠키 한 개 먹을 시간은 누구나 낼 수 있다!

배고픔 최면술사 #27:
야식

"'나는 열린 냉장고 문 앞에 서서 해답을 찾는다.' 이건 제가 SNS에서 본 문구예요. 정말 심금을 울리는 말이죠. 저도 이렇게 하거든요. 특히 밤에 하죠. 실은 그냥 잠자리에 들어야 할 시간에 냉장고 앞에서 음식을 고르고, 고르고, 또 고르는 저를 발견해요."

저녁식사 후에…

a) 항상 야식을 먹는다.

b) 가끔 저녁에 간식을 먹고 싶다.

c) 저녁식사 후에는 먹지 않으려고 애쓴다.

d) 보통 밤늦은 시간에는 먹지 않는다.

사람들이 야식을 먹는 이유는 다양하다.

때때로 정말 배가 고픈 경우도 있다. 남편이 은퇴한 내담자가 있다. 5시 정각에 퇴근해서 현관문을 들어서는 순간 남편이 저녁식사를 준비해 놓고 기다리고 있다. 저녁을 먹고 나서 부부는 고등학교 운동장을 걷는다. 9시쯤 되면 내담자는 너무 배가 고파서 군것질을 약간 하고 싶다. 그럴 때 배고픔은 채우면서도 몸을 자극해서 밤새 잠 못 이루게 할 수 있는 당이나 카페인이 너무 많지 않은 포만감을 주는 간식을 찾는 것이 비결이다.

야식이 그냥 습관인 내담자들도 있다. 오브리라는 내담자가 그랬다. 오브리는 남편 에릭과 함께 밤에 텔레비전을 즐겨 본다. 하루 종일 일하고 나면 두 사람 모두 지치고, 텔레비전 시청은 부부가 규칙적으로 함께 시간을 보내는 유일한 시간이다. 거의 8시 정각이 되면 에릭은 주방으로 어슬렁거리며 들어가 간식을 꺼내 두 사람이 먹을 양을 접시에 담아 온다. 오브리는 보통 딱히 뭔가가 먹고 싶지도 않다. 하지만 다정하고 배려 깊은 에릭의 마음을 알기에 어쨌든 먹는다. 이 부부가 하루 일과를 마치면 오브리는 과식후회를 느끼며 잠들 때가 많았다. 그리고 어떻게 해야 두 사람이 이 습관에서 벗어날 수 있는지 몰랐다.

아마도 불안감을 느끼는 내담자들이 습관적인 야식으로 가장 크게 애를 먹는 부류일 것이다. 그들은 쉽게 잠들지 못하거나 잠든 상태를 유지하지 못하기 때문에 늦은 시간에 깨어 있는 일이 잦다. 불을 끄자마자 그들의 뇌는 작동한다. 이 세상에서 일어나는 모든 일을 걱정하기 시작한다. 상담하면서 그들의 야식 습관을 자세히 파고들어 보면, 그들은 잠들거나 뇌를 진정시키고자 음식을 찾는다. 그들에게 음식은 불안을 잠재우거나 완화시키는 역할을 한다. 때때로 위가 너무 꽉 차서 오로지 배부름만 느낄 수 있는 상태인 '식곤증'에 빠질 때까지 먹는다.

행그리에서 행복으로

잠자리에 들어라 믿기 어렵겠지만 야식을 먹는 내담자 대다수가 실은 배고프지 않다. 그냥 피곤할 뿐이다. 사실 기진맥진한 상태다. 그러니 밤에 음식을 먹기 전에 "그냥 피곤한 건 아닐까?"라고 스스로 물어 보라. 너무 단순한 소리처럼 들리겠지만 만약 대답이 '그렇다'

라면 곧장 잠자리에 들도록 하라. 잠자리에 들어도 좋다는 허락으로 야식 습관을 고친 내담자가 얼마나 많은지 안다면 다들 놀랄 것이다.

내담자들은 종종 머릿속으로는 저항하면서 "깨어서 빨래를 하거나…청구서를 확인하거나…책을 읽어야 해."라고 말한다. 하지만 자기 몸 상태가 극한에 도달했고 이제 하루 일과를 마쳐도 된다고 인정하면, 먹는 대신 잠자리에 들고, 이로써 그들은 결국 아주 행복해진다. 1(정신이 말똥말똥하다)에서 10(잠들기 직전으로 눈을 거의 뜰 수 없다)까지를 기준으로 봤을 때 얼마나 피곤하지 자기 자신에게 물어보라. 5점 이상이라면 취침을 고려할 만하다.

수면에 도움이 되는 간식을 먹어 보라 잠들기 전에 진짜 배가 고프다면, 빨리 잠들게 도와주는 간식을 먹어 보자. 한 연구에서 참가자들은 스스로 선택한 음식보다 포화지방 함유량이 적고 단백질 함유량이 많은 몸에 좋은 간식을 먹었을 때 더 빨리(평균 17분 만에) 잠들었다.[81] 반면에 스스로 선택한 건강에 그다지 좋지 않은 음식과 음료를 먹은 참가자들은 잠들기까지 평균 29분이 걸렸다. 많은 식품에 수면에 도움이 되는 화합물이 들어 있다. 기분이 좋아지는 신경전달물질인 세로토닌 생성에 기여하는 트립토판, 멜라토닌, 마그네슘, 칼슘 등은 모두 진정 효과가 있고 수면을 돕는다.[82]

타트 체리 두 연구에서 불면증 환자들에게 2주일 동안 하루에 두 번 타트 체리 주스를 237밀리리터씩 마시게 했다. 주스를 마신 밤이 주스를 마시지 않은 밤보다 수면 시간이 1시간 30분 더 길었고 수면의 질도 더 좋았다고 보고했다.[83]

키위 4주간에 걸친 한 연구에서 성인 24명에게 매일 밤 잠들기 1시간 전에 키위를 두 개씩 먹게 했다. 연구를 마쳤을 때 참가자들은 잠자기 전에 아무것도 먹지 않았을 때보다 42퍼센트 더 빨리 잠들었다. 또한 밤새 깨지 않고 자는 참가자가 5퍼센트 늘었고, 총 수면 시간도 13퍼센트 증가했다.[84]

귀리 통곡물 귀리는 대부분 탄수화물로 되어 있어 나른함을 느끼도록 유도한다. 또한 스트레스를 줄이는 비타민 B_6와 천연 수면제 멜라토닌을 함유하고 있다. 밤에 잠자리에 들기 전에 작은 그릇으로 한 그릇 정도 먹어 보라!

트립토판 식품 L-트립토판이라고도 하는 트립토판은 필수 아미노산이다. 트립토판은 천연 기분 조절제 역할을 하며 수면에 도움이 된다! 잠들기가 힘들다면 바나나, 해바라기씨, 피스타치오, 캐슈너트, 아몬드, 두부, 치즈, 붉은 고기, 닭고기, 칠면조고기, 생선, 귀리, 콩, 렌즈콩, 감자, 달걀 등 트리토판이 풍부한 식품을 먹어 보도록 하라.

이는 몇 가지 예에 불과하다. 어떤 식품이 빨리 잠드는 데 도움이 되는지 실험해 보라!

배고픔 최면술사 #28:
언짢음을 뒤집는 식품

"몸에 좋은 음식을 먹으면 기분이 훨씬 좋아진다는 사실을 발견했어요. 갑자기 노래를 부르기 시작하는 것처럼 급격한 감정 변화는 아니에요. 하지만 과식해서 '그거 먹지 말 걸 그랬어' 같은 느낌이 없다는 사실은 아주 잘 알겠어요. 그 느낌이 너무 싫거든요. 딱 알맞게 익은 정말 맛있는 바나나에 아몬드 버터를 바르면 아주 훌륭한 간식이 되죠. 저 자신에게 바람직한 선택을 한 느낌이에요. 그마저도 멋지죠."

몸에 좋은 음식에 관한 한…

a) 몸에 좋은 음식이나 그 맛을 좋아하지 않는다.

b) 어쩌다 한 번은 몸에 좋은 음식이 좋다.

c) 다양한 음식을 먹고, 일부는 몸에 좋고, 일부는 좋지 않다.

d) 먹으면 행복해지는 몸에 좋은 음식이 많다.

가장 최근에 먹고 나서 언짢았던 음식을 잠시 떠올려 보라. 음식 자체가 문제라기보다는 먹고 나서 어떻게 느꼈는지가 문제일 수도 있다. 과식후회를 느꼈거나, 너무 배가 불렀거나, 더부룩했는가? 금방 다시 배가 고파졌거나, 아니면 혈당이 너무 올라갔는가?

우리는 대부분 어떤 음식을 먹으면 기분이 언짢은지 잘 안다. 내담자들은 느끼하거나, 기름지거나, 튀겼거나, 너무 단 음식을 무의식 중에 마구 먹게 되면 기분이 나빠진다고 많이 이야기한다. 한 내담자는 "저는 BBQ 칩을 좋아해요. 하지만 늘 너무 많이 먹어서 거북한 기분이죠."라고 말했다. 그 내담자뿐만이 아니다. 많은 내담자들이 어떤 음식을 생각 없이 먹으면 얼마나 끔찍한 기분을 느끼게 되는지에 초점을 맞춘다.

이제 그 반대 질문에 답해 보라. 최근에 먹고 나서 행복했던 음식은 무엇인가? 개인적으로 나는 망고를 좋아한다. 망고는 비싼데다가 늘 제철인 과일도 아니라서 슈퍼마켓에 갈 때마다 사지는 않는다. 하지만 망고 스무디와 망고향 차처럼 망고가 든 식품을 많이 사고, 기회가 있을 때마다 먹는다. 나에게 망고는 쾌락을 주는 모든 감각을 자극한다. 또한 망고에는 비타민 C가 풍부하므로 내 몸에 바람직한 일을 한다는 생각에 기분이 좋다. 달콤한 맛부터 향긋한 냄새에 이르기까지 완숙 망고보다 내가 더 좋아하는 음식은 많지 않다.

우리 가족이 슈퍼마켓에 가면 아이들은 '행복한 과일'을 사자고 조른다. 나는 아이들이 어떤 과일을 가리키는지 안다. 포장 용기에 활짝 웃는 키위 로고가 찍혀 있다. 하지만 아이들이 키위에 그런 별명을 붙인 이유는 그 명랑한 작은 마스코트 때문이 아니다. 내가 《Journal of Nutritional Science》에 실린 키위에 관한 흥미로운 연구를 아이들에게 이야기했기 때문이다.[85] 연구진은 18세에서 35세까지 남학생 139명을 모집해 키위 섭취가 기분에 미치는 영향을 조사했다. 참가자들에게 기분에 관한 일련의 테스트를 한 결과 비타민 C 수치가 우울과 혼란, 분노와 반비례 관계를 나타낸다는 사실을 발견했다. 다시 말해 과일을 가장 많이 먹은 사람이 기분 문제가 가장 적었다.

같은 저자가 실시한 이전 연구에서 남성에게 하루에 키위 두 개만 먹게 해도 기분이 좋아졌다. 매일 키위를 먹은 남성은 피로 감소, 기력 증가, 우울증 감소가 나타났다. 이는 식품이 기분에 커다란 영향을 미칠 수 있다는 유력한 증거다.

행그리 관리 프로그램에서 나는 내담자들에게 어떤 식품을 먹었을 때 불쾌한지에서 벗어나, 어떤 음식을 먹었을 때 기분이 좋은지, 어떤 음식이 기분에 긍정적인 영향을 미치는지를 알아보도록 요청한다. 처음에 내담자들은 몸에 좋은 음식이 기분에 그다지 큰 영향을 미치지 않는다고 생각한다. "사과를 먹을 때 아무런 기분도 들지 않아요." 하지만 주의를 기울이기 시작하면 이와 같이 아무런 기분도 들지 않는 것을 긍정적으로 보기 시작한다.

발목을 삐었을 때와 비슷하다. 평소에는 아무런 통증 없이 걸어 다니는 것이 얼마나 멋진 일인지 인식하지 못한다. 하지만 큰 부상을 당하고 나면 통증이 없다는 것이 곧 기쁨이 된다. 음식이 어떻게 편안하고, 만족스럽고, 즐거운 기분을 느끼게 해주는지에 주의를 기울이기 시작할 때도 마찬가지다. 그들은 부정적 요소에 가려지기 쉬운 긍정적 요소에 주의를 기울이기 시작한다.

《Frontiers in Psychology》에 실린 한 연구는 구체적으로 어떤 음식이 기분을 좋게 하는지 살펴봤다.[86] 미국과 뉴질랜드에서 성인을 대상으로 생과일과 채소, 가공한 과일과 채소가 우울 증상, 불안, 부정적인 기분, 긍정적인 기분, 생활 만족도, 번영에 어떤 영향을 미치는지 살펴봤다. 과일과 채소 섭취가 기분을 좋게 하는 데 도움이 될까? 이 연구와 내 내담자들의 수많은 체험에 따르면 대답은 '그렇다!'이다.

행그리에서 행복으로

몸에 좋은 음식으로 좀 더 활기찬 기분을 느끼고 싶은가? 내가 개발한 행그리에서 행복으로 도전 프로그램은 10일 동안 진행되는 데, 위 연구에서 정신 건강에 가장 효과가 좋다고 한 생식품 열 가지를 식단에 포함한다. 이 식품들은 요리할 필요 없이 그냥 먹기만 하면 된다는 커다란 장점이 있다! 나는 이 생식품들로 맛있는 간식을 만드는 방법을 몇 가지 추천한다. 하지만 각자 자신에게 맞는 방법으로 먹으면 된다.

10일 간의 행그리에서 행복으로 도전 매일 아침 기분을 1점에서 10점까지로 평가한다. 그리고 아래에 열거한 음식 중 하나를 먹는다. 하루를 마무리할 때 기분을 다시 평가한다.

당근 드레싱이나 후무스에 찍어 먹거나 아몬드버터나 땅콩버터를 바르고 그 위에 시나몬을 뿌려 먹는다. 그릇 가운데 종지를 놓고 그 주위로 미니 당근을 꽃모양으로 둘러 담는다. 구운 다음 튀겨서 튀김을 만든다. 얇게 썬 다음 구워서 칩을 만든다.

바나나 누텔라나 땅콩버터를 바른다. 시리얼에 넣는다. 아보카도와 함께 으깬다. 갈아서 스무디를 만든다. 얼려서 얼음과자를 만든다. 크래커 사이에 넣는다. 에너지 볼이나 머핀을 만든다.

사과 시나몬이나 그래놀라를 뿌린다. 견과류 버터나 크림치즈를 바른다. 반으로 갈라 샌드위치로 만든다. 사과 소스나 사과 버터를 만든다. 구워서 사과 칩을 만든다. 깍둑썰기해서 요구르트나 코티지치즈, 아이스크림, 토스트에 올린다. 얇게 썰어 오래 숙성한 체더치즈나 스위스치즈와 겹겹이 쌓는다. 캐러멜이나 꿀, 다크 초콜릿을 뿌린다.

암녹색 잎채소 시금치, 케일, 근대 등을 말한다. 샐러드 그릇에 가득 채운다. 수프에 넣거나 샌드위치 속에 넣거나 요리 고명으로 사용한다. 달걀 같은 아침식사 메뉴에 넣는다. 랩 샌드위치 속에 넣는다. 피자 토핑으로 올린다. 파스타에 넣는다. 타코스에 넣거나 구운 감자 위에 올린다. 쌈으로 사용한다. 구워서 칩을 만든다.

자몽 설탕(백설탕 혹은 황설탕)이나 소금을 뿌린다. 굽는다. 갈아서 스무디를 만든다. 짜서 음료에 넣는다. 샐러드에 고명으로 올린다. 바닐라와 꿀, 요구르트를 첨가한다. 자몽 살사를 만든다. 자몽 주스를 만든다. 아이스크림에 올린다.

양상추 샌드위치용 빵 대신 사용한다. 잘게 잘라서 수프에 넣는다. 굽는다. 크래커처럼 위에 올린다. 스프링 롤이나 랩 샌드위치, 타코스 속에 넣는다.

기타 감귤류 과일 오렌지, 귤, 레몬, 라임, 석류 등을 말한다. 물에 넣는다. 샐러드에 뿌린다. 고기와 함께 굽는다. 치즈케이크 같은 디저트 위에 올린다.

신선한 베리류 밤새 불린 귀리에 더한다. 샐러드에 넣는다. 아이스크림과 함께 디저트로 낸다. 갈아서 스무디를 만든다. 살사를 만든다. 얼려서 마시는 물에 넣는다. 머핀에 섞는다. 얼려서 각얼음을 만든다. 과일 스프레드나 잼을 만든다.

오이 샐러드나 타불리*를 만든다. 파스타에 더한다. 피타 빵에 채운다. 크래커처럼 위에 올린다. 살사나 후무스를 찍어 먹는다. 깍둑썰기해서 샐러드를 만든다. 과일과 함께 꼬치에 꿴다. 치즈를 올린다.

키위 갈아서 스무디를 만든다. 샐러드에 더한다. 고명으로 사용한다. 토스트나 크래커에 올린다. 잘게 썰어 파르페에 넣는다. 살사에 사용한다. 시나몬이나 육두구를 뿌린다.

배고픔 최면술사 #29:
더 잘 먹고 더 잘 생각하라

"친구들은 저를 간식의 여왕이라고 불러요. 어디든 간식을 가지고 다니거든요. 간식 없이 집을 나서지 않아요. 너무 배가 고프면 집에 가는 길도 못 찾을 정도로 주의 산만한 또라이가 되거든요. 간식을 끊으려고 오랫동안 노력했어요. 하지만 효과가 없었죠. 지금은 가방에 간식을 넣어 다녀요. 배가 고플 때 피스타치오를

---

* tabouli, 재료를 잘게 썰어 만드는 레반트 지역 고유의 샐러드.

한 봉지 꺼내 먹으면 한결 나아져요. 간식을 들고 다니지 않을 때는 자판기에 의존했죠. 제정신을 차리려고 눈에 띄는 아무 음식이나 먹었어요."

배가 고플 때 나는…

a) 대개 아주 주의가 산만하고 전혀 명료하게 생각할 수 없다.

b) 음식을 생각하느라 하고 있는 일에 지장이 생긴다.

c) 잘 먹을 때보다 집중력이 떨어진다.

d) 집중력에 아무런 문제도 생기지 않는다.

행그리의 증상은 짜증에 그치지 않는다. 많은 경우 명료하게 생각하는 능력 저하가 가장 두드러지게 나타난다.

내 내담자들은 종종 무척 실망해서 머리를 긁적이며 나타난다. "아무것도 제대로 할 수 없었어요. 뭐라도 먹지 않는 한 일해 봐야 아무런 소용이 없을 것 같아서 프로젝트를 중단했어요. 제자리걸음만 하고 있었거든요."

나 역시도 생활하면서 음식과 연관된 집중력의 변화를 경험한다. 나는 하루에 8시간을 꼬박 앉아서 사람들의 말을 열심히 들어야 하고, 반드시 집중할 수 있어야 한다. 잠깐이라도 정신을 팔았다가는 중요한 세부 사항을 놓칠 수 있다. 그래서 꼭 간식을 챙겨야 한다. 매일 출근할 때 가방에 휴대전화 충전기, 열쇠, 해야 할 일 목록,

그리고 가장 중요한 간식을 챙긴다. 해야 할 일을 해내지 못할 때만큼 커다란 좌절을 느끼는 경우는 없다.

더 똑똑하고 일을 잘하게 해 줄 마법 같은 알약이 있었으면 좋겠다고 생각한 적 있는가? 당신 책상 위에 놓인 사과가 그 마법의 알약이 될 수도 있다.

한 연구에서 연구진은 건강한 참가자들에게 초콜릿 바 한 개 분량과 맞먹는 다크 초콜릿(카카오 70퍼센트와 유기농 사탕수수 설탕 함유) 48그램을 먹게 했다. 그런 다음 30분과 60분 후에 뇌파를 측정하는 EEG로 참가자들의 뇌를 스캔했다. 주로 인지, 기억과 관련된 여러 피질 영역에서 감마파가 증가했다.[87] 변화는 식후 30분에 가장 두드러지게 나타났고 60분이 되자 정상으로 돌아왔다. 다시 말해 다크 초콜릿을 먹으면 기억하고 의사 결정을 내리는 데 도움이 된다.

다른 연구에서는 시험을 보기 전에 바나나를 먹은 학생들이 먹지 않은 학생들보다 더 좋은 성적을 거두었다. 이는 아마도 바나나에 뇌와 신경, 심장을 최상의 상태로 유지하는 데 중요한 필수 미네랄인 칼륨(포타슘)이 풍부하기 때문일 것이다. 또한 《Journal of Agricultural and Food Chemistry》에 실린 보고서는 두 달 동안 매일 블루베리 주스를 마신 사람들이 학습과 기억력 테스트에서 유의미하게 성적이 향상되었다고 밝혔다.[88] 그러나 꼭 블루베리 주스여야 할 필요는 없다. 예를 들어, 초등학생을 대상으로 한 연구에서는 신선한 블루베리를 한 컵 반 먹으면, 반응 시간이 향상되고 시험에서 단기 기억이 좋아지는 등 중요한 인지적 이익을 얻을 수 있다고 밝혔다.[89]

명심해야 할 메시지: 주의를 기울여 간식과 음식을 먹을 때 집중력이 증가하고 일은 물론 삶에도 더 능숙해진다.

행그리에서 행복으로

집중력을 높일 해결책이 필요한가? 오늘 얼마나 집중하고 몰두해야 하는지 재빨리 평가하라. 수술을 하거나, 시험을 치거나, 돈을 셀 예정이라서 최상의 컨디션을 유지하고 모든 세부 사항에 주의를 기울여야 하는가? 아니면 토요일이라 텔레비전 앞에서 느긋하게 쉴 예정일 수도 있다. 어떤 것에도 집중할 필요가 없고 집중하고 싶지도 않다! 행그리는 필요한 집중력 수준과 뇌에 공급한 음식 연료 사이에 일치되지 않았을 때 발생한다. 집중할 수 없는 것보다 더 큰 좌절은 없다!

하루에 걸쳐 자신의 집중 수준에 주의를 기울이기 시작하라. 업무, 시간대, 프로젝트에 기울이는 흥미 수준, 집중을 방해하는 요소, 그리고 배고픔 수준에 따라서 집중 수준이 어떻게 변하는지에 주목하라. 지금 현재 당신의 집중 수준은 어느 정도인가?

집중력이 떨어질 무렵 간식을 먹는 전통을 만들어라 외국을 여행하면서 간식에 관한 여러 지식을 배웠다. 프랑스에서는 점심과 저녁 사이에 갖는 간식 시간을 가리키는 구테(goûter)를 알게 되었다. 영국인들은 오후에 티타임을 갖는다. 스페인, 포르투갈, 이탈리아, 슬로베니아, 크로아티아, 라틴 아메리카, 필리핀에서는 메리엔다(merienda, marenda나 merenda로 쓰기도 한다)를 먹는다. 이는 점심과 저녁 사이에 간단하게 먹는 식사다. 세계 어디에서나 간식은 전통이자 관습이다. 이미 정착된 일상생활의 일부다.

자신의 일과를 관찰하고 자신에게 맞는 간식 전통을 만들어 보라. 집중력이 가장 떨어질 때가 언제인가? 아침? 오후? 많은 사람이 오후 3시경에 에너지 수준이 줄어든다고 한다. 하루 중에 집중력 강화가 필요한 때를 찾아서 간식을 먹도록 계획을 세워라. 그리고 간식 시간에 '집중력 연료' 같은 이름을 붙여라.

집중에 도움이 되는 식품 집중력에 관한 한 다른 식품보다 훨씬 더 크게 도움이 되는 음식들이 있다. 아래 목록은 자연스럽게 집중력을 향상하는 식품과 그 식품이 어떻게 도움을 주는지 알려 준다.

초콜릿 다크 초콜릿을 먹거나 코코아를 마셔라! 《Neurology》에 실린 한 연구를 보면 한 달 동안 하루에 코코아를 두 잔씩 마신 사람들은 뇌로 가는 혈류량이 증가했고, 기억력 테스트에서 더 점수가 높았다.[90] 다른 연구에서는 카카오를 70퍼센트 함유한 초콜릿 48그램을 먹은 사람들이 섭취한 지 30분이 지나자 뇌 기능이 향상되었다.[91]

오메가-3 생선, 대두, 호두에 풍부한 몸에 좋은 지방산인 오메가-3 수치가 높은 사람들은, 뇌로 가는 혈류량이 많고 인지·사고 능력이 더 좋다.

베리류 베리류(딸기, 블랙베리, 블루베리, 블랙커런트 등)의 이점을 살펴본 연구에서 베리류가 뇌에 대단히 이롭다는 사실이 밝혀졌다. 특히 베리류는 뇌세포 사이에 의사소통을 향상한다. 또한 손쉽게 집어 먹을 수 있는 훌륭한 '연료 공급' 식품이기도 하다.[92]

비타민 E가 풍부한 식품 해바라기씨, 아몬드, 헤이즐넛, 망고, 아보카도, 땅콩호박, 시금치, 키위, 브로콜리, 토마토 또한 사고력 향상에 도움이 된다. 비타민 E는 스트레스와 노화로부터 세포를 보호하는 항산화 특성을 지니고 있다.

비트와 비트 주스 비트는 뇌로 가는 혈류량을 늘려서 집중할 수 있도록 돕는다. 한 연구에서 건강한 성인 40명이 90분 동안 위약 혹은 비트 주스 450밀리리터를 마신 다음에 일련의 시험을 봤다. 결과는 어땠을까? 단순 뺄셈을 비롯한 여러 시험에서 비트 주스를 마신 참가자의 인지 능력이 향상했다. 이 결과는 비트 주스를

단 한 번만 마시더라도 사고력 향상에 도움을 준다는 사실을 증명한다.[93]

천연 아질산염을 함유한 식품 셀러리와 양배추, 시금치를 비롯한 잎채소에 풍부한 아질산은 혈관을 확장하는 효과가 있다. 또한 최근 연구에서는 아질산염이 뇌로 가는 혈류를 증가시켜 뇌 기능을 향상한다는 결과가 나왔다.[94, 95]

비타민 K가 풍부한 식품 비타민 K가 풍부한 식품으로는 케일, 풋콩, 피클, 브로콜리, 아스파라거스, 호박씨, 잣, 블루베리가 있다. 이런 식품은 시각 기억과 언어 유창성을 높이는 데 도움이 된다. 다시 말해 비타민 K는 우리가 본 것을 기억하고 쉬고 명확하게 발하도록 돕는다.[96]

녹차 녹차는 기억과 주의력 향상에 뛰어난 효과가 있다.[97] 집중력을 높여야 할 때 마셔 보라!

배고픔 최면술사 #30:
하루 종일 에너지를 주는 식품

"오후 3시가 되면 저는 키보드에 머리를 대고 금방 잠들 것만 같아요. 속으로 '이런, 잠을 깨야 해. 이러다가는 하루를 버티지 못할 거야'라고 생각하죠. 하지만 정오가 지나면 커피를 마실 수 없어요. 그랬다가는 밤에 잠을 못 자거든요. 그러다 보니 초콜릿 바가 5시까지 버틸 힘을 주는 훌륭한 선택이죠."

기력이 떨어진다고 느낄 때 나는…

a) 기운을 북돋우려고 달콤한 간식을 먹는다.

b) 연료를 보충하고자 주변에 있는 아무 음식이나 먹는다.

c) 때때로 기운을 북돋우려고 몸에 좋은 식품을 먹는다.

d) 대체로 에너지 수준을 높여주는 간식을 먹는다.

우리는 나를 괴롭히는 악독한 사람들부터 바쁘게 돌아가는 일정과 끊임없이 울리는 휴대전화에 이르기까지 에너지를 빨아먹는 뱀파이어가 가득한 세상에 살고 있다. 거의 모두가 어느 순간에는 기진맥진해진다.

나는 개인적으로 인간과 관련된 상호작용이 없는 작업을 할 때 대부분 금방 기력이 달린다. 서류 작성, 청구서, 보험 서류, 서류 정리 같은 작업이 그렇다.

당신이 에너지를 가장 많이 소모하는 일은 무엇인가? 정확히 무엇이 당신의 에너지 수준을 끌어내리는지 구체적으로 파악하는 것이 중요하다. 그때가 바로 행그리가 덮칠 수 있는 때다.

어떤 이유로든 하루를 힘겹게 끝낸 사람들은 내가 '녹초' 식사라고 부르는 행위에 의지한다. 기본적으로는 옳은 생각이다. 사람들은 기운이 달릴 때 음식을 먹으면 에너지가 채워진다는 사실을 알고 있다. 하지만 선택하는 식품에 따라 기분이 좋아질 수도 있고, 한층 더 바닥으로 내려가 행그리를 느끼게 될 수도 있다.

행그리 관리 프로그램을 진행할 때 나는 사람들이 무엇을 간식으로 먹고 그 간식이 어떻게 작용하는지 곰곰이 생각해 보라고 조언한다. 먼저 나는 내담자들에게 간식을 먹는 '이유'에 주의를 기울이라고 말한다. 더 많은 에너지를 얻기 위한 것인가? 피곤하다는 사실을 잊기 위한 것인가? 따분한 하루를 보내는 와중에 조금이나마 즐거움을 찾기 위한 것인가?

식품이 에너지 수준과 어떤 관련이 있는지 가장 많이 생각하는 내담자들은 단체 스포츠를 하는 청소년이나, 스포츠에 많은 시간을 투자하는 성인들이다. 일주일에 두 번 테니스를 치는 45세 엄마인 코리가 적절한 예다. 코리는 자신이 음식에 대해 이야기하고 음식을 고르는 방식이 다른 엄마들과 무척 다르다는 점을 안다. "저는 날씬해지려고 다이어트를 하거나 굶는 데는 관심이 없어요. 저는 테니스 경기를 정말 진지하게 생각해요. 테니스 경기는 경쟁심을 통제하는 데 도움이 되는 유일한 수단이에요. 고단백 식품과 경기력 향상에 도움이 되는 식품을 검색해요. 정말로 이기고 싶거든요!"라고 말했다.

스포츠와 육체 활동에 몸담고 있는 사람들은 음식이 곧 연료라고 이해한다. 이는 대개 그들이 먹은 음식과 성과 사이에서 아주 직접적인 상관관계를 볼 수 있기 때문이다. 잘 먹었을 때 똑같은 거리를 훨씬 빨리 뛸 수 있다. 그들은 다른 사람들은 일상에서 잘 볼 수 없는 정말로 눈에 보이는 결과를 얻는다. 그리고 그 결과는 설득력이 있다. 내가 서류 작업을 하는 데 얼마나 오랜 시간이 걸리는지 타이머로 재 보지는 않는다. 하지만 '내가 잘 먹고 집중한다면' 환자를 진료한 뒤 한 시간 안에 진료 기록을 작성하고 컴퓨터를 끈 뒤 진료실 문을 나설 수 있다는 사실을 알게 되었다. 그렇지 않은 경우에는 산만해지기 쉬워서 다음날이 되어서야 서류 작업을 마무리한다.

다행히도 기력과 지구력 유지에 도움이 되는 식품은 아주 많다. 예를 들어, 최근 한 연구에서는 75킬로미터 사이클링 대회에 앞서 바나나를 먹으면 탄수화물 음료를 마셨을 때만큼이나 지구력 향상에 효과가 있다고 밝혔다.[98]

또한 한 소규모 실험에서 다크 초콜릿 바(밀크 초콜릿 바는 효과가 없다)를 먹은 참가자들은 섭취 후 두 시간 동안 대비 감도와 시력에서 유의미한 향상을 보였다. 그뿐만 아니라 다크 초콜릿은 더 포만감을 느끼는 데 도움이 되었다.[99]

여기에 행그리를 행복으로 바꿀 기회가 있다.

행그리에서 행복으로

자신의 에너지 수요에 관심을 가져라 행그리를 예방하려면 먼저 에너지가 얼마나 필요한지 파악해야 한다. 행그리는 소비한 에너지와 기력과, 먹은 음식이 일치하지 않았을 때 발생한다. 섭취한 에너지보다 소비한 에너지가 많을 때 기운이 떨어지고 투덜거리게 된다. 그러니 아침에 일어나자마자 간단한 평가를 해 보자. 오늘 하루 필요한 에너지는 얼마나 되는가? 온종일 정원에서 일하면서 많이 움직일 예정인가? 아니면 8시간 동안 책상에 앉아 있을 계획인가? 에너지가 많이 필요한 날에 행그리를 일으키지 않고 행복하려면 연료가 더 많이 필요하다!

간식을 만들어라 간식은 행그리를 예방하는 가장 좋은 방법 중 하나다. 하지만 내 내담자들은 간식을 먹지 않고 행그리에 기습 공격을 받았다. 이미 배가 고픈 상태에서 무슨 간식을 먹을지 심사숙고하지 않아도 되도록, 미리 간식을 준비하면 도움이 된다. 우리가 얼마나 자주 얼마나 편안하게 메뉴를 들추어 보는지 생각해 보라. 그리고 자기만의 메뉴를 만들어라! 간식 메뉴를 책상 근처나 냉장고에 붙여 놓거나 칠판에 써 놓아라. 짠맛과 단맛, 감칠맛까지 보편적인 간식 욕구를 채울 수 있는 메뉴를 최소 세 가지 정도 기록하라. 간식이 필요할 때 너무 열심히 생각할 필요 없이 미리 정해 놓은 메뉴에서 고르기만 하면 된다. 이런 간식과 간식을 만드는 데 필요한 재료를 꼭 비축해 두도록 하라.

기력을 북돋우는 음식을 먹어라 기력을 북돋우는 간식은 몸에 필요한 연료를 공급하고, 그런 연료는 땅콩버터를 바른 사과 조각, 향신료나 치즈를 뿌린 팝콘, 치즈 케밥, 매콤한 병아리콩, 아몬드, 삶은 달걀, 에너지 바, 호박씨, 다크 초콜릿 등 다양한 형태가 될 수 있다. 사과에는 항산화물질이 풍부하며, 항산화물질은 탄수화물 소화를 늦춘다는 연구 결과가 있다. 따라서 에너지가 오랜 기간에 걸쳐 서서히 흘러나오게 된다. 바나나는 체내 에너지 수준을 향상하는 탄수화물과 칼륨(포타슘), 비타민 B6의 훌륭한 공급원이므로 에너지 보충에 아주 좋다. 또한 요구르트는 에너지로 바로 사용할 수 있는 당분을 함유하고 있다.

기억하라. 이 제안들은 그냥 의견일 뿐이다. 사람들은 저마다 다르고 당신에게 필요한 음식은 다른 사람들에게 필요한 음식과 다를 수 있다.

당신은 '당신'에게 지속적으로 에너지를 주는 음식을 찾아야 한다. 무엇이 되었든 간에 당신이 먹는 간식이 당신의 하루를 활기 차게 만들 수 있는지가 가장 중요하다.

맞춤 트레일 믹스를 만들어라 직접 혼합해서 트레일 믹스를 만든다면 가장 바람직할 것이다. 기분 전환에 도움이 되고 행그리 수준을 낮추는 영양소를 많이 담고 있다면 어떤 음식을 넣어도 좋다. 초콜릿이나 요구르트 볼, 바나나, 살구, 체리 같은 말린 과일, 크랜베리, 구기자, 호박씨, 해바라기씨, 엠앤엠즈, 땅콩버터 칩, 팝콘, 견과류, 코코넛 플레이크, 커피나 에스프레소 초콜릿, 귀리, 그래놀라, 시리얼, 참깨 스틱 등 자신에게 좋을 것 같은 조합을 선택하라. 선택한 조합에 케이준 양념이나 바다 소금, 시나몬으로 맛을 더하라. 그렇게 만든 트레일 믹스를 봉투에 넣어서 에너지를 보충해야 할 때를 대비해 가지고 다녀라.

비상 행그리 간식 키트를 챙겨라 이는 가장 먼저 손에 닿는 음식을 집어 들지 않도록 예방하는 방법으로, 최고의 비결 중 하나다. 일회용 밴드나 비상금처럼 가방에 챙겨 다니는 다른 비상용품과 마찬가지라고 생각하라. 필요할 때까지 가방 안에서 신선함을 유지할 수 있는 식품을 골라라.

배고픔 최면술사 #31:
균형 잡기

"감당이 안 된다고 느낄 때마다 베이글, 달콤한 시리얼, 쿠키처럼 고도로 정제된 탄수화물과 위로 음식만 간절히 먹고 싶어요. 하지만 그런 음식을 먹으면 졸

리죠. 그래서 음식을 먹을 때마다 균형을 추구하기 시작했어요. 예를 들어, 빵을 한 조각 먹는다면 그 위에 치즈를 올렸죠. 위로 음식에 완전히 빠져 들지 않도록 주의하면 기분이 나아져요."

음식 섭취에 관한 한 나는…

a) 탄수화물을 간절히 원한다.

b) 탄수화물을 무척 좋아하지만 다른 식품도 먹는다.

c) 비교적 여러 종류의 식품을 먹는다.

d) 의도적으로 다양한 식품을 먹는다.

내 내담자들은 특히 스트레스를 받았을 때나 행그리를 느낄 때 도넛, 머핀, 파스타, 치즈 마카로니, 케이크, 쿠키처럼 탄수화물이 풍부한 위로 음식을 간절하게 원한다고 자주 이야기한다. 이는 자연스러운 일이다. 탄수화물은 뇌에서 기분이 좋아지게 하는 화학물질인 도파민과 세로토닌을 빠르게 분비하도록 자극한다.

오랜 시간에 걸쳐 우리가 먹는 음식에 불균형이 발생할 때 행그리로 이어질 수 있다. 탄수화물이든 기름진 패스트푸드이든 간에 특정한 한 가지 유형의 음식을 과도하게 섭취하거나 갈망한다면 잠시 중단할 필요가 있다. 사실 지금 당장 잠시 쉬면서 어떤 종류의 불균형이 자신 행그리 수준에 어떤 영향을 미치고 있는지 생각해 봐야 한다. 다른 음식보다 특별히 많이 먹는 음식이 있는가?

내담자들은 동네 타이 음식점에서 매콤한 새우 애피타이저를 발견하고 정말 기뻐했던 때처럼 음식을 먹으며 좋았던 이야기를 들려준다. 또한 페퍼로니 피자 한 판을 나누어 먹지 않고 혼자서 다 먹었을 때 느꼈던 죄책감처럼 나빴던 때도 이야기한다. 하지만 그들은 감정적 반응을 이야기하는 데 그치지 않는다. 서로 다른 음식들이 배고픔 수준에 어떤 영향을 미쳤는지도 이야기한다. 어떤 음식은 아무리 걸신들린 듯이 먹어도 배고픔이 가시지 않는다. 반면에 어떤 음식은 먹으면 오후 내내 포만감을 느낀다.

어떤 음식을 먹을 때 행그리로 이어지는지 자세히 들여다보면, 음식을 불균형하게 선택할 때 가장 불만족스러워 한다.

샌디는 혼자서 아이를 키우는 47세 여성으로 공립학교 교사다. 호르몬이 왕성한 중학생들을 가르치는 일이라 스트레스가 심했다. 게다가 온종일 서 있어야 하고 혼자서 보낼 수 있는 시간이 거의 없다. 화장실을 갈 시간도 빠듯했고 수업 사이 쉬는 시간 몇 분 동안 간식이나 점심식사를 먹어야 했다.

샌디는 행그리 관리 프로그램을 시작하면서 자신이 온종일 먹는 음식이 프레첼, 쿠키, 머핀처럼 짧은 시간에 쉽게 먹을 수 있는 고탄수화물 식품 일색이라는 점을 깨달았다. "며칠 동안 탄수화물만 먹었어요. 매일 나 자신을 탄수화물 혼수상태에 빠뜨린 셈이죠."라고 말했다.

샌디의 경우 집에서 늘 먹던 베이글이 떨어졌던 어느 날, 모든 퍼즐 조각이 딱 맞아떨어지기 시작했다. 평소에 샌디가 먹던 베이글은 거대했던 터라, 그 베이글을 먹으면 정신없이 바쁜 아침 내내 포만감을 유지할 것이라고 생각했다. 하지만 베이글이 떨어졌을 때 냉장고에서 달걀을 몇 개 꺼내 스크램블을 한 다음 위에 치즈를 얹었다. 거대한 베이글에 비하면 그리 많아 보이지 않았지만 온종일 훨씬 배가 덜 고팠다.

샌디는 서로 다른 음식들이 기분에 어떤 영향을 미치는지에 주목하기 시작했다. 그러던 어느 날 행그리 관리 프로그램을 시작한 이후 뭔가를 바꾸어 보기로 결심했다. 하루는 봉투에 아몬드를 가득 채워 학교에 가져갔다.

샌디는 "아몬드를 먹었을 때 저는 행그리 수준에서 커다란 차이를 느꼈어요. 학생들도 그 차이를 느꼈죠. 수업이 끝날 때까지도 짜증을 내지 않았고 높고 엄격한 교사 목소리로 말했죠. 아몬드는 머핀이 감히 범접할 수도 없던 방식으로 배고픔을 놀랍게 제압했어요."라고 말했다. (아몬드는 포만감을 더 많이 느끼게 하므로 이는 놀랄 일이 아니다.)[100]

샌디를 비롯한 많은 내담자가 찾아낸 비결은 탄수화물만 먹는 일방통행 통로에 갇혀 있지 않도록 주의하는 일이다. 그 식습관을 고치기 위해 샌디는 자신이 좋아하는 탄수화물을 끊지는 않았다. 그 대신에 달걀, 아몬드, 치즈처럼 단백질이 풍부한 식품을 더했다.

샌디의 전략은 과학적 근거가 충분하다. 수많은 연구가 단백질과 포만감 사이의 연결 관계를 증명했고, 이는 정확히 샌디가 원했던 바이기 때문이다!

한 연구에서 연구진은 참가자들에게 서로 다른 요구르트를 오후 간식으로 먹게 했다. 두 간식은 비슷했지만 참가자 중 한 집단은 고단백 요구르트를 먹었고 나머지 집단은 저단백 요구르트를 먹었다. 결과는 어땠을까? 고단백 요구르트를 먹은 참가자들은 그만큼 단백질을 섭취하지 않은 집단보다 배고픔을 덜 느꼈고 나중에 더 적게 먹었다.[101]

다른 연구에서는 아침으로 베이글 대신 달걀을 먹으면 포만감을 높이고 이후 36시간 동안 더 적은 열량을 섭취하게 된다는 결과를 얻었다.[102] 또 다른 연구에서는 단백질이 풍부한 달걀과 살코기로 구성한 아침식사를 먹으면, 포만감이 증가해 그날 하루 내내 신중하게 음식을 고르게 된다는 사실을 발견했다.[103]

이번 비결에서는 탄수화물 불균형을 언급했다. 스트레스성 식사를 하는 내담자들이 가장 많이 갈망하는 영양소가 탄수화물이기 때문이다. 또한 내담자들은 탄수화물과 다른 식품이 균형을 이룰 때 기분과 만족도 수준에 얼마나 큰 도움이 되는지도 이야기한다.

하지만 탄수화물이 문제를 일으키는 유일한 원인은 아니다. 어떤 식품이든 과식할 수 있다.

행그리에서 행복으로

균형 확인 잠시 동안 자신이 선택하는 식품이 어떤 식으로든 균형에서 벗어나지 않는지 생각해 보라. 스트레스를 받았을 때나 행그리를 느낄 때 탄수화물, 당분, 과일, 패스트푸드 등 어떤 한 유형의 식품을 다른 음식보다 많이 찾는가? 만약 그렇다면 이런 식품에 과도하게 의존하는 식생활이 기분에 어떤 영향을 미치는가? 피곤하다고 느끼는가? 죄책감을 느끼는가? 지루한가? 그 밖에 어떤 감정을 느끼는가?

행그리 균형 도전 과제 좋은 기분을 유지하기 위해 음식을 먹을 때마다 의도해서 균형을 맞추도록 하라. 초콜릿에는 과일을 곁들여라. 혹은 토르티야에 고기를 얹어서 말아라. 크래커에 치즈를 올려라. 달콤한 간식을 주로 먹는다면 감칠맛이 나는 식품과 짝을 지어라. 대비되는 식품을 추가하면 기분을 유지하는 데 필요한 영양소를 모두 얻을 수 있다. 패스트푸드를 먹는다면 집에서 만든 음식을 더해 균형을 맞추어라.

탄수화물을 갈망하는 사람이라면 그래도 괜찮다는 사실을 기억하라! 단백질을 좀 더 추가해서 행그리 수준을 관리하는 실험을 해 보라. 위에서 언급했듯이 사람들은 단백질을 충분히 섭취할 때 포만감을 더 많이 느끼고 따라서 더 행복하다고 느낀다. 그러니 매끼니마다 단백질을 함유한 식품을 넣어라. 바람직한 식품을 몇 가지 소개한다.

- 닭고기
- 칠면조 고기
- 쇠고기
- 생선
- 달걀
- 우유
- 치즈
- 요구르트
- 귀리
- 대두
- 병아리콩
- 렌즈콩
- 브로콜리
- 시금치
- 방울양배추
- 아몬드
- 땅콩

단백질을 먹은 뒤에 1점에서 10점까지를 기준으로 얼마나 배가 고픈지 기록하라.

그런 다음 단백질을 먹은 뒤에 배가 고파질 때까지 얼마나 걸리는지 주시하라. 3분? 30분? 3시간?

그리고 "균형 잡힌 음식을 먹었을 때 나는 행그리를 느끼는가, 행복한가?"라고 계속 자문하라.

배고픔 최면술사 #32:
물을 많이 마셔라!

"예전에는 두통이 심하고 기운이 없었어요. 그래서 꽤나 투덜거리고 배가 고프면 짜증을 냈죠. 크게 도움을 받은 방법이 두 가지 있어요. 요즘은 어디든 물병을 가지고 다녀요. 그리고 수분이 풍부한 음식을 많이 먹죠. 수박을 제일 좋아해요. 92퍼센트가 수분이죠."

물에 관한 한 나는…

a) 충분히 마시지 않는다.

b) 물을 싫어한다. 밍밍하고 무미건조하다.

c) 식사할 때 물이 나오면 마신다.

d) 물을 마시려고 적극적으로 노력한다. 물병을 가지고 다닌다.

잠시 음식점에 있다고 상상해 보자.

웨이터가 "물을 드릴까요?"라고 묻는다.

당신은 달라고 하는가, 필요 없다고 하는가?

달라고 한다면 실제로 마시는가?

어느 음식점을 가든 아주 흔히 볼 수 있는 광경이다. 식당에서는 물이 공짜이고 언제나 마실 수 있으며 일상적으로 권하거나 식사를 시작할 때 준다는 사실을 당연하게 여긴다.

하지만 다른 나라에서는 그렇지 않다.

한 내담자가 최근에 시칠리아에 다녀오면서 이 사실을 깨달았다고 했다. 시칠리아에서는 식사와 함께 나오는 물 한 잔이 공짜가 아니다. 다른 여러 국가에서도 물은 공짜가 아니다. 내담자는 식사할 때마다 물을 구입해야 했고 '생수'와 '탄산수' 중 무엇을 마실지 결정해야 했다. 물에 요금을 부과하는 이유는 물 관련 비용이 더 비싸다거나 여과 과정이 필요하다거나 단순히 서비스 요금으로 책정하는 경우 등 다양하다.

그는 시칠리아로 여행을 다녀오면서 물에 관한 사고방식에 전환이 일어났다. 식당에서 물 값을 지불해야 했을 때 갑자기 물이 식사에서 담당하는 역할을 의식하게 되었다. 그는 물을 꼭 마시고 싶었다. 자신이 얼마나 목이 마른지 생각했다. 물을 마시지 않았을 때 어떤 기분인지 알아차리게 되었다. 식전에 마시는 물 한 잔이 얼마나 상쾌한지도 깨달았다.

식당에서는 으레 식사와 함께 물을 주지만 집에서도 그렇게 하는 사람은 소수에 불과하다. 다행히도 물은 행그리를 관리하는 최고의 도구 중 하나다.

한 연구에서는 이 사실을 여러 차례에 걸쳐 증명했다. 예를 들어, 버밍엄 대학교 연구진은 매 식사 전에 물을 큰 컵으로 한 잔에 해당하는 500밀리리터 정도를 마시면 식욕 조절에 도움이 된다는 결과를 얻었다.[104] 이 연구에서는 성인 84명이 12주에 걸친 프로그램에 참가했다. 참가자는 모두 식단과 신체 활동 개선에 대한 조언을 받았다.

그런 다음 참가자를 두 집단으로 나누었다. 첫 번째 집단은 12주 동안 매일 하루 세 차례 식사하기 30분 전에 물을 500밀리리터 마시라는 지시를 받았다. 대조군인 두 번째 집단은 매 식사 전에 물은 전혀 마시지 않고 배가 부르다고 상상하라는 지시를 받았다. 이는 참가자들이 관여를 받고 있다고 생각하도록 하는 조치였다.

결과는 어땠을까?

물을 '미리 마시라'는 지시를 받은 집단은 체중이 평균 1.3킬로그램 빠진 반면, 대조군은 체중이 0.8킬로그램밖에 빠지지 않았다.

요컨대, 식욕을 조절하고 좀 더 먹는 데 주의를 기울이고 싶다면 물 한 잔이 핵심이다.

행그리에서 행복으로

나는 내담자들이 물을 많이 마실 수 있도록 돕고자 매일 마시는 물의 양을 늘려 나가라고 자주 이야기한다. 이는 배고픔을 억제하기 위해 실천할 수 있는 가장 쉬운 변화 중 하나다.

수분 보충 식품 도전 수박, 딸기, 멜론, 복숭아, 오렌지, 무지방 우유, 오이, 양상추, 주키니, 포도, 셀러리, 요구르트, 토마토, 피망, 자몽, 코코넛 워터 등 수분을 보충하는 음식을 매일 최소 한 가지씩 추가하라. 얼린 포도는 내가 제일 좋아하는 수분 보충 음식 중 하나다! 실험을 한다는 생각으로 이런 식품을 추가로 먹었을 때 기분과 식욕에 어떤 영향을 미치는지에 주목하라.

식사할 때 물을 마셔라 식사 시간 전에 물을 마셔라. 식사하기 몇 분 전에 얼마나 많이 마셔야 할까? 연구에 따르면 식사하기 30분 전에 물을 568밀리리터 마시면 마음챙김 식사를 하는 데 이상적이라고 한다. 식전에 물을 마시지 않은 사람들과 비교할 때 식전에 물을 마신 사람들은 포만감과 만족감이 증가하고 식후 배고픔이 감소했다.[105] 그러니 주방 식탁이 레스토랑이라고 생각하고 식사가 준비되기 전에 잠시 시간을 갖고 물을 마셔라. 연구에 따르면 식사 직전에 물을 두 잔 마신 사람들은 물을 전혀 마시지 않은 사람들보다 22

퍼센트 적게 먹는다고 한다.[106] 하지만 기억하라. 행그리 관리의 핵심은 적게 먹는 것이 아니라 주의를 기울이는 것이다.

수프부터 먹어라 수프는 수분 함량이 높으므로 식사할 때 수프부터 먹으면 식욕을 조절하는 데 도움이 된다. 연구자들은 식사를 시작할 때 수프를 한 그릇 먹으면 배고픔을 줄이고 해당 끼니에 섭취하는 총 열량을 100칼로리 정도 줄인다고 보고했다.[107]

구체적인 목표를 세워라 평소에 물을 얼마나 마시는지 관찰하고 그 기준치를 파악하라. 그런 다음에 하루 섭취량을 한 번에 반 컵씩 혹은 자신이 감당할 수 있는 양만큼 늘려라. 목표를 알면 당신이 겨냥하는 바를 달성하는 데 도움이 된다. 잘 잊는다면 물을 마실 시간을 알려주는 앱도 있으니 활용해 보자. 당장 가라. 물을 한 잔 가져와서 마셔라!

기한을 설정하고 알람을 맞추어라 물을 마시라고 알려주는 알람을 설정하라! 아니면 "오전 10시까지 물을 한 잔 마신다."처럼 기한을 설정하라.

찬물을 가까이 두어라 물을 물병에 채워서 당장 마실 수 있도록 냉장고에 넣어 두라. 맹물을 좋아하지 않는다면 얇게 썬 라임이나 레몬을 넣어 풍미를 더하라.

이미 하고 있는 일과와 연결하라 새로운 행동이나 일과를 기억하기 어려울 때는 이미 자리 잡은 일과와 연계하면 도움이 된다. 예를 들어, 당신은 아마도 별다른 생각이나 노력을 하지 않아도 하루에 두 번 이를 닦을 것이다. 그러니 이를 닦은 후에 물을 한 잔 마셔라. 쉽다!

배고픔 최면술사 #33: 기분을 북돋우는 비타민 D

"저는 피로감과 우울감으로 많이 고생했고 감정적 식사로 이에 대처했어요. 평범한 일상 스트레스 외에 내 삶에 아무런 문제가 없을 때 이런 기분을 느끼면 죄책감과 자책감이 많이 들죠. 의사가 우울감이 어쩌면 내 식습관과 관련이 있을지도 모른다고 지적했을 때 충격을 받았어요. 비타민 D 수치가 정상 수준에 크게 못 미치더라고요. 비타민 D 수치를 정상 수준으로 되돌리자 기분과 식습관에 놀라운 변화가 일어났어요. 스트레스성 음식 섭취에 제동을 거는 데 도움이 되었죠."

비타민 D에 관한 한 나는…

a) 조금이라도 섭취하고 있는지 모르겠다.

b) 기름진 생선이나 유제품, 달걀을 많이 먹지 않아서 비타민 D를 많이 섭취하고 있을지 의심스럽다. 게다가 비타민 D를

합성하는 주요 방법인 야외 활동도 많이 하지 않는다.

c) 다양한 식품을 먹고 야외에서 운동을 하려고 노력하므로 비타민 D가 충분한 것 같다.

d) 비타민 D가 풍부한 식품을 자주 먹고 비타민 D 수치 검사를 받은 적이 있다.

과식, 특히 감정적 식사로 괴로워 하고 있었던 멜라니를 상담하기 시작할 때 병원에 가서 혈액 검사를 받아 보라고 권했다. 호르몬과 비타민, 미네랄 수치는 모두 기분과 배고픔 수준에 영향을 미친다. 그리고 멜라니는 자신의 비타민 D 수치가 매우 낮다는 사실을 알고 무척 놀랐다.

우울증, 뼈 문제, 기진맥진, 근육 피로, 체중 증가, 기분 문제 등 비타민 D 부족을 알리는 징후는 하나같이 우리가 무시하거나 그 원인을 다른 곳에서 찾기 쉬운 증상들이다. 기분이 나쁘거나 피곤한 원인으로 비타민 결핍 외에 다른 이유를 대기 쉽다. 게다가 검사를 받지 않는 한 비타민 D 수치를 확인할 수 없으므로 이를 추적하기는 어렵다.

행그리와 과식후회에 시달리는 내담자들이 알고 보니 비타민 D 수치가 낮았던 사례는 수없이 많다. 게다가 그들은 드문 경우가 아니다. 전 세계 인구 중 비타민 D가 부족한 비율은 거의 네 명 중 세

명꼴에 달한다.[108]

비타민 D와 행그리 감소는 무슨 상관이 있을까? 아주 많은 상관이 있다! 수많은 연구에서 과체중인 사람은 비타민 D가 부족하다는 사실을 증명했다.[109] 과연 왜 그럴까? 한 이론은 비타민 D가 뇌에서 세로토닌을 분비하도록 돕고 세로토닌은 행복감을 높인다고 말한다. 과학자들은 비타민 D가 부족한 사람들이 비타민 D 수치가 정상인 사람들보다 우울증에 거릴 확률이 높다는 것을 발견했다.[110] 게다가 우울할 때면 위로를 받거나 기분을 전환하려고 음식에 의존하게 될 가능성이 훨씬 높다.

그러나 비타민 D는 기분에 영향을 미치는 데 그치지 않는다. 전략적 사고와 분석적 사고, 계획, 의사 결정 또한 개선한다. 따라서 비타민 D를 충분히 섭취하면 음식을 선택할 때 좀 더 신경 써서 찬찬히 생각하는 데도 도움이 된다.[111]

행그리에서 행복으로

의사와 상의하라 식욕과 감정적 식사, 행그리에 시달린다면 의사와 비타민 D 수치를 의논하고 검사를 받아 볼 필요가 있다.

햇볕을 쬐라 비타민 D를 섭취하는 가장 좋은 방법은 아주 간단하다. 오전 10시부터 오후 3시 사이에 햇볕을 쬐면 된다. 일주일에 몇 차례 야외에서 5분에서 30분 정도 시간을 보내라. 밖에 나갈 수 없을 때는 온라인에서 쉽게 구매할 수 있는 태양등으로도 비타민 D를 합성할 수 있다.

보충제를 먹어 보라 한 연구에서 비타민 D 보충제를 추가로 먹은 참가자들은 체중을 5킬로그램 넘게 뺐고 허리둘레가 5.5센티미터 줄었다.[112] 비타민 D는 일일 권장 허용량보다 많이 섭취해도 내성이 잘 생기지 않는 편이지만 '당신'에게 필요한 양을 아는 것이 가장 좋다. 필요량을 알기 위해서는 의사와 의논하라.

비타민 D 행그리 도전 비타민 D 섭취를 늘리고 행그리 수준에 어떠한 영향을 미치는지 살펴보라. 참치와 연어같이 기름진 생선, 우유, 비타민 D 강화 두유나 오렌지 주스, 일부 시리얼, 스위스 치즈, 달걀노른자 등 비타민 D가 풍부한 음식을 매일 한 가지씩 추가로 먹으려 노력하고, 기분과 행그리 수준에 미치는 영향에 주목하라. 야생에서 자연스럽게 자라는 버섯은 햇볕으로 비타민 D를 만든다. 버섯을 좋아한다면 꾀꼬리버섯, 잎새버섯, 곰보버섯을 꼭 먹어 보도록 하라.

아침 일찍 비타민 D를 섭취하기에 특히 좋은 시간대는 언제일까? 비타민 D를 쉽게 섭취하기에는 아침식사가 가장 바람직하다. 미국에서 판매하는 거의 모든 우유가 비타민 D를 강화한 우유이고, 아침식사용 시리얼, 요구르트, 마가린, 오렌지 주스에 비타민 D를 첨가하는 식품 제조업체가 점점 증가하고 있다. 아침식사를 하는 사람들은 아침식사를 거르는 사람들보다 비타민 D 수치가 높다는 조사 결과도 있다.[113]

연구에 따르면 비타민 D 섭취는 세로토닌 수치에 긍정적인 영향을 미치며, 이는 기분이 좋아지는 데 도움이 된다.[114] 또한 체내 모든 조직에는 비타민 D 수용기가 있다. 즉, 비타민 D가 있어야 당신 몸의 모든 부위가 제대로 작동한다.

배고픔 최면술사 #34:
기분을 북돋우는 마그네슘

"저는 신진대사가 엄청나게 느리고 항상 뭔가를 간절히 원해요. 의사가 마그네슘을 충분히 섭취하고 있는지 묻더군요. 의사가 말하길 마그네슘은 불안뿐만 아니라 갈망에도 영향을 미칠 수 있대요. 저는 마그네슘이 내 몸과 무슨 상관이 있는지, 마그네슘이 무슨 작용을 하는지 전혀 몰랐어요."

걱정 수준에 관한 한 나는…

a) 걱정거리가 많다.

b) 다소 걱정하는 편이다.

c) 중요한 일만 걱정한다.

d) 크게 걱정하지 않는다.

내담자 제시카는 상담 시간마다 심장을 더 빨리 뛰게 하고 안절부절못하는 기분을 느끼게 하는 온갖 일을 털어놓는다. 제시카는 자신이 불안에 시달리고 있다는 사실을 알고 있으며 '내일 비가 올까?'부터 시작해서 '나중에 늙으면 알츠하이머병에 걸릴까?'에 이르기까지 끝나지 않는 걱정거리를 찾아낼 수 있다. 별것 아닌 일에도 불안을 느끼지만, 출장 중일 때나 출장이 아니더라도 평상시 일상에서 벗어난 상태일 때 혹은 통제할 수 없는 변화가 발생했을 때 가장 눈에 띄게 불안을 느낀다.

제시카와 나는 함께 제시카의 투쟁-도피 체계를 가라앉힐 방법을 찾았다. 우리가 사용하는 도구 중 하나가 마그네슘이 풍부한 식품 섭취를 늘리는 것이다.

걱정이 많거나 불안감에 시달리는 사람이라면 마그네슘이 풍부한 식품이 행그리를 줄이는 비결이 될 수 있다. 자신의 몸에 주의를 기울이고 몸이 무엇을 말하고 있는지 유념해야 한다. 때때로 우리 몸은 몇몇 배선이 꼬였다고 말한다. 마그네슘은 이런 꼬임을 푸는 데 도움이 된다. 또한 마그네슘은 체내에서 네 번째로 많은 미네랄이다. 에너지를 공급하고 몸을 치유하는 화학 반응 300여 개에 마그네슘이 관여한다.

마그네슘이 풍부한 식품은 불안 수준 감소와도 연관이 있다.[115] 또한 마그네슘은 많은 식품에 들어 있다. 하지만 가공 식품과 튀긴 식품에는 사실상 전혀 들어 있지 않으며, 그렇기 때문에 제시카를 비롯한 많은 사람이 마그네슘 결핍이다. 서구 사회 인구 중 약 삼분의 이가 마그네슘 결핍이다.[116]

마그네슘이 풍부한 식품이 마법 지팡이는 아니다. 하지만 마그네슘을 함유한 식품을 먹기 시작하면서 제시카는 불안 수준이 한 단계 낮아졌다고 느꼈다. 그 덕분에 제시카는 좀 더 명확하게 생각하고, 더 바람직한 결정을 내릴 수 있었으며 때때로 긴장을 풀 수 있었다. 제시카는 손에 무언가를 들거나 도중에 깡충깡충 뛰지 않고 자리에 앉아서 텔레비전을 몇 분 동안 볼 수 있었을 때 커다란 승리감을 느꼈다고 말했다. 그러는 대신 그냥 발만 올리고 즐겁게 텔레비전을 봤다.

행그리에서 행복으로

행그리 도전: 마그네슘 주간 일주일 동안 마그네슘이 풍부한 식품을 챙겨 먹어라. 하루에 다음 중 적어도 한 가지 식품 이상을 섭취하라. 마그네슘이 풍부한 식품으로는 시금치, 다크 초콜릿, 두부, 통곡

물, 근대, 검은콩, 아몬드, 캐슈너트, 감자, 호박씨, 아보카도, 바나나, 브로콜리, 방울양배추, 아마씨, 귀리, 당근이 있다. 한 주가 지나고 나서 이번 주 내내 기분이 어땠는지 생각해 보라. 조바심을 덜 냈는가? 좀 더 차분하다고 느꼈는가? 행그리를 적게 느꼈는가? 앞으로도 쭉 마그네슘을 섭취해야겠다는 생각이 드는가? 경험으로 볼 때 섬유질이 풍부한 식품은 마그네슘도 풍부하게 들어 있는 경우가 많다.

호박씨 내가 제일 좋아하는 마그네슘이 풍부한 식품 중 하나가 호박씨다. 연구에 따르면 호박씨를 65그램 먹으면 식후 혈당이 급격하게 올라가는 것을 막아준다고 한다. 따라서 호박씨는 행그리를 행복으로 바꾸는 훌륭한 간식이다.[117]

아보카도 얇게 썬 아보카도를 샌드위치나 샐러드 위에 얹어라. 아보카도를 반으로 잘라 그 속에 고기나 채소를 채워라. 또는 아보카도를 버터처럼 으깨서 토스트에 발라라. 어떤 흥미로운 연구에서는 아보카도 조각을 햄버거에 올려 먹은 사람과 그렇지 않은 사람을 살펴봤다. 그 결과 아보카도는 염증을 감소시켰다. 염증은 불안과 관련이 있는 경우가 많다.[118] 그렇다! 햄버거에 아보카도를 한 조각 더했을 뿐이지만 차이가 나타났다!

마그네슘 보디 버터 이것은 식용 버터가 아니다! 마그네슘은 크림 형태로 피부에 발라 혈류로 흡수시킬 수 있다. 판매하는 보디 버터를 구입할 수도 있고 마그네슘이 풍부한 크림을 직접 만들 수도 있다. 만드는 법을 알려주는 온라인 강좌를 찾아보라. (의사의 허가를 받도록 하라.)

배고픔 최면술사 #35:
기분을 북돋우는 시나몬

"영양사가 음식에 시나몬을 좀 더 많이 사용하라고 권한 이후로 시나몬을 소금통 같은 데 넣어서 가지고 다녀요. 시나몬은 멋진 향신료이고, 예전에는 미처 생각하지도 못했던 요구르트, 커피, 토스트 등 온갖 음식에 뿌려 먹죠. 제가 보기에는 일석이조예요. 맛도 있고 혈당 조절에도 도움이 되어서 더 행복하고 좀 더 침착한 사람이 되도록 이끌어 줍니다."

시나몬에 관한 한 나는…

a) 썩 좋아하지 않는다.

b) 요리법에 나오지 않는 한, 시나몬은 전혀 사용하지 않는다.

c) 시나몬 향을 좋아하고 시나몬이 들어간 음식을 먹는다.

d) 시나몬을 무척 좋아하고 자주 사용한다.

나는 심리학 박사이지만 내 내담자들도 특히 자기 자신을 대상으로 실험을 할 때면 다들 과학자라고 할 수 있다.

당뇨병을 앓고 있는 내담자들은 혈당이 비정상일 때 어떤 일이 일어나는지를 가장 열심히 연구한다. 나는 그들의 이야기를 들으면서 혈당이 기분에 어떤 영향을 미치는지 많이 배웠다. 그들이 설명하는 내용은 유쾌하지 않다. 혈당은 감정에 즉각적이고도 심각한 영향을 미친다. 다른 어떤 일이 일어나고 있든 간에 너무 낮거나 너무 높은 혈당은 우리 감정을 완전히 압도할 수 있다.

그러다 보니 혈당이 정상 범위를 벗어났을 때 이를 판별하는 방법에 관해 전문가가 된 내담자들이 많다. 예를 들어, 줄리는 하루에 몇 번씩 혈당 수치를 검사하고 있다. 감정과 혈당 사이의 연관성을 알아차리게 되면서 혈당 수치를 검사하기 시작했다고 한다. 혈당 수치를 확인하고 이를 자신의 기분과 비교하면서 그 연관성을 확신하게 되었다.

이제 줄리는 자신의 기분을 알아차리는 데 너무나 능숙해져서 혈당을 재기 전에 혈당 수치를 정확하게 추측할 수 있는 경지에 이르렀다. "진짜 끔찍한 기분이 들기 시작했어요. 짜증나고 지쳤죠. 그래서 혈당을 쟀더니 제 생각이 꼭 들어맞았어요. 정상치를 크게 벗어났더라고요."라고 말한다.

혈당이 어떤 영향을 미치는지 알아차린 사람은 줄리뿐만이 아니다. 줄리가 혈당 수치와 기분 사이의 연관성을 확인하기 이전에, 줄리의 남편은 줄리가 그저 갖은 일에 변덕을 부리고 있을 뿐이라고 생각했다. 지금은 남편이 때때로 "혈당이 너무 떨어진 거 아냐? 오늘은 정말 당신답지 않아. 한번 확인해 볼래?"라고 말한다.

기억하라. 당뇨병을 앓고 있는 사람만 혈당이 기분에 영향을 미치는 것은 아니다. 그래서 내담자들이 혈당을 관리하고자 찾아낸 천연 방식 중 하나가 시나몬이다. 시나몬은 전 세계 문화권에서 오랫동안 사용하고 있다. 시나몬은 맛만 좋은 데 그치지 않는다. 여러 유망한 연구에서 시나몬이 건강에 이롭다는 사실을 증명했다.[119] 예를 들어, 시나몬은 당뇨병 환자의 혈중 포도당 수치를 낮출 수 있다.[120] 한 연구에서 참가자들은 40일 동안 하루에 1그램에서 6그램까지 시나몬을 먹었고, 혈당 수치가 유의미하게 낮아졌다.[121] 그러니 고혈당에 시달리고 있다면 시나몬을 고려해 보라.

서로 다른 종류의 시나몬이 어떤 영향을 미치며, 시나몬이 모두에게 도움이 되는지 알아보고자 여러 연구가 진행되는 중이라는 사실을 명심하라. 다른 결과를 내놓은 연구들도 있다. 현재 연구 중 일부는 소규모로 반복 연구가 필요하다.

시나몬이 행그리를 관리하는 데 도움이 되는지 알아보기 위해 직접 해 볼 수도 있다!

소량으로 시작하라 아주 적은 양의 시나몬이라도 강력한 효과가 나타날 수 있다. 2016년에 실시한 연구에서는 당뇨병을 제대로 관리하지 않는 사람 25명이 12주 동안 매일 시나몬 딱 1그램(1/2티스푼에 조금 못 미치는 양)을 섭취했을 뿐인데도 공복 혈당 수치가 떨어졌다.[122] 그러니 당신의 식단에도 시나몬을 조금이라도 더하고 시나몬이 기분에 어떠한 영향을 미치는지 관찰하자.

시나몬을 뿌려라 시나몬을 양념통에 담아 가방이나 핸드백에 넣어두라. 쉽게 손닿는 곳에 있으면 사용할 확률이 높아진다.

시나몬 스틱을 사용해 보라 시나몬 스틱을 커피나 차, 요구르트, 수프를 젓는 숟가락 대신 사용하라. 혹은 고기나 채소를 요리할 때 프라이팬에 스틱을 넣어라.

커피를 바꾸어라 커피나 코코아에 시나몬을 넣어라. 몇 번만 뿌리면 맛도 좋아질 것이다!

아침식사 때 조금 섭취하라 아침을 시나몬으로 시작하라. 오트밀이나 그래놀라, 토스트, 요구르트, 시리얼 등 아침식사로 먹는 음식에 시나몬을 뿌려라.

과일에 풍미를 더하라 시나몬은 베리류와 사과에 아주 잘 어울리는 향신료다.

주의: 시나몬은 고혈당 관리를 돕는 천연 식품이지만 혈액을 묽게 하는 성분을 함유하고 있으며, 특히 혈액을 묽게 하는 약물을 복용하는 사람들에게 부작용을 일으킬 수 있다. 또한 간 손상이 있는 사람이라면 사용하지 마라. 시나몬이 복용하고 있는 약물과 충돌하거나 건강상 위험을 초래하지 않도록 의사와 상의하라.

배고픔 최면술사 요약

이번 장에서는 우리가 먹는 음식이 단순히 배를 채우는 데 그치지 않는다는 구체적인 주장을 자세히 들여다봤다. 배를 채우는 것은 아주 작은 미세한 부분일 뿐이다. 우리가 먹은 음식은 오늘 우리가 행복한지, 얼마나 짜증이 나는지, 어떻게 움직일지, 피부가 얼마나 편안하다고 느끼는지에도 영향을 미친다.

오늘부터 우리는 매일 자신이 먹은 음식과 기분을 각각 연결하는 전문가가 될 수 있다.

앞에서 나는 스스로 음식과 기분을 연결한 내담자에게 들은 몇 가지 주제를 언급했다. 하지만 그 밖에도 훨씬 많은 주제가 있다. 여기에서 이야기했던 내용은 그저 시작에 불과하다.

그러니 다음 문장들을 완성해서 자신만의 연결을 계속 만들어

나가도록 하라.

나는 (빈칸을 채워라)을 먹을 때 …라고 느낀다.

나는 (빈칸을 채워라)을 먹을 때 …라고 생각한다.

나는 (빈칸을 채워라)을 먹을 때 …하게 움직인다.

아래 체크 리스트는 당신의 배고픔에 최면을 걸려 할 때 편리하게 사용할 수 있는 참고 자료다.

____ 나는 오랫동안 포만감을 주는 음식을 선택한다.

____ 나는 수면에 도움이 되는 음식을 밤에 먹는다.

____ 나는 기분이 나아지게 하는 음식을 먹는다.

____ 나는 사고력 향상에 도움이 되는 음식을 먹는다.

____ 나는 음식을 골고루 먹는다.

____ 나는 물을 충분히 마신다.

____ 나는 비타민 D를 충분히 섭취한다.

____ 나는 마그네슘을 충분히 섭취한다.

____ 나는 음식 맛과 기분을 더 나아지게 하는 시나몬을 비롯한 향신료를 사용한다.

5단계

습관을 파헤쳐라:
마음챙김 식사를 하는 열 가지 방법

———— 당신이 마지막으로 주의를 기울여서 먹었던 음식이 무엇인지 잠시 생각해 보라. 정말로 즐겼고, 아주 만족스럽다고 느끼기에 딱 적당한 양만 먹었던 음식을 떠올려라.

무엇이었는가?

내 경우는 복숭아였다. 오늘 아침에 복숭아를 먹었다. 방 저편에서 풍기는 복숭아 냄새를 맡을 수 있었다. 나는 컴퓨터를 옆으로 밀고 이 구절을 쓰다가 멈추었다. 나는 조심스럽게 복숭아를 잘랐다. 달콤했다. 그리고 끈적거렸다. 또한 맛있었다. 무엇보다도 이 글을 타이핑하는 동안 먹고 싶은 충동을 느끼지 않았다. 복숭아만 먹으면서 보낸 2분은 일하다가 쉴 만한 충분한 가치가 있었다.

간단히 말해서 마음챙김 식사란 음식을 선택하는 방식부터, 그 음식을 씹는 방법과 음식이 기분과 신체에 미치는 영향에 이르기까지, 음식을 먹는 방법을 좀 더 잘 인식하는 식사법이다. 어처구니없을 정도로 단순한 정의처럼 들린다. 하지만 내 내담자들에게는 낡은 습관을 떨치고 행그리 사이클에서 벗어나도록 도와준 가장 중요한 기술 중 하나다.

내담자들이 마음챙김 식사를 파악하기까지는 어느 정도 노력과 주의를 해야 한다. 하지만 일단 이해하고 나면 이전으로 돌아가지 않는다. 거의 돌아갈 수 없다고 할 수 있다. 이제 부주의하게 음식을 먹게 하는 자극과 덫을 금방 알아차리기 때문이다.

우리는 아주 정형화된, 틀에 박힌 방식으로 식사를 대할 때가 많다. 똑같은 방식을 계속 반복해서 사용한다. 같은 습관에 빠진다. 이는 우리 뇌가 자동 조종 모드를 선호하기 때문이다. 뇌는 판에 박힌 일상과 쉬운 행동을 좋아한다. 하지만 익숙한 습관 상당수가 매일같이 우리를 배고픔으로 이끈다.

이 문제를 해결하려면 먼저 우리 습관을 들여다봐야 한다. 말하기는 쉽지만 실제로는 마음챙김 기법을 오랫동안 실천한 사람에게도 어려운 일이다.

나는 지난 20년 동안 마음챙김 식사를 실천해 왔다. 하지만 지금도 여전히 부주의하게 식사를 하게 되는 상황이 생긴다. 예를 들어,

나는 최근에 내 친구와 정기적으로 함께 점심을 먹기 시작했다. 우리는 금요일마다 종종 회의와 회의 사이에 점심을 함께 먹는다. 점심시간은 길지 않았지만 서로 마음을 터놓을 시간은 꼭 갖고 싶었다. 그러다 보니 우리는 저도 모르게 점심을 정말 빨리 먹게 되었고, 그것에 대해서 이야기하지는 않았다. 그냥 저절로 그렇게 되었다. 그러다가 처음 두 차례 점심식사를 한 뒤에 기분이 좋지 않았다는 사실을 알아차리기 시작했다. 그래서 나는 우리가 식당에 도착하면 바로 먹을 수 있도록 미리 전화를 걸어서 식사를 주문했다. 그렇게 해서 우리는 식사 시간을 20분 더 확보할 수 있었다. 이는 점심식사와 수다를 모두 천천히 즐기기에 충분한 시간이었다.

최근에 내가 도전하는 마음챙김 식사의 대상은 나 자신이 아니다. 내 자녀에게 마음챙김 식사법을 가르치고 있다. 아이들이 유아였을 때부터 마음챙김 식사 습관을 길러주려고 노력해 왔다. 아이들도 그 개념은 이해한다. 하지만 다른 습관들이 계속해서 마음챙김 식사법보다 우위를 차지한다. 얼마 전에 내 아들이 간식을 집더니 텔레비전을 켜고 식탁에 앉았다. 나는 아들 얼굴에 스쳐가는 '아, 잠깐만!'이라는 표정을 읽을 수 있었다. 그러더니 아들은 일어서서 텔레비전을 껐다. 좋은 습관을 지키기란 쉽지 않다. 하지만 할 수 있다.

식사를 할 때 어떤 새로운 상황이 발생하든 간에 마음챙김 식사법에는 항상 한 가지 공통점이 있다. 바로 어떻게 먹고 어떻게 느끼는지 의식하는 것이다.

이번 장에서는 마음챙김 식사를 하는 열 가지 방법을 이야기할 것이다. 이는 먹는 방법을 바꾸도록 도와주는 간단한 조치다. 내담자들이 행그리에서 행복으로 옮겨갈 구체적인 도구가 필요했기에 이 방법을 개발했다.

습관을 파헤쳐라 #36:
그냥 먹기만 하지 말고 선택하라!

"마음챙김 식사를 배우면서 제가 내딛었던 큰 도약은 머릿속에서 '배고파'라는 생각이 들 때마다 즉각 반응하는 습관을 고친 것이었어요. 알고 보니 내 머릿속에는 거의 늘 그 생각이 떠다니더라고요. 쉬면서 곰곰이 생각했을 때 그 결과가 '응, 나는 배고파'일 때도 가끔은 있어요. 하지만 약 40퍼센트 정도는 그 대답이 '그다지 배고프지 않아'이더라고요. 놀라웠죠. 저는 멈추고 생각하거나 의문을 품을 정도로 느긋했던 적이 없어요."

무엇을 먹을지 선택할 때 나는…

a) 망설이다가 이도저도 못한다.

b) 가장 먼저 먹을 수 있고 편리한 음식을 먹는다.

c) 몇 가지 선택지를 확인한다.

d) 선택지를 신중하게 고려한다.

14세기 프랑스 철학자 장 뷔리당은 두 건초 더미 중에 하나를 선택하지 못했던 당나귀 이야기를 했다. 이 이야기는 슬프게 끝난다. 결국 그 우유부단한 당나귀는 굶어 죽는다.

많은 내담자가 그 당나귀와 같은 난제, 즉 무엇을 언제 먹을지 결정하는 문제에 시달린다. 다행히도 내담자들은 굶어 죽지 않는다. 하지만 망설이다 보면 좌절할 수 있다. 또한 의식적으로 결정을 내리지 않을 때 우리는 결국 나중에 후회하게 될 습관과 일상에 빠지게 된다.

식사를 하고 나서 "젠장, 그건 내가 정말로 먹고 싶었던 음식이 아니었어."라고 생각한 적이 몇 번이나 있는가? "내가 왜 그걸 먹었지?"라고 생각했던 적은? 이런 기분은 식후에 후회하는 우울감이다. 이런 기분은 대개 우리가 미리 음식을 선택하는 데 시간을 들이지 않았기 때문에 나타난다. 그냥 그곳에 있는 음식을 먹었다.

내가 진행하는 행그리 관리 프로그램에서 내담자들은 의도에 따라 주의를 기울여 먹는 법을 배운다. 맨 처음부터 내담자들은 무엇을 왜 먹고 싶은지 결정을 내린다. 따라서 그들은 실은 원하지 않았거나 필요하지 않았던 음식을 먹는 일이 없다.

내 내담자들이 마음챙김 식사 중 이 단계에서 가장 좋아하는 점이 무엇인지 맞추어 보겠는가? 바로 첫 단계에서 아무것도 하지 않는다는 점을 좋아한다. 행동을 취하는, 즉 음식을 먹는 대신 그들은 그냥 기다리면서 스스로 선택할 시간을 준다.

행그리에서 행복으로

다음 번 간식이나 식사를 해야 할 때가 되면 잠시 멈추고, 자세를 취하고, 선택한다는 세 가지만 기억하라.

잠시 멈추어라 머릿속에서 뭔가 먹고 싶다고 하거나 음식이 주변에 있다는 이유로 배가 고프다는 생각이 든다면 30초 동안 멈추어라. 그럴 때면 이전에는 배고픔에 제동을 걸거나 의문을 품어 본 적이 거의 없다는 사실을 깨달을 것이다.

자세를 취하라 '체화된 인지'라는 심리학 이론에 따르면 생각과 행동을 서로 짝지으면 우리가 하는 일에 영향을 미친다고 한다.[123] 마음속 멈춤과 신체 언어로 표현하는 실제 멈춤을 짝짓는다면, 휴식이 필요할 때 실제로 쉴 가능성이 높아진다. 그러니 좀 더 주의를 기울이도록 일깨워 줄 행동을 생각해 보라. 예를 들어, 속도를 줄이고자 브레이크 페달을 밟으려고 할 때처럼 발을 땅에서 들어 올려라. 혹은 손으로 정지 신호를 하라. 혹은 눈에 보이지 않는 일시정지 버튼을 누르듯이 테이블을 손으로 지그시 눌러라.

선택하라 잠시 멈추어서 "이 순간에 신중한 선택은 무엇일까?"라고 자문하라. 그 대답이 "먹어라!"일 수도 있다. 하지만 "낮잠을 자!" 같은 다른 대답일 수도 있다. 혹은 지루하니 쉬거나 하던 업무를 바꿀 수도 있다. 당신이 정말 만족하려면 음식이 아니라 다른 것이 필요할 수도 있다. 음식을 선택할 때 선택지를 세 가지 이하로 제한하면 도움이 될 것이다. 우리는 너무 많은 선택지를 감당하기 힘들어 한다. 한 페이지짜리 메뉴에서 고를 때와 여러 페이지짜리 메뉴에서 고를 때를 비교해서 생각해 보라.

습관을 파헤쳐라 #37:
음식을 바꾸어라

"저는 간식을 자주 바꾸어요. 그러지 않으면 한 음식에 질리기도 하고 때로는 너무 많이 먹는 경우도 있거든요. 어떤 음식을 너무 자주 먹으면 그 음식에 질려 버리죠."

먹을 때 나는…

a) 매일 거의 똑같은 음식을 먹는다.

b) 먹는 음식과 가는 식당이 거의 정해져 있다.

c) 융통성 있게 먹는다.

d) 모험과 새로운 음식을 선호한다. 무엇이든 먹어 본다.

몇 년 전에 나는 뉴욕시에 사는 친구를 만나러 갔다. 그는 노점에서 거대한 피자 두 조각을 사더니 나에게 한 조각을 건넸다. 내가 어색하게 한 입 베어 물자, "잠깐, 잠깐, 잠깐만! 뉴욕에서는 피자를 그렇게 먹지 않아."라고 말했다.

그러더니 자기 피자 조각을 반으로 접었다. 나는 미국 중서부 출신이고, 중서부에서는 피자를 절대 접지 않는다. 시카고에 갔을 때 먹은 두꺼운 피자는 나이프와 포크로 먹었다. 나는 '하지만 로마에 가면, 아니 뉴욕에 가면'이라고 생각하면서 친구를 따라 했다. 피자는 내게 전혀 새로울 것 없는 음식이다. 하지만 그런 식으로 피자를 먹자, 피자는 새로운 경험이 되었다.

즐거웠던 행위가 시간이 지나면서 예전만큼 즐겁지 않기 시작한다. 심리학자들은 이 현상을 가리켜 '쾌락 적응(hedonistic adaptation)'이라고 부른다. 한때 우리를 행복하게 했던 행위도 반복해서 하다 보면 그 빛을 잃기 시작한다. 쾌락 적응은 새로 산 차부터 새로운 관계에 이르기까지 무엇에든 일어날 수 있다. 또한 음식에도 일어난다.

식당들은 이 사실을 알고 있다. 그래서 서서 먹거나 어둠 속에서 먹거나 도구를 사용하지 않고 먹는 등 관심을 끌기 위한 새로운 수단을 광고한다. 사람들은 새로운 경험에 몰려든다.

그렇다면 이런 새로운 수단이 효과가 있을까? 최근 한 연구에서는 참가자들에게 팝콘을 먹게 했는데, 참가자 절반에게는 평소와 같이 손으로 팝콘을 먹으라고 했고, 나머지 절반에게는 젓가락으로 팝콘을 먹게 했다. 젓가락으로 팝콘을 먹은 집단은 손으로 먹은 집단보다 훨씬 더 팝콘을 즐겼다.[124]

같은 연구의 두 번째 실험에서는 참가자 300명이 식수를 새로운 방법으로 마셨을 때 더 즐거웠다고 평가했다. 이 연구에서 참가자들은 물을 마시는 새로운 방법을 직접 생각해냈다. 그들은 마티니 잔이나 와인 잔에 물을 마시는 방법부터 컵에 든 물을 고양이처럼 혀로 할짝할짝 핥아먹는 방법까지 갖은 아이디어를 제시했다. 그들은 모두 이렇게 새로운 방식으로 물을 마실 때 더 즐거워했다.

왜 그럴까? 이는 우리가 새로운 대상에 더 많은 관심을 기울이기 때문이다. 나아가 무엇인가에 더 많은 관심을 기울일 때 그것을 더 많이 즐긴다.

아이스크림이나 쿠키처럼 좋아하는 음식도 시간이 지날수록 지겨워진다. 처음 먹었을 때처럼 한 입 먹을 때마다 놀라면서 맛을 즐기지는 않는다. 일상적으로 먹고 좋아하는 음식은 익숙하고 평범해진다.

요컨대 어떤 음식을 '더 많이' 먹을수록 그 음식을 '덜' 즐기게 된다.

내가 내담자들에게 하는 지극히 단순한 조언이 있는데, 약간 기묘하게 들릴 수도 있다. 바로 식탁에서 평소와 다른 자리에 앉으라는 것이다. 왜 이런 조언을 할까? 사람들은 대부분 식사할 때 늘 같은 자리에 앉는 경향이 있기 때문이다. 다른 자리에 앉기만 해도 새로운 경험이 된다.

음식을 좀 더 즐기고 싶다면 그 비결은 바로 평소 패턴을 뒤흔드는 데 있다. 뭔가 평소와 다른 일을 함으로써, 더 많은 음식이 아니라 더 많은 즐거움을 얻게 될 것이다.

행그리에서 행복으로

새로운 장소를 찾아라 식사할 때 새로운 시야나 새로운 공간을 찾아라. 식탁에서 다른 자리일 수도 있고 휴게실에서 전에 앉아 보지 않은 자리일 수도 있다. 바닥이나 침대에 앉아 소풍 온 기분을 내 보는 것도 좋다.

손가락을 사용하라 예를 들어, 에티오피아 요리는 음식을 커트러리 대신에 손에 쥔 빵으로 집어 든다. 손가락을 사용하면 촉감을 느낄 수 있고 우리가 먹는 음식에 좀 더 집중하도록 도와준다.

특이한 조합 평범한 조합은 잊어라. 어떤 음식이건 간에 당신이 가장 좋아하는 음식에 당신이 가장 좋아하는 향신료를 뿌려라. 칠리에 시나몬, 디저트에 소금을 뿌려 보라!

다른 유리 잔 마티니 잔이나 와인 잔에 물을 따라 마셔 보고, 맹물을 싫어한다면 과일을 띄워 보라.

조리 도구로 실험하라 피자를 나이프와 포크로 먹는다면 먹는 속도가 느려질 것이다. 아이스크림을 먹을 때는 포크나 유아용 숟가락을 사용하라.

손을 바꾸어라 주로 사용하지 않는 손으로 식사하라. 오른손잡이라면 포크를 오른손 대신 왼손으로 들어라.

거꾸로 먹어라 컵케이크를 먼저 먹고 나중에 아이싱을 먹어라. 혹은 가장 좋아하는 음식을 아껴 두는 대신 제일 먼저 먹어라.

음식을 얼리거나 데워라 온도 변화는 커다란 변화를 가져온다. 포도를 냉동실에 넣거나 초콜릿을 전자레인지에 넣어 데워라.

습관을 파헤쳐라 #38:
앉아라, 항상 앉아서 먹어라

"저는 음식만 있고 자리는 없는 파티가 너무 싫어요. 접시를 들고 곡예를 하면서 이야기를 하게 되죠. 음식을 즐길 수 있도록 앉아서 먹는 게 좋아요. 서 있으면 생각 없이 우적우적 먹게 되더라고요. 심지어는 아예 전채요리 테이블 옆에 서서 야금야금 먹기도 해요."

나는 먹을 때 주로…

a) 조리대에 기대서 먹는다.

b) 주방이나 사무실을 돌아다니면서 먹는다.

c) 텔레비전을 보면서 소파에 앉아 먹는다.

d) 식탁에 앉아 먹는다.

최근에 나는 딸과 함께 뉴욕에 갔다. 뉴욕에 갈 때마다 맛있는 빵집에서 컵케이크를 산 다음 나누어 먹는다. 그날 우리는 웨스트빌리지에 있었고, 쿠키반죽 아이싱을 얹은 바닐라 컵케이크를 하나 샀다. 직원은 컵케이크를 호텔까지 들고 갈 수 있도록 투명한 플라스틱 용기에 넣어 주었다. 걷는 동안 딸은 배고픈 듯이 컵케이크에서 눈을 떼지 못했다. 워싱턴스퀘어 공원에 도착했을 때 딸은 "컵케이크를 맛있게 먹을 수 있도록 앉아서 먹으면 어떨까요?"라고 말했다.

마음챙김 식사를 가르친 보람이 느껴지는 멋진 순간이었다. 딸은 걸으면서 별식을 뜯어 먹는 대신, 음식을 즐기면서 그 즐거움을 최대한으로 이끌어 내는 가장 좋은 방법인 앉아서 음미하기를 제안한 것이다.

듣기에는 간단하다. 하지만 당신이 얼마나 자주 냉장고 앞에서나 소파에서 혹은 걸어 다니면서 먹는지 생각해 보라. 어디에 있든지 간에 눈에 띄는 아무 음식이나 먹는 행위는 배가 매우 고프다는 것을 알리는 가장 큰 징후 중 하나다.

내 내담자들은 음식을 먹는 여러 장소에 대해서 이야기한다. 독신인 제프에게 집에서 가장 음식을 자주 먹는 곳이 어디인지 물었을 때 잠시 멈칫했다. "직장에서는 책상에서 먹어요. 하지만 집에 있을 때는 조리대에 기대서 텔레비전을 보면서 먹어요. 앉아서 먹는 일은 없어요."라고 말했다. 그리고 그 습관은 음식을 먹고 나서도 바로 옆 조리대에 남은 음식이 있다는 이유만으로 한 그릇을 더 먹는다는 뜻이기도 하다.

수많은 연구에서 음식을 먹는 '장소'가 바람직한 식사를 하고 배고픔을 조절하는 데 중요한 역할을 한다는 사실을 증명했다. 한 연구에서 참가자들을 두 집단으로 나누어, 한 집단은 서서 플라스틱

용기째로 음식을 먹었고, 다른 집단은 식탁에 앉아서 식사를 했다. 몇 시간 뒤에 다음 번 식사를 제공했을 때, 서서 먹은 집단은 30퍼센트 더 많이 먹었다. 다른 연구에서는 식탁에 앉아서 식사를 하는 자녀의 부모는 비교적 체질량지수(BMI)가 낮았다.[125] 체질량지수가 낮은 이유는 다양할 수 있지만, 그중 하나는 식탁에 앉아서 먹을 때 식사에 좀 더 집중한다는 데 있다.

몇몇 내담자들은 "음, 텔레비전 보면서 먹을 때 앉아 있는데요."라고 말한다. 하지만 먹는 동안 그냥 앉아 있기만 해서는 전혀 도움이 안 된다. 사실 텔레비전 앞에 앉아 있을 때를 보면 정신이 산만하다. 음식에 주의를 많이 기울이지 않으므로 음식을 충분히 즐기지 않는다. 또한 음식을 충분히 먹었다고 알려주는 몸의 신호에도 주의를 기울이지 않게 된다.

앉아서 먹는 것이 어떻게 도움이 될까? 그리고 식탁에 앉는 것이 왜 그렇게 중요할까? 식탁에 앉으면 집중하고 주의를 딴 데로 돌리지 않는 데 도움이 되며 우리 몫의 음식에 더 신경을 쓰게 된다.

행그리에서 행복으로

자리에 앉아라 음식을 먹을 때는 항상 적당한 장소를 찾아라. 걸으면서 피자 한 조각을 급하게 먹는 대신 공원 벤치를 찾아라. 구내 식당으로 가거나, 파티에 갔을 때는 의자를 찾아라. 음식에 집중할 시간을 만든다면 더 만족하고 좀 더 주의를 기울이면서 적당량을 먹게 될 것임을 기억하라.

식탁을 찾아라 어디에서 음식을 가장 자주 먹는가? 식탁을 사용하는가? 아니면 사용할 수 있는 식탁이 있는가? 집과 직장에서 당신 주변에 식탁이 있는 곳을 찾아라. 그런 다음 가능한 한 자주 식탁에 앉아서 음식을 먹도록 하라. 식탁을 찾을 수 없다고 하더라도 다음 방법 중 한 가지를 사용함으로써 '식탁에서 먹는 듯한 심리 상태'를 느낄 수 있다.

식탁을 만들어라 사용할 수 있는 식탁이 없다면 만들어라. 책상에서 서류를 치워서 조용히 점심을 먹을 수 있는 장소를 만들거나 텔레비전을 켜지 않고 소파에 앉아라.

중심을 잡아라 진짜 비결이다. 그냥 앉는 데 그치지 마라. 먹기 전에 정신적으로나 육체적으로나 온전히 그곳에 머물러라. 음식을 먹을 때는 항상 중심을 잡는 시간을 가지도록 하라. 양발을 바닥에 대고 "앉아서 먹을 시간이야. 나는 내 자리에 있을 거야."라는 표어를 반복하라. 이 방법을 사용해서 주의를 음식에 집중하고 그 장소에 접지하라.

습관을 파헤쳐라 #39:
천천히 씹어라, 달리지 말고 천천히 걸어라

"저는 마치 음식을 최대한 빨리 삽으로 퍼먹기라도 하듯이 아주 빨리 먹어요. 어떨 때는 거의 맛을 보지 않죠. 한 번은 고기 조각이 목에 걸려서 질식할 뻔했어요. 기침을 하고 또 했죠. 그런 일을 겪고 나서 먹는 속도를 늦추고 음식을 좀 더 충분히 씹어야겠다고 생각했어요."

씹기에 관한 한 나는…

a) 씹는 데 관심을 기울이지 않는다.

b) 삼킬 수 있을 정도로 씹는다.

c) 충분히 씹는다.

d) 입안에 든 음식이 잘게 부서지도록 오랫동안 씹는다.

최근에 나는 친구와 점심을 먹었다. 친구는 애인과 문제가 있다고 말했고, 그 애인은 친구를 엄청나게 슬프게 했다. 식사를 하는 동안 내 친구는 음식을 씹는다기보다는 마시는 수준으로 먹었다. 말로 하지 않아도 화난 것은 분명했다. 그때 나는 우리가 먹는 방식은 감정을 반영한다는 사실을 다시 한번 깨달았다. 마찬가지로 우리 감정도 먹는 방식에 영향을 미친다.

당신이 어떻게 음식을 씹는지 잠시 생각해 보라.

음식을 강하게 갈망하는 내담자들은 대개 씹는 데 우선순위를 두지 않는다고 말한다. 그들이 음식을 볼 때 그 음식을 어떻게 씹을지는 안중에도 없다. 보통 음식이 맛있을수록 더 빨리 먹어 치운다. 그 결과 먹고 있는 음식의 맛을 제대로 느끼지도 못한다. 결국 그들은 과식을 하게 되고 때로는 음식을 제대로 즐기지도 못한다. 나는 그들에게 "음식을 한 접시 다 먹어 치우면서 한 입도 맛보지 못할 수도 있어요."라고 말한다.

믿기 힘들겠지만 씹기는 이와 많은 관련이 있다.

씹기는 숨쉬기와 비슷하다. 뭔가 문제가 생겨서 힘들어지기 전까지는 그 행위를 하는 과정을 그다지 생각하지 않는다. 언덕을 오르다가 갑자기 호흡이 가빠오면, 숨쉬기에 집중하면서 조절하려고 애쓴다. 질긴 스테이크를 먹을 때도 마찬가지다. 고기를 질겅질겅 씹기 전까지는 의식과 주의가 씹는 데 쏠리지 않는다. 우리는 평소에 거의 자동으로 음식을 씹고 숨을 쉰다.

앞에서 말한 내 내담자 이야기에서 알 수 있듯이 목에 걸리지 않으려면 잘 씹어야 한다. 또한 씹기는 몸이 음식을 소화하는 데 큰 도움이 된다. 그리고 씹기는 우리가 인식하는 그 이상으로 행그리에 영향을 미친다.

씹기에 관한 연구 16건을 검토한 결과 천천히 씹으면 배고픔을 줄일 뿐만 아니라 먹는 양도 줄일 수 있다는 사실을 발견했다.[126] 왜 그럴까? 씹기는 음식을 잘게 자르는 과정에 그치지 않는다. 씹는 행위는 몸이 음식을 소화하도록 준비하는 호르몬을 활성화하라고 소장에 신호를 보낸다. 이를 뒷받침하고자 몇몇 연구는 음식을 씹기는 했지만 먹지는 않을 때[127]나 껌을 씹을 때[128] 어떤 일이 일어나는지 살펴봤다. 그 결과 실제로 음식을 섭취하지 않더라도 씹는 행위 자체가 몸이 음식을 충분히 즐길 수 있도록 준비함으로써 배고픔과 식욕을 조절하는 역할을 했다.[129, 130]

행그리에서 행복으로

의도를 설정하라 먹기 전에 자기 자신에게 '나는 좀 더 의식해서 씹을 것이다.'라고 말하라. 의도 설정은 마음챙김 식사에 좀 더 집중할 수 있도록 도와준다. 씹기에 관한 연구를 대규모로 검토한 결과에 따르면, 한 입을 약 25회 씹는 것이 가장 바람직하다.[131]

다른 사람들을 주목하라 다음번에 가족과 함께 식사를 하거나 친구들과 외식을 하게 되면 그들이 얼마나 많이 씹는지 주목해서 보라. 천천히 먹는 사람이 있는가 하면 한 접시를 한입에 털어 넣는 사람도 있다. 나머지는 그 중간 어디쯤이다.

음식을 더 작게 잘라라 빨리 먹는 사람들은 그냥 빨리 먹기만 하는 것이 아니다. 대개는 한 입에 넣는 양도 엄청나게 크다. 크게 한 입 먹고 금방 삼킨다면 음식을 제대로 씹고 있지 않는 것이다. 이렇게 하면 음식 전체가 통째로 위에 들어가는 셈이다. 그러면 입에서 했어야 할 일을 모두 불쌍한 위가 맡게 된다. 그 결과 위통, 속쓰림, 소화 불량, 메스꺼움, 체중 증가가 발생할 수 있다. 이렇게 음식을 먹는 사람은 적지 않다.

이 습관을 고칠 수 있는 한 가지 방법은 음식을 좀 더 잘게, 좀 더 감당하기 쉬운 크기로 자르는 것이다. 그냥 간단한 산수다. 음식을 작은 조각으로 자르면 더 여러 차례에 걸쳐서 먹어야 하고 그 결과 좀 더 천천히 먹게 된다. 그러니 음식을 작게 잘라 보고 그렇게 해서 식사 속도가 늦추어지는지 살펴보라.[132] 여러 가지 크기로 시도해 보라. 500원 동전, 100원 동전, 10원 동전 크기로 잘라 보라. 좋은 소식이 있다. 연구에 따르면 초콜릿을 먹든 수프를 먹든 간에 한 입에 먹는 음식양이 적으면 더 적게 먹는다고 한다.[133]

의식적으로 잠깐 멈추어라 한 입을 먹고 나서 다음 한 입을 뜨기 전에 의식적으로 잠깐 멈추어라. 의식해서 멈추는 행동으로는 숨을 쉬거나 물을 마시거나 식사 도구를 바꾸거나 포크를 잠시 내려놓는 행위가 있다.

습관을 파헤쳐라 #40:
선택지를 조사하라

"보통 저는 너무 배가 고파서 제가 먹고 있는 음식을 음미할 수 있을 정도로 천천히 먹지 못해요!"

음식을 먹을 때 나는…

a) 그냥 먹기만 한다.

b) 잠깐 쉬면서 음식 모양을 감상한다.

c) 맛있어 보이지 않으면 안 먹을 때도 있다.

d) 꼭 음식이 근사해 보이도록 한다.

나는 접시에 완벽한 모습으로 담겨 나온 요리나 정교하게 장식한 결혼 케이크처럼 음식이 예술 작품 같은 형태로 나올 때, 정말 많이 바라본다. 딸기로 장식한 프렌치 페이스트리가 완벽하게 줄지어 진열된 모습을 보면 항상 멈추게 된다. 너무 자연스러워서 생각조차 하지 않는다.

하지만 우리는 평소에 음식을 먹을 때 우걱우걱 먹고 있는 샌드위치나 봉투에서 꺼내고 있는 햄버거를 내려다보지도 않는다.

석기시대부터 먹기 전에 음식을 보는 행동은 생존 본능이었다.

음식의 색깔과 냄새를 바탕으로 맛있어 보이거나 안전한지 확인하고자 했다.

다들 냉장고에서 뭔가를 꺼냈다가 "음, 버리는 게 낫겠어. 먹기에 안전해 보이지 않아."라고 생각한 적이 있을 것이다.

하지만 음식을 살피는 행동은 단지 안전을 확인하는 데 그치지 않는다. 연구 결과에 따르면 음식을 보는 행위는 우리가 먹는 음식 양과 느끼는 만족도에 영향을 미친다.

배가 고픈 이유는 단지 영양분이 필요하기 때문이라고 생각하는 사람도 있을 것이다. 그래서 과학자들은 영양소만을 직접 공급하는 연구를 했다. 그런데 연구 참가자들이 필요한 영양소를 모두 섭취했음에도 여전히 배가 고프다고 느낀다는 사실을 발견했다.[134] 음식을 바라보고 포크를 들고 입을 벌리는 과정 역시 중요한 것이다.

시각 단서는 우리가 충분히 먹었는지, 그렇지 않은지 판단하는 데 도움이 된다. 아직 건드리지도 않은 으깬 감자가 접시에 쌓여 있는 모습을 보면 "아직 충분히 먹지 않았어."라고 생각한다. 하지만 접시가 마치 핥은 듯이 깨끗하다면 "와, 그걸 다 먹었네!"라고 말할 것이다.

우리가 얼마나 많이 먹었는지에 관해 자기 자신에게 하는 말도 만족도에 영향을 미친다. 잘 먹었다고 말하면 실제로 더 배가 부르다고 느낀다.

내 어머니는 "뛰기 전에 살펴봐라."라고 말하셨다.

이제 나는 "점심식사에 뛰어들기 전에 살펴보세요!"라고 말한다.

한 입이라도 먹기 전에 음식을 자세히 들여다보라.

행그리에서 행복으로

다시 한번 들여다보라 음식을 먹기 전에 잠깐 멈추어서 음식 전체를 살펴봐라. 양이 얼마나 되고 전체 외관이 어떤지에 주목하라. 먹음직스러워 보이는가? 과일과 채소가 아삭아삭하고 잘 익었는가? 분량은 얼마나 되는가? 많은가? 적은가?

말을 잘 선택하라 "정말 배부를 것 같아."라고 되뇌면 당신의 뇌도 그렇게 인식할 가능성이 높다. 이런 말을 되뇌면서 식사나 간식을 먹기 시작하라.

먹는 속도를 조절하라 음식을 먹는 동안 자신이 얼마나 먹었는지 판단하기 위해 시각 단서를 확인하라. 닭 뼈가 몇 개나 쌓였는가? 밥은 얼마나 줄어들었는가?

무엇이든 저장하라! 간식을 먹을 때 방금 무엇을 먹었는지 알려주는 시각 단서를 남겨 놓으면 도움이 되니 기억하라. 우리 인간은 무엇을 먹었는지 기억하지 못하기로 악명이 높다. 단백질 바 포장지를 책상 위에 남겨 두고 쿠키를 담았던 빈 그릇을 식탁 위에 놓아두어

라. 방금 전에 무엇인가를 먹었다는 사실을 알면, 먹은 것을 기억하므로 좀 더 오랫동안 포만감을 느낄 수 있다!

습관을 파헤쳐라 #41:
한 입 먹을 때마다 음미하라

"저는 음식을 좋아하지만 제대로 음미하지 않아요. 아내가 초콜릿을 딱 한 입 먹으면서 온전하게 즐기는 모습을 보다가 이 사실을 발견했죠. 그때 나는 입안에 든 초콜릿을 다 삼키기도 전에 다음에 먹을 초콜릿을 생각하고 있었거든요."

음식을 맛볼 때 나는…

a) 순식간에 먹어치운다.

b) 정말 맛있는 음식이 아닌 한 제대로 맛보지 않는다.

c) 한 입 먹을 때마다 맛보려고 한다.

d) 내가 먹는 모든 음식의 다양한 맛과 질감에 충분히 주의를 기울인다.

매해 크리스마스에 나는 사람들이 음식을 음미하도록 꾀를 낸다. 나만의 특별 초콜릿 크링클 쿠키를 만드는데, 내 생각에는 가히 천국의 맛이다. 그 쿠키를 아는 사람마다 하나만, 한 묶음이 아니라 딱 한 개만 준다. 쿠키는 예쁘게 포장한다. 그다음에 어떤 일이 일어나는지 지켜본다.

지금까지 그냥 '고마워'라고 말한 다음에 아무 생각 없이 그 단 하나의 쿠키를 입안에 집어넣은 사람은 아무도 없었다. 사람들은 최대한으로 쿠키를 즐길 수 있도록 상당한 시간을 들여서 어떻게 먹을지 전략을 짠다. 어떤 사람들은 쿠키에 완전히 주의를 기울일 수 있도록 시간을 정한다. "오후 세 시쯤이면 회의가 끝난 뒤 조용히 자리에 앉아 쿠키를 즐길 수 있을 테니 그때 먹을 거야." 어떻게 해야 쿠키를 최대한 즐길 수 있을지 구상하는 사람들도 있다. "쿠키를 따뜻하게 데워서 자리에 앉아 커피와 함께 먹을 거야."

음식을 음미하는 목표는 자신의 식습관을 좀 더 잘 포착하는 데 있다. 처음 운동화를 살 때 기억이 떠오른다. 처음으로 운동화를 샀을 때 그 신발을 고른 이유는 색깔이 마음에 들었기 때문이었다. 녹색이었고 그뿐이었다. 색깔이 유일한 기준이었다. 하지만 그때 이후로 나는 운동화를 살 때 착용감, 무게, 통기성, 반발력까지 대단히 까다롭게 고르게 되었다. 모든 운동화가 똑같지 않다는 사실을 배웠다. 신발은 저마다 다른 기능이 있다. 또한 좋은 운동화를 신으면서 내 달리기 실력은 완전히 다른 수준으로 향상되었다.

음식도 마찬가지다. 어떨 때는 음식 외관이 마음에 든다는 이유

하나로 먹기도 한다. 하지만 분별력을 지니게 되면 그 음식이 입안에서 어떤 맛을 낼지 생각한다. 질감이 마음에 드는가? 맛은 있는가? 먹으면 기운이 나는가? 우리는 좀 더 세련되고 구체적이며 주도적으로 선택하게 된다.

한 내담자는 토마토를 좋아한다. 특히 제철 토마토를 즐긴다. 토마토를 살 때 충분히 시간을 들여서 특히 붉은색을 띠는 완숙 토마토를 선택한다. 토마토를 고르기 시작해서 끝날 때까지 전체 과정이 맛과 즐거움을 더한다.

우리는 패스트푸드 문화에서 음미의 정반대를 배운다. 패스트푸드점에서 음식을 받자마자 치킨 너겟 박스를 열어 입안에 넣는 일이 흔하다.

하지만 연구 결과에 따르면 음식을 음미할 때 우리는 한 입 먹을 때마다 즐거움을 더 많이 얻는 데 그치지 않는다. 음미는 마음챙김 식사를 더 잘할 수 있게 하며 따라서 행그리도 줄인다.[135]

행그리에서 행복으로

감각을 깨워라 음식을 한 입 먹기 전에 할 수 있는 가장 중요한 일은 오감을 모두 사용하는 것이다. 지금 먹으려고 하는 음식이 난생 처음 먹는 음식이라고 상상하면 오감을 전부 동원할 수 있다. 한 번도 본 적도 먹은 적도 없는 음식이라고 생각하라. 그럴 때 어떻게 할지 상상하라.

냄새를 맡아라 지금 먹으려는 음식에서 풍기는 향을 들이마셔라.

바라보라 음식이 어떤 모양이고 어떤 면에서 식욕을 돋우는지 관찰하라.

들어라 음식과 상호작용할 때 어떤 소리가 들리는가? 탁탁? 지글지글? 바삭바삭?

촉감을 느껴라 입안에 든 음식의 식감이 어떠한가? 음식을 집었을 때 손가락에 느껴지는 촉감은 어떤가? 부드러운가? 바삭한가?

맛을 보라 양념 맛이 강한가? 밍밍한가? 딱 알맞게 익었는가?

첫입을 음미하라 연구에 따르면 음식을 먹을 때 느끼는 쾌락은 계속 증가하지 않는다. 먹으면서 음식 맛에 '길들여지거나' 익숙해지므로 첫입이 가장 맛있게 느껴진다. 그 후로는 먹을 때마다 쾌락이 줄어든다. 그러니 음식을 더 즐기려면 먹기 시작했을 때 음미하고, 많이 먹는다고 해서 쾌락이 증가하지는 않으니 너무 많이 먹으려고 하지 마라.[136] 첫입에 아주 집중하도록 하라.[137] 음식 맛이 마음에 드는지, 싫은지, 그럭저럭 괜찮은지 자신에게 물어 보라.

식사 무대를 꾸며라 음식을 맛보는 경험 전체를 자신의 취향에 맞게 준비하는 것도 음미의 일부다. 예를 들어, 당신이 이른 아침 베란다 안락의자에 앉아 제일 좋아하는 머그컵으로 커피를 즐겨 마신다고 해 보자. 당신은 어떤 특정한 방식으로 머그컵을 들 것이다. 혹은 쿠키를 먹기 전에 딱 알맞은 온도로 데운다. 음식을 먹기 전에 그 음식을 한층 더 즐길 수 있는 무대를 꾸미고자 무엇을 할지 생각해 보라.

음미를 연습하라 연구에 따르면 감각을 모두 동원하면 음식을 음미하는 데 도움이 되지만 그러려면 연습이 필요하다.[138] 그러니 상반되는 음식을 조금씩 먹으면서 실험을 해 보라. 이 실험은 미각을 연마하고 미묘한 맛의 차이를 느끼도록 도와준다. 예를 들어, 체다, 고다, 블루치즈, 뮌스터까지 서로 다른 치즈 네 가지를 잘게 자른다. 각각을 조금씩 먹어 보고 어떤 치즈 맛이 가장 마음에 드는지 택하라. 혹은 서로 다른 사과 네 종류(부사, 홍로, 홍옥, 황옥)를 얇게 잘라 조금씩 먹고 당도와 선호도에 따라 순위를 매겨라. 아니면 코코아 함유량(25퍼센트, 35퍼센트, 55퍼센트, 72퍼센트)이 서로 다른 네 가지 초콜릿 조각을 접시에 놓아라. 다양한 과일 조각을 꼬치에 꿰는 방법도 좋다. 하나씩 천천히 빼 먹으면서 음미하라. 여러 명이 모여서 해도 재미있고, 자신의 미뢰에 관한 전문가가 되도록 혼자서 연습할 수도 있다.

시각 차단 효과를 활용하라 감각 중 하나를 배제하면 다른 감각에 더 많이 의존하게 된다. 이는 미각이 예민해질 수 있다는 뜻이다. 최근 한 연구에서 참가자들은 안대를 쓰거나 쓰지 않은 채 음식을 먹었다. 눈을 가리고 음식을 먹은 참가자들이 음식이 더 맛있다고 평가했고 더 적게 먹었다.[139] 그러니 음식을 한 입 먹기 전에 잠시 눈을 감고 집중하라.

습관을 파헤쳐라 #42:
초점을 바꾸어라

"음식에 집중해야 한다는 건 알아요. 하지만 일상에서 일어나는 모든 일을 파악하려고 노력하게 되죠. 한 번에 모든 일에 집중할 수는 없고요. 그러다 보니 음식에 전혀 주의를 기울이지 못할 때가 많아요. 심지어 먹고 있을 때도요."

음식을 먹을 때 나는 주로…

a) 운전을 하거나 통화를 하거나 문자를 보내면서 음식에 거의 주의를 기울이지 않는다.

b) 쉽게 주의가 산만해진다.

c) 하던 일을 멈추고 음식에 집중한다.

d) 한 입 먹을 때마다 주의를 집중한다.

먹을 때는 먹기만 하라.

이는 그냥 격언이 아니라 내가 내담자들에게 항상 하는 말이다. 나 자신과 아이들에게 하는 말이기도 하다.

식사할 때 먹는 데 집중하기란 쉽지 않기 때문이다.

내담자들은 “시간이 없어요! 점심 먹을 시간이 몇 분밖에 되지 않아요.”라고 말한다.

어떤 사람들은 “시간 낭비 같아요. 식사를 하면서 다른 일도 할 수 있으니까요.”라고 말한다.

어떤 경우든 내담자들이 제기하는 이의의 핵심은 늘 시간이 없다는 것이다. 그리고 그것은 이해가 가는 이의다.

하루하루가 정신없이 바쁘게 돌아간다. 동시에 여러 가지 일에 주의를 기울여야 한다. 매순간 받은편지함에 메일이 쏟아져 들어온다. 휴대전화는 계속 울려댄다. 게다가 해야 할 일이 수없이 많다.

하지만 이렇게 산만한 생활은 심각한 결과를 낳는다.

한 내담자는 최근에 자동차 사고를 당했다. 어떻게 된 일인지 물었더니 멋쩍어하면서 허벅지를 내려다봤다. 그는 “늘 음식이 저를 죽일까 봐 두려워했어요. 하지만 말 그대로 그런 일이 일어날지는 몰랐죠. 운전하면서 옆 좌석 가방에 든 과자를 집다가 탈선했어요.”라고 말했다.

운전하면서 음식을 먹는다고 해서 늘 자동차 사고가 일어나는 건 아니다. 하지만 주의가 산만한 채로 음식을 먹으면 과식후회나 행그리를 느끼게 되기 쉽다. 《American Journal of Clinical Nutrition》에 실린 24건이나 되는 연구를 최근에 검토한 결과에서 알 수 있듯이 주의가 산만한 상태에서 먹으면 쉽게 과식으로 이어진다.[140]

담백한 음식 역시 행그리를 유발할 수 있다. 최근 《Psychological Science》에는 음식 맛을 개선하는 간단한 비결을 제시하는 논문이 실렸다.[141] 이 논문에서 희망을 발견할 수 있었다. 이 비결은 내가 초콜릿 쿠키에 풍미를 더하고자 항상 첨가하는 소금처럼 새로운 양념이나 재료가 아니다. 비결은 바로 먹는 동안 멀티태스킹을 하지 않는 것이다.

해당 논문에서 연구팀은 참가자들에게 일곱 자리 숫자 혹은 한 자리 숫자를 기억하도록 요청했다. 참가자들은 짜거나 달거나 신 음식을 맛보면서 숫자를 외웠다. 그런 다음에 맛의 강도를 평가했다. 먹으면서 더 많은 숫자를 기억해야 했던(더 어려운, 즉 '인지 부하'가 높은 과제) 참가자들은 맛의 강도를 비교적 낮게 평가했다. 또한 더 달고 짠 음식을 먹었다.

결론은 무엇일까? 멀티태스킹은 음식 맛을 감소시킨다. 왜 그럴까? 뇌가 한꺼번에 모든 일을 처리해야 하며, 다양한 감각이 서로 경쟁하기 때문이다. 이 현상은 맛보기에만 국한되지 않는다. 여러 가지 일을 한 번에 처리하려고 할 때마다 감각은 서로 다른 여러 방향으로 이끌린다. 영화를 보면서 휴대전화로 게임을 하면 둘 다 충분히 즐기지 못한다.

저널《Appetite》에 발표된 한 연구에서는 음식에서 딴 곳으로 주의를 돌리게 하는 요인을 철저히 분석했다.[142] 그 결과 음식과 관련된 주의 분산에는 두 가지 형태가 있다는 사실을 발견했다. 이것은 배고픔에서 주의를 돌리는 요인과 식사에서 주의를 돌리게 하는 요인이다.

연구팀은 참가자들을 무작위로 나눈 뒤 음식을 먹으면서 운전 시뮬레이션, 텔레비전 시청, 연구자와 대화, 혹은 방해받지 않고 혼자 앉아 있도록 했다. 운전 시뮬레이션을 한 참가자들은 운전을 하느라 배고픔을 잊었다. 동시에 운전하느라 먹는 데도 집중하지 못했다. 따라서 적은 양을 생각 없이 먹었다. 텔레비전을 시청한 참가자들은 프로그램을 보느라 배고픔을 잊었다. 그러나 음식을 먹는 행위는 지속했다. 따라서 아무 생각 없이 많은 양을 먹었다. 연구자와 대화한 참가자들은 먹는 데 집중하지 못했지만 여전히 배고픔을 인식했다. 그들은 거의 먹지 않았고, 이는 아마도 모르는 사람이 지켜보는 가운데 혼자서 먹기가 어색했기 때문이었을 것이다. 그리고 완전히 홀로 음식을 먹은 집단은 배고픔과 먹는 행위 모두에 주의를 기울였다. 다시 말해 마음챙김 식사를 했다.

내 내담자들은 예를 들어, 텔레비전을 켜 놓고 먹는 경우처럼 식사 중 주의 분산에 대해 자주 질문한다. 많은 내담자가 그냥 텔레비전을 켜 놓는 것이 좋다고 말한다. 그것은 괜찮다. 어떤 사람들은 텔레비전을 켜 놓지 않으면 쓸모가 없다거나 그냥 재미가 없다고 느낀다.

목표는 그저 텔레비전을 끄거나 완전한 침묵 속에서 음식을 먹는 것이 아니다. 텔레비전을 보면서 음식에 집중할 수 있을까? 그렇다! 우리 뇌는 그렇게 할 수 있다. 사실 나도 비록 무슨 프로그램을 하고 있는지는 모르더라도 그냥 배경 소음으로 텔레비전을 켜 놓을 때가 많다.

문제는 텔레비전 프로그램에 완전히 몰두해서 음식을 전부 다 먹어 치우고도 어떻게 다 먹었는지 모를 때다.

행그리에서 행복으로

시간이 적을수록 더 집중해야 한다 식사 시간을 늘리라는 말이 아니다. 식사에 초점을 맞추는 것이 중요하다. 간식을 먹을 시간이 1분밖에 없더라도 괜찮다. 그저 주의를 완전히 집중하라.

주의를 분산시키는 소리를 꺼라 생활 속에서 전자기기 알림이나 텔레비전, 음악, 그 밖에도 관심을 끌 수 있는 모든 소리를 관리하라.

식사에 당신의 마음을 초대하라 식사를 하면서도 생각은 식탁이 아닌 다른 곳에 있는 경우가 너무 많다. 음식을 먹기 전에 의식해서 당신의 마음을 불러오도록 하라. 특정한 유리잔이나 그릇 등 식탁 위에서 한곳을 골라 의식을 고정함으로써 마음을 초대할 수 있다. 생각이 정처 없이 떠돌 때면 그냥 그곳에 눈길을 돌리도록 하라. 자기 자신에게 다른 걱정과 생각을 제쳐 두고 지금 먹고 있는 음식에 온전히 주의를 쏟아도 좋다고 허락하라.

확인하라 자기 자신에게 "지금 현재 나는 음식에 얼마나 집중하고 있는가?"라고 물어라. 많이? 조금? 집중력을 높이고자 실천할 수 있는 조치는 무엇인가? 눈을 감는다? 지금 당신을 괴롭히는 어떤 대상을 잠시 떨쳐 낸다? 눈앞에 있는 대상을 자세히 살핀다?

습관을 파헤쳐라 #43:
당장 멈추어라!

"뜬금없이 냉장고에 든 차가운 치즈 마카로니가 머릿속에 떠올라요. 전자레인지에 1분 동안 데우면 어떤 맛일지 생각하기 시작하죠. 쫄깃한 치즈와 버터 맛이 나는 마카로니는 정말 맛있을 거예요. 포크로 퍼 올려 한입에 먹을 생각을 해요. 머릿속에서 떨쳐낼 수 없었어요."

갈망하는 음식을 생각하자마자 나는…

a) 꼭 먹어야 한다!!

b) 갈망이 강하고 끈질기면 먹는다.

c) 갈망을 조절할 수 있고 갈망하는 음식은 몇 가지뿐이다.

d) 갈망에 주의 깊게 답하며 헤쳐 나간다.

시작은 이렇다. 컴퓨터 자판을 두드리다가 정말 난데없이 당신 마음이 "초콜릿."이라고 말한다.

당신은 망설인다.

그러면 당신의 마음은 계속 말을 건다. "샤론이 오늘 휴게실에 짭짤한 캐러멜 초콜릿 브라우니가 있어. 쫀득하고 쫄깃하고 맛있어. 아주 부드럽고 풍미가 느껴지는 맛이지."라고 말한다.

믿기 어렵겠지만 이 사고 과정에는 욕망의 정교한 침범 이론(The Elaborated-Intrusion Theory of desire)이라는 명칭이 있다.[143] 기본적으로 이 이론에서는 음식 갈망이 두 단계에 걸쳐 일어난다고 말한다. 먼저 즉흥적인 생각이나 갈망이 떠오른다. '과자가 먹고 싶어!' 이런 생각이 머릿속을 침범한다. 즉, 허락 없이 머릿속에 그냥 떠오르고 머릿속에 머무르면서 다른 생각들을 몰아낸다. 두 번째 단계는 방금 머릿속을 침범한 생각의 감각 특성을 생각하기 시작한다. '혀끝에 닿은 과자는 바삭바삭하고 짭짤하지.'[144]

짜잔! 이제 당신 마음은 맹렬하게 음식을 갈망하기 시작한다.

갈망은 조절하기 쉽지 않다. 많은 내담자가 처음에는 갈망을 상대로 줄다리기를 시도한다. 마이크도 그랬다. 그는 자기 자신에게 "그래, 나는 아내가 만든 초콜릿 칩 쿠키가 담긴 밀폐용기에 뛰어들고 싶어. 하지만 아니야, 지금 당장 여섯 개는 먹을 것 같으니 좋은 생각이 아닌 것 같아."라고 말했다.

문제는 사고 과정이 거기에서 멈추지 않았다는 사실이다.

갈망이 계속해서 돌아왔기 때문이다. 그는 "하지만 먹고 싶어. 바로 저기에 있잖아. 그래도 먹으면 안 돼. 먹기 시작한다면 멈추지 못할 거야."라고 생각했다.

다음에 어떤 일이 일어날지는 예측할 수 없다. 때로는 갈망이 이기고 때로는 그렇지 않다. 하지만 줄다리기는 자주 실패하므로 마이크를 비롯한 여러 내담자들은 일단 갈망이 장악하면 자신은 통제할 수 없다고 느낀다.

다행히도 갈망에 대처하는 다른 여러 전략이 있다.

비결은 갈망에 의식적으로 대답하는 것이다.

'욕망의 정교한 침범 이론'은 우리가 갈망 여부, 즉 그 생각이 머릿속에 떠오를지 말지를 통제할 수는 없다고 말한다. 하지만 여러 연구에서 우리가 갈망의 강도에는 영향을 미칠 수 있다는 사실을 증명했다.[145] 생각으로 갈망을 늘릴 수도 있고 가라앉힐 수도 있다.

그것은 모두 당신의 손 혹은 마음에 달렸다.

갈망을 다룬 한 연구에서 여성 249명에게 가장 최근에 겪은 음식 갈망을 묻는 온라인 설문 조사를 실시했다. 참가자 삼분의 일이 음식을 갈망할 때 그 음식을 상상한다고 답한 결과는 전혀 놀랍지 않다.[146]

그다음에 참가자들은 갈망에 대처하고자 시도했던 온갖 전략을 설명했다. 특히 한 가지 전략이 갈망을 막아 먹지 않는 데 도움이 되었다.

머릿속에 처음 갈망이 떠올랐을 때 마음이 어디로 향하는지가 가장 중요한 세부 사항이다. 자기 자신에게 "그냥 생각일 뿐이야."라고 말한 여성은 갈망에 관해 객관적으로 이야기하지 않은 여성보다 갈망을 훨씬 잘 헤쳐 나갈 수 있었다.

내 내담자 마이크는 새로운 차를 사고 싶다는 갈망이 생길 때를 말하며 생각의 힘을 설명했다. 마이크는 가끔 새 차가 사고 싶다는 생각이 머릿속에 떠오른다고 말했다. 그는 두 가지 방법 중 하나를 선택할 수 있다. 먼저 머릿속에 그 생각이 떠오르자마자 "그냥 생각일 뿐이야. 지금 당장 새 차를 살 여유는 없어."라는 말로 생각을 억누를 수 있다. 혹은 차종과 엔진 크기, 색깔 같은 세부 사항을 생각하며 공상에 잠길 수 있다. 마이크가 이 길을 선택할 때면 그의 욕구는 하늘로 치솟고 가끔은 자동차 매장에 가서 몇 시간이고 자동차를 바라보기도 한다.

생각이 떠올랐다고 해서 꼭 그 생각에 답해야 하는 것은 아니다. 우리는 수많은 것을 생각하고 또 원한다. 하지만 처음 머릿속에 떠올랐을 때 서둘러 그것들을 손에 넣지는 않는다. 대부분은 시간을 들여서 정말로 그 물건이 필요하며 또 살 여유가 있는지 판단한 다음에 결정을 내린다. 음식에도 똑같은 방법을 적용할 수 있다.

행그리에서 행복으로

생각을 조심하라 갈망에 관한 생각이 가장 처음 머릿속에 떠올랐을 때 자기 자신에게 "그냥 생각일 뿐이야."라고 말하라. 생각이 떠올랐다고 해서 반드시 그 생각에 응해야 하거나 계속 그 생각을 할 필요는 없다는 사실을 기억하라. 생각은 명령이 아니다.

당신 안의 텔레비전을 꺼라 갈망이 생겨났을 때 그 강도를 조절하는 최선의 방법은 갈망이 상상 속에 뿌리를 내리지 않도록 막는 것이다. 냄새와 맛, 질감을 상상하면 갈망이 커질 뿐이다. 그 대신에 생각을 다른 방향, 다른 대상으로 돌리도록 하라. 갈망이 생겼을 때 마음을 사로잡을 대상을 미리 정해 놓는다면 도움이 된다. 제일 좋아하는 스포츠 팀이나 텔레비전 프로그램, 취미처럼 당신의 마음을 사로잡을 만한 생각거리를 선택하라.

습관을 파헤쳐라 #44:
먹는 속도를 늦추어라!

"저는 너무 빨리 먹어요. 남편 탓이죠. 남편은 숨 쉴 틈도 없이 먹어요. 마치 식사하면서 경기라도 하는 느낌이에요."

먹을 때 나는…

a) 음식을 흡입하듯 먹는다.

b) 때때로, 특히 배가 많이 고플 때면 너무 빨리 먹는다.

c) 너무 빠르지도 너무 느리지도 않게 평범한 속도로 먹는다.

d) 천천히 먹는다. 주로 제일 마지막에 식사를 마치는 편이다.

내담자 테레사는 "어제 목구멍을 데었는데 아직도 아프네요. 양념해서 구운 감자를 오븐에서 꺼내자마자 맛을 보겠다고 입에 넣었어요. 조금도 식히지 않았죠. 200도로 요리한 음식을 아무 망설임도 없이 입속에 바로 집어넣었어요."라고 말했다.

테레사는 입안을 너무 심하게 데어서 며칠이나 고생했다. 하지만 그 사건이 경종을 울렸다. "먹을 때 속도를 늦추어야 해요. 다치는 것도 문제이지만 이런 속도로 먹으면 음식을 전혀 즐기지 못하거든요."라고 말했다.

많은 내담자가 습관이나 속한 환경 때문에 빨리 먹는다. 앞에서 언급했던 경우처럼 단지 빠르게 씹는 문제가 아니라, 빠른 속도로 입안에 음식을 넣는 문제다. 자신이 식사를 5분 만에 끝내는지 20분에 걸려 먹는지 생각해 보라. 빨리 식사를 하는 내담자들은 식사를 빠르게 해치웠거나 다른 일을 하면서 음식을 먹는 가정에서 자랐다고 이야기한다. 이런 환경은 성인이 되었을 때 음식을 먹는 속도에 대한 기준이 된다. 당신이 어떤 가정에서 자랐는지 잠시 생각해 보라. 가족들이 식사를 느긋하게 했는가? 아니면 서두르고 성급하고 다른 일을 하면서 먹었는가?

테레사는 아주 긴장감이 넘치는 가정에서 자랐다고 말했다. 부모님 사이에서 언제든지 불꽃이 튈 것 같은 분위기였다. 테레사는 식사 후에 식탁을 치우는 일을 맡았다. 자기가 식사를 빨리 마치면 최대한 빨리 자기 방으로 도망갈 수 있다는 사실을 알아차렸다. 그러다 보니 맹렬한 속도로 식사하는 습관이 생겼고, 이를 고치려니 엄청난 노력이 필요했다.

빨리 먹는 습관은 성격에서 비롯될 수도 있다. 어떤 사람들은 세부 사항에 관심을 기울인다. 그들은 태생적으로 상황과 과제에 천천히 접근한다. 어떤 이들은 심지어 식사까지도 빨리 해치우고 싶어 한다. 그들은 추월 차선에서 천천히 운전하는 사람이 앞에 있거나 느린 인터넷 서버처럼 속도를 늦추는 상황에 무척 짜증을 내는 경향이 있다.

하지만 음식을 빨리 먹게 되는 가장 큰 원인은 시계가 아니라 다른 사람이다. 우리는 주변 사람들과 비슷한 속도로 먹는 경향이 있다. 테레사가 그런 경우였다. 테레사는 남편이 자기가 아는 그 누구보다도 빨리 먹는다고 말했다. 그리고 자신은 자기도 모르게 남편이 한 입 먹을 때마다 같은 속도로 맞추어서 먹는다는 사실을 깨달았다. 남편에게 좀 천천히 먹으라고 말해도 아무 소용이 없었다. 그 대신에 테레사는 남편의 속도가 아니라 자기가 먹는 속도를 조절하는 데 집중하는 법을 배웠다.

다른 사람들이 먹는 속도에 영향을 받는 사람은 테레사뿐만이 아니다. 한 연구에서 참가자들에게 영화를 보는 동안 첵스 믹스 또는 엠앤엠즈를 먹게 했다. 그 결과, '보고 있는 영화에서 사람들이 무엇을 먹는지'도 우리에게 영향을 미친다는 것을 확인할 수 있었다. 참가자들은 등장인물들이 식사를 하지 않는 장면보다 음식을 먹는 장면을 보는 동안에 더 많이 먹었다.[147]

여러 연구 결과가 증명하듯이 음식을 빨리 먹었을 때 발생하는 커다란 문제점은 급하게 먹으면 부주의하게 먹게 되기 쉽다는 점이다.[148] 우리는 무엇이든 간에 너무 빨리 하면 제대로 하지 못하는 경우가 있다. 일을 서둘러 끝내려다 세부 사항을 깜빡한다. 시험을 칠 때 서두르면 오답을 더 많이 쓴다. 때로는 더욱 심각한 결과가 발생하기도 한다. 운전할 때 과속하면 사고를 낼 가능성이 더 높고, 그때 발생한 사고는 심각한 경우가 많다.

먹는 속도를 늦추면 확실한 혜택이 따라온다. 가장 큰 혜택 중 하나는 무엇을 먹었는지 기억하는 것이다. '혜택'이라고 말하기에는 뜻밖이라고 생각할 수도 있지만, 무엇을 먹었는지 기억하면 좀 더 오래 포만감을 느끼고 부주의하게 먹지 않게 도와준다. 한 연구에서는 참가자들에게 수프 한 그릇을 빠르게 혹은 느리게 먹으라고 요청했다. 수프를 천천히 먹은 참가자들은 식사를 마친 후와 식사를 하는 동안에 포만감을 더 크게 느꼈다고 보고했다. 또한 수프를 먹은 지 세 시간이 지났을 때 수프를 천천히 먹은 참가자들은 더 많이 먹었다고 기억했다. 이런 결과로 미루어 볼 때 천천히 먹으면 포만감을 증진하며 나아가 포만감을 기억하는 데 도움이 된다. 포만감을 기억하면 다음번 식사에서 좀 더 주의를 기울여 먹기 쉽다. 포만감을 느끼게 했던 식사와 간식은 각인되어 마음에 오래 남기 때문이다.[149]

행그리에서 행복으로

의도를 설정하라 운전할 때는 제한 속도를 확인한다. 그러니 음식을 먹으려고 자리에 앉을 때도 의도한 속도를 설정하라. 스스로

"달리지 말고 걸어."라고 말하라.

위치를 선택하라 우리는 접시 위로 몸을 굽힌 채 먹을 때가 많다. 이렇게 하면 접시와 포크 사이 거리가 짧아진다. 속도를 늦추려면 등을 의자 등받이에 바짝 기대고 꼿꼿하게 앉아라.

상대방에게 주의를 기울여라 함께 식사하는 사람이 있다면 그 사람이 얼마나 빨리 먹고 있는지 주의 깊게 살펴보라. 빠른가? 적당한가? 느린가? 이제 당신이 함께 식사하는 사람보다 빠르게, 느리게, 혹은 같은 속도로 먹고 싶은지 의식적으로 결정하라. 식탁에 앉은 모든 사람 앞에 음식이 놓일 때까지 기다렸다가 함께 먹기 시작하는 것은 예의 바른 행동이다. 이는 올바른 예절일 뿐만 아니라, 다른 사람들보다 일찍 식사를 마친 사람이 다른 사람들이 다 먹을 때까지 기다리지 않도록 식사 속도를 조절하는 데도 도움이 될 수 있다. 하지만 모두가 함께 먹기 시작했다고 해서 동시에 식사를 마쳐야 한다는 뜻은 아니라는 점도 기억하라.

X는 정지를 표시한다 잠깐 쉴 틈이 필요한가? 접시 위에 포크와 나이프를 X자 모양으로 서로 엇갈리게 놓아라. 잠시 그 X자에 주의를 집중해서 속도를 늦추어라.

습관을 파헤쳐라 #45:
한 입 먹을 때마다 미소를 지어라

"마음챙김 식사가 제 삶을 완전히 바꾸었어요. 늘 칼로리에 연연하던 다이어터가 식사를 즐기는 사람으로 바뀌었죠. 매 끼니가 한 인간으로서 나 자신에 대한 평가는 아니었어요. 프렌치프라이를 먹지 않았으니 '좋은' 사람이라거나 초콜릿케이크를 두 조각 먹었으니 '나쁜' 사람인 것은 아니죠. 식사 방식에 마음이 편안해지니 저 자신에 대해서도 만족하게 돼요. 그것으로 충분하죠."

먹는 것에 대해 나는 대체로 다음과 같이 느낀다…

a) 무척 스트레스를 받는다.
b) 가끔씩 내가 먹는 음식이 걱정스럽다.
c) 대부분 먹는 것을 즐긴다.
d) 나는 먹는 것을 좋아하고 먹을 때면 아무런 스트레스 없이 늘 행복하다.

나는 이 마지막 비결을 밝힐 때 상대방이 보이는 반응을 무척 좋아한다.

나는 내담자들에게 "한 입 먹을 때마다 미소를 지으세요."라고 말한다.

그러면 내담자들은 이 행복한 조언을 받았을 때 자연스럽게 미소를 짓는다. 가끔은 자신이 미소를 지었다는 사실을 알아차리지 못할 때도 있다.

한 입 먹을 때마다 미소를 지으면 그때마다 자기 상태를 확인할 틈이 생기지만 이렇게 하라고 권하는 이유는 단지 그뿐이 아니다. 먹을 때 더 행복해짐으로써 얻을 수 있는 온갖 혜택이 있다.

최근 한 연구에서 연구팀은 참가자들에게 초콜릿 혹은 크래커를 주의를 기울여서 혹은 그다지 생각하지 않고 먹도록 요청했다.[150] 연구 결과는 놀랍지 않았다. 주의를 기울여서 먹으라는 지시를 받은 참가자들은 그렇지 않은 참가자들보다 어떤 음식을 선택했는지와 무관하게 더욱 긍정적인 기분을 느꼈다. 어떤 음식을 먹든 우리는 그 음식을 주의를 기울여서 먹음으로써 더 행복해질 수 있다. 어떤 일을 하든 간에 주의를 기울여서 접근하면 그 일을 하면서 더 큰 즐거움을 얻을 수 있다.

또한 미소는 체내에서 신경생물학적 반응을 일으킨다. 미소를 지으면 애초에 행복하다고 느끼지 않았을 때도 실제로 더 행복하다고 느낀다. 안면 피드백 가설(facial feedback hypothesis)은 이 현상을 그럴듯하게 설명한다. 우리 뇌는 미소를 지을 때 생기는 근육 움직임을 인지하고 이에 어울리는 행복한 화학물질을 분비한다. 지금 당장 시도해 보라! 혼자서 활짝 웃어 보라. 기분이 어떤가?

연구팀은 미소가 젊은 여성들의 갈망을 어떻게 바꾸는지도 연구했다. 연구팀은 여성 60명에게 맛있는 음식을 보여준 다음에 미소를 지으라고 요청했다. 그 결과 미소를 지은 여성들은 자신의 갈망을 더 잘 감당할 수 있다고 느꼈다.[151] 이는 감정적 식사를 자주 하는 사람들에게 특히 효과를 발휘할 수 있는 연구다. 우리 모두는 그저 미소를 지음으로써 우리 삶에 이 연구 결과를 반영할 수 있다.

행그리에서 행복으로

미소로 시작하라 "평화는 미소로 시작한다." -마더 테레사.

나는 이 말이 음식과의 관계에 적용되기 때문에 좋아한다. 한 입 먹을 때마다 잠시 멈추고 미소를 지어라. 어떤 미소라도 좋다. 입을 꼭 다문 부처 같은 미소도 좋고, 체셔 고양이처럼 활짝 웃어도 좋다. 어떤 미소든 좋을 대로 하면 된다.

잠시 여유를 가져라 한 입 먹어라. 미소를 지어라. 미소를 지으면 잠시 멈출 틈이 생긴다. 그렇게 잠시 멈추는 동안 생각하라. 좀 더 먹고 싶은가? 아니면 이제 배가 부른가? 그런 다음에 결정하라. 이를 반복하라.

습관을 파헤쳐라 요약

이번 장에서는 마음챙김 식사를 하는 '방법'을 알아봤다. 마음챙김 방법은 '무엇'을 먹을지보다 '어떻게' 먹을지에 좀 더 초점을 맞춘다. 포크를 들거나 앉을 자리를 고르거나 베어 물기 전에 잠깐 멈추거나 천천히 먹는 등 언뜻 사소해 보이는 행동도 식사를 체험하는데 커다란 영향을 미친다.

나는 당신이 먹는 행위를 시작해서 끝낼 때까지, 즉 먹겠다는 생각이 머릿속에 떠오른 순간부터 접시를 치울 때까지 전체 과정에서 새로운 마음챙김 통찰을 얻었기를 바란다. 또한 그런 마음챙김이 당신이 음식을 먹을 때마다 새로운 행복을 가져다주기를 희망한다.

아래는 이번 장에서 논의했던 마음챙김 식사 방법을 제대로 실천하고 있는지 살펴보기 위한 체크 리스트다. 잘 실천하는 항목에는 ○ 표시를 하고 좀 더 주의를 기울여야 할 필요가 있는 행동에는 × 표시를 하라.

마음챙김 식사를 막 시작한 사람이든, 전문가든 간에 이 방법을 잘하려면 연습이 필요하다. 꾸준히 계속 하라!

____ 주의를 기울여서/의식해서 음식을 고르는가?

____ 식사할 때 새로운 음식을 먹어 보는가?

____ 식사할 때 음식을 앉아서 먹는가?

____ 음식을 충분히 씹는가?

____ 먹을 수 있는 음식 종류를 의식적으로 전부 고려하는가?

____ 한 입 한 입 음미하며 먹는가?

____ 먹을 때 충분히 주의를 기울이는가?

____ 배가 부르면 그만 먹는가?

____ 천천히 먹는가?

____ 한 입 먹을 때마다 잠시 멈추고 행복을 느끼는가?

축하합니다!

———— 이제 당신은 이 책을 끝까지 읽었다. 바라건대, 행그리를 느끼는 일이 없었다면 좋겠다. (배가 고팠다면 그것은 괜찮다!) 이 시점에서 당신은 행그리를 행복으로 바꾸려면 무엇을 해야 하는지 정확히 알고 있다.

나는 바로 지금 이 순간에 당신이 실제로 만족하고 행복하길 바란다. 위뿐만이 아니라 마음도 채워졌다면 좋겠다. 나는 새로운 지식을 배울 때마다 신나고 의욕에 넘친다. 당신도 그러리라 믿는다.

이미 당신은 마음챙김 식사를 시도해야 한다고 깨달았던 순간을 몇 차례 겪었을 것이다. 만약 그렇지 않다면 이제 지금까지 배운 지식을 실행에 옮겨야 할 때다.

나는 당신 이야기를 듣고 싶다. 진심이다. 내 웹사이트에서 연락처 정보를 찾을 수 있다. 세계 곳곳 사람들이 자주 내게 편지를 쓴다. 그들은 행그리 관리 프로그램을 시작하기 '이전'에 무엇을 생각하고 무엇을 했는지, 행그리 관리 도구와 기법으로 자신의 삶이 어떻게 더 발전했는지 알려준다!

애석하게도 책 한 권에 실을 수 있는 내용에는 제한이 있다. 내 심리 치료와 지금까지 내가 쓴 책 여덟 권에 대해 좀 더 알고 싶고, 무료 자료와 다운로드 정보를 받고 싶다면 언제라도 내 웹사이트 eatingmindfully.com을 방문해 주길 바란다!

당신이 잘 지내길, 항상 그렇듯이 앞으로 마음챙김 여정을 해 나가길 기원한다.

행그리를 놓아라.

먹고, 마시고, 유념하라!

충실한 당신의 벗

수잔 앨버스 박사

Notes

1. B. J. Bushman et al., "Low glucose relates to greater aggression in married couples," *Proceedings of the National Academy of Sciences of the United States of America* 111, no.17 (April 14, 2014): 6254–6274. doi.org/10.1073/pnas .1400619111.
2. Shai Danziger, Jonathan Levav, and Liora Avnaim-Pesso, "Extraneous factors in judicial decisions," *Proceedings of the National Academy of Sciences of the United States of America* 108, no. 17 (April 26, 2011): 6889–6892. doi .org/10.1073/pnas.1018033108.
3. Andreas Glöckner, "The irrational hungry judge effect revisited: Simulations reveal that the magnitude of the effect is overestimated," *Judgment and Decision Making* 11, no. 6 (November 2016): 601–610. http://journal .sjdm.org/16/16823/jdm16823.pdf.
4. Rozita H Anderberg et al., "The Stomach-Derived Hormone Ghrelin Increases Impulsive Behavior," *Neuropsychopharmacology* 141 (October 1, 2015): 1199–1209. doi.org/10.1038/npp.2015.297.
5. Alexa Hoyland, Louise Dye, and Clare L. Lawton, "A systematic review of the effect of breakfast on the cognitive performance of children and adolescents," *Nutrition Research Reviews* 22, no. 2 (December 2009): 220–243. doi.org/10.1017/S0954422409990175.
6. Katie Adolphus, Clare L. Lawton, Claire L. Champ, and Louise Dye, "The Effects of Breakfast and Breakfast Composition on Cognition in Children and Adolescents: A Systematic Review," *Nutrition* 7, no. 3 (May 2016): 590S–612S. doi.org/10.3945/an.115.010256.
7. Pippa Wysong, "Breakfast Enhances Cognition in Children and Adolescents," *BOLD: Blog on Learning and Development,* September 29, 2017.
8. Takaaki Komiyama et al., "Cognitive function at rest and during exercise following breakfast omission," *Physiology and Behavior* 157 (April 1, 2016): 178–184. doi.org/10.1016/j.physbeh.2016.02.013.
9. Neil Bernard Boyle, Clare Louise Lawton, and Louise Dye, "The Effects of Carbohydrates, in Isolation and Combined with Caffeine, on Cognitive Performance and Mood—Current Evidence and Future Directions," *Nutrients* 10, no. 2 (February 2018): 192. doi.org/10.3390/nu10020192.

10. Michael Macht and Dorothee Dettmer, "Everyday mood and emotions after eating a chocolate bar or an apple," *Appetite* 46, no. 3 (May 2006): 332–336. doi.org/10.1016/j.appet.2006.01.014.
11. E. F. Coccaro, R. Lee, T. Liu, and A. A. Mathé, "Cerebrospinal fluid neuropeptide Y-like immunoreactivity correlates with impulsive aggression in human subjects," *Biological Psychiatry* 72, no. 12 (December 15, 2012): 997–1003. doi.org/10.1016/j.biopsych.2012.07.029.
12. Silvia U Maier et al., "Acute Stress Impairs Self-Control in Goal-Directed Choice," *Cell.com* 87, no. 3 (August 5, 2015): 621–631. doi.org/10.1016/j.neuron.2015.07.005.
13. Jennifer K. MacCormack and Kristen A. Lindquist, "Feeling hangry? When hunger is conceptualized as emotion," *Emotion* 19, no. 2 (March 2019): 301–319. doi.org/10.1037/emo0000422.
14. Honor Whiteman, "Sleep deprivation increases hunger in similar way to marijuana," *Medical News Today* (March 1, 2016). https://www.medicalnewstoday.com/articles/307203.php?utm_source=Medical News Today.
15. Marie-Pierre St.-Onge, Anja Mikic, and Cara E. Pietrolungo, "Effects of Diet on Sleep Quality," *Advances in Nutrition* 7, no. 5 (September 15, 2016): 938–949. doi.org/10.3945/an.116.012336.
16. Jean-Philippe Chaput and Angelo Tremblay, "Adequate sleep to improve the treatment of obesity," *Canadian Medical Association Journal* 184, no. 18 (December 2012): 1975–1976. doi.org/10.1503/cmaj.120876.
17. Haya K. Al Khatib et al., "Sleep extension is a feasible lifestyle intervention in free-living adults who are habitually short sleepers: a potential strategy for decreasing intake of free sugars? A randomized controlled pilot study," *American Journal of Clinical Nutrition* 17, no. 1 (January 2018): 43–53. doi.org/10.1093/ajcn/nqx030.
18. Damien Leger, Virginie Bayon, and Alice de Sanctis, "The role of sleep in the regulation of body weight," *Molecular and Cellular Endocrinology* 418, pt. 2 (December 15, 2015): 101–107. doi.org/10.1016/j.mce.2015.06.030.
19. Filip Ottosson et al., "Connection Between BMI-Related Plasma Metabolite Profile and Gut Microbiota," *The Journal of Clinical Endocrinology & Metabolism* 103, no. 4 (February 1, 2018): 1491–1501. doi.org/10.1210/jc.2017-02114.
20. Caroline J. K. Wallace and Roumen Milev, "The effects of probiotics on depressive symptoms in humans: a systematic review," *Annals of General Psychiatry* 16 (February 20, 2017). doi.org/10.1186/s12991-017-0138-2.
21. Carolyn Gregoire, "Sauerkraut Could Be the Secret to Curing Social Anxiety," *Huffington Post Science,* June 10, 2015. https://www.huffingtonpost.com/2015/06/10/probiotics-gut-bacteria-a_n_7545942.html.
22. K. Tillisch et al., "Consumption of fermented milk product with probiotic modulates brain activity," *Gastroenterology* 144, no. 7 (June 2013): 1394–1401. doi.org/10.1053/j.gastro.2013.02.043.

23. Ioana A. Marin et al., "Microbiota alteration is associated with the development of stress-induced despair behavior," *Scientific Reports* 7, article no. 43859 (2017). doi.org/10.1038/srep43859.
24. Erin Frey and Todd Rogers, "Persistence: How Treatment Effects Persist After Interventions Stop," *Policy Insights from the Behavioral and Brain Sciences* 1, no. 1 (2014): 172–179. doi.org/10.1177/2372732214550405.
25. Samuel L. Buckner, Paul D. Loprinzi, and Jeremy P. Loenneke, "Why don't more people eat breakfast? A biological perspective," *The American Journal of Clinical Nutrition* 103, no. 6 (June 2016): 1555–1556. doi.org/10.3945/ajcn.116.132837.
26. E. M. Ackuaku-Dogbe and B. Abaidoo, "Breakfast eating habits among medical students," *Ghana Medical Journal* 48, no. 2 (2014): 66–70.
27. A. P. Goldstone et al., "Fasting biases brain reward systems towards high-calorie foods," *European Journal of Neuroscience* 30, no. 8 (October 2009): 1625–1635. doi.org/10.1111/j.1460-9568.2009.06949.x.
28. A. Lesani, A. Mohammadpoorasi, J. M. Esfeh, and A. Fakhari, "Eating breakfast, fruit and vegetable intake and their relation with happiness in college students," *Eating and Weight Disorders* 21, no. 4 (December 2016): 645–651. https://www.ncbi.nlm.nih.gov/pubmed/26928281.
29. Jerica M. Berge et al., "Intergenerational Transmission of Parent Encouragement to Diet from Adolescence into Adulthood," *Pediatrics* 141, no. 4 (April 2018). doi.org/10.1111/10.1542/peds.2017-2955.
30. Anika Küppel, Martin J. Shipley, Clare H. Llewellyn, and Eric J. Brunner, "Sugar intake from sweet food and beverages, common mental disorder and depression: prospective findings from the Whitehall II study," *Scientific Reports* 7, no. 1 (July 27, 2017). doi.org/10.1038/s41598-017-05649-7.
31. Larissa Ledochowski, Gerhard Ruedl, Adrian H. Taylor, and Martin Kopp, "Acute Effects of Brisk Walking on Sugary Snack Cravings in Overweight People, Affect and Responses to a Manipulated Stress Situation and to a Sugary Snack Cue: A Crossover Study," *PLOS One* 10, no. 3 (March 11, 2015). doi.org/10.1371/journal.pone.0119278.
32. James E. Gangwisch et al., "High glycemic index diet as a risk factor for depression: analyses from the Women's Health Initiative," *The American Journal of Clinical Nutrition* 102, no.2 (August 2015): 454–463. doi.org/10.3945/ajcn.114.103846.
33. Beatrice A. Golomb, Marcella A. Evans, Halbert L. White, and Joel E. Dimsdale, "Trans Fat Consumption and Aggression," *PLOS One* 7, no. 3 (2012). doi.org/10.1371/journal.pone.0032175.
34. J. E. Flood-Obbagy and B. J. Rolls, "The effect of fruit in different forms on energy intake and satiety at a meal," *Appetite* 52, no. 2 (April 2009): 416–422. doi.org/10.1016/j.appet.2008.12.001.
35. Caroline J. Edmonds, Rosanna Crombie, Haiko Ballieux, Mark R. Gardner, Lynne Dawkins, "Water consumption, not expectancies about water

consumption, affects cognitive performance in adults," *Appetite* 60 (November 16, 2013): 148–153. doi.org/10.1016/j.appet.2016.11.011.

36. C. X. Muñoz et al., "Habitual total water intake and dimensions of mood in healthy young women." *Appetite* 92 (September 2015): 81–86. doi .org/10.1016/j.appet.2015.05.002.
37. Charles Spence, Betina Piqueras-Fiszman, Charles Michel, and Ophelia Deroy, "Plating manifesto (II): the art and science of plating," *Flavour* 3, no. 4 (2014). doi.org/10.1186/2044-7248-3-4.
38. Jessica Rowley and Charles Spence, "Does the visual composition of a dish influence the perception of portion size and hedonic preference?," *Appetite* 128 (September 1, 2018): 79–86. doi.org/10.1016/j.appet.2018.06.005.
39. Vanessa Harrar, Betina Piqueras-Fiszman, and Charles Spence, "There's more to taste in a coloured bowl," *Perception* 40, no. 7 (January 1, 2011): 880–882. doi.org/10.1068/p7040.
40. Arianna McClain et al., "Visual illusions and plate design: the effects of plate rim widths and rim coloring on perceived food portion size," *International Journal of Obesity* 38, no. 5 (May 2014): 657–662. doi.org/10.1038 /ijo.2013.169.
41. Jennifer A. Hunter, Gareth J. Hollands, Dominique-Laurent Couturier, and Theresa M. Marteau, "Effect of snack-food proximity on intake in general population samples with higher and lower cognitive resource," *Appetite* 121 (February 2018): 337–347. doi.org/10.1016/j.appet.2017.11.101.
42. Billy Langlet et al., "Objective quantification of the food proximity effect on grapes, chocolate and cracker consumption in a Swedish high school. A temporal analysis," *PLOS One* (August 10, 2017). doi.org/10.1371/jour nal.pone.0182172.
43. Paul Rozin et al., "Nudge to Nobesity I: Minor changes in accessibility decrease food intake, *Judgment and Decision Making* 6, no. 4 (June 2011): 323–332. http://journal.sjdm.org/11/11213/jdm11213.html.
44. Dianne Engell et al., "Effects of effort and social modeling on drinking in humans," *Appetite* 26, no. 2 (April 1996): 129–138. doi.org/10.1006 /appe.1996.0011.
45. Rosemary Walmsley et al., "Choice architecture modifies fruit and vegetable purchasing in a university campus grocery store: time series modelling of a natural experiment," *BMC Public Health* 18 (2018). doi .org/10.1186/s12889-018-6063-8.
46. Susmita Baral, "How Binge Watching Affects Our Eating Habits," *NPR: The Salt* (December 31, 2015). https://www.npr.org/sections/thesalt /2015/12/31/461594989/netflix-and-chew-how-binge-watching-affects-our-eating-habits.
47. Ryan Dwyer, Kostadin Kushlev, and Elizabeth Dunn, "Smartphone use undermines enjoyment of face-to-face social interactions," *Journal of*

Experimental Social Psychology 78 (November 2017). doi.org/10.1016/j.jesp.2017.10.007.

48. Melanie Dadourian, "One third of Americans can't eat without their cell phones, study finds," *Fox News* (January 23, 2018). https://www.foxnews.com/health/one-third-of-americans-cant-eat-without-their-cellphones-study-finds.
49. Adrian F. Ward, Kristen Duke, Ayelet Gneezy, and Maarten W. Bos, "Brain Drain: the mere presence of one's own smartphone reduces available cognitive capacity," *Journal of the Association for Consumer Research* 2, no. 2 (April 2017). doi.org/10.1086/691462.
50. Cary Stothart, Ainsley Mitchum, and Courtney Yehnert, "The attentional cost of receiving a cell phone notification," *Journal of Experimental Psychology: Human Perception and Performance* 41, no. 4 (August 2015): 893–897. dx.doi.org/10.1037/xhp0000100.
51. Jane Ogden et al., "'Snack' versus 'meal': The impact of label and place on food intake," *Appetite* 120 (January 1, 2018): 666–672. doi.org/10.1016/j.appet.2017.10.026.
52. Sungeun Cho et al., "Blue lighting decreases the amount of food consumed in men, but not in women," *Appetite* 85 (February 1, 2015): 111–117. doi.org/10.1016/j.appet.2014.11.020.
53. Aimee Hassenbeck et al., "Color and illuminance of lighting can modulate willingness to eat bell peppers," *Journal of the Science of Food and Agriculture* (December 6, 2013). doi.org/10.1002/jsfa.6523.
54. Erhard Lick, Bettina König, Monyédodo Régis Kpossa, and Violetta Buller, "Sensory expectations generated by colours of red wine labels," *Journal of Retailing and Consumer Services* 37 (July 2017): 146–158. doi.org/10.1016/j.jretconser.2016.07.005.
55. Leonie Reutner, Oliver Genschow, and Michaela Wänke, "The adaptive eater: perceived healthiness moderates the effect of the color red on consumption," *Food Quality and Preference* 44 (September 2015): 172–178. doi.org/10.1016/j.foodqual.2015.04.016.
56. Meng Shen, Lijia Shi and Zhifeng Gao, "How does color affect attention to information on food labels and preference for food attributes?," *Food Quality and Preference* 64 (March 2018): 47–55. doi.org/10.1016/j.foodqual.2017.10.004.
57. Milica Vasilijevic, Rachel Pechey, and Theresa M. Marteau, "Making food labels social: The impact of colour of nutritional labels and injunctive norms on perceptions and choice of snack foods," *Appetite* 91 (August 2016): 56–63. doi.org/10.1016/j.appet.2015.03.034.
58. Oliver Genschow, Leonie Reutner, and Michaela Wänke, "The color red reduces snack food and soft drink intake," *Appetite* 58, no. 2 (April 2012): 669–702. doi.org/10.1016/j.appet.2011.12.023.

59. Jonathan P. Schuldt, "Does green mean healthy? Nutrition label color affects perceptions of healthfulness," *Health Communication* 28, no. 8 (February 27, 2013): 814–821. doi.org/10.1080/10410236.2012.725270.
60. A. N. Thorndike, J. Riis, L. M. Sonnenberg, and D. E. Levy, "Traffic-light labels and choice architecture: promoting healthy food choices," *American Journal of Preventative Medicine* 46, no. 2 (February 2014): 143–149. doi.org/10.1016/j.amepre.2013.10.002.
61. Robert M. Siegel et al., "Emoticon Use Increases Plain Milk and Vegetable Purchase in a School Cafeteria without Adversely Affecting Total Milk Purchase," *Clinical Therapy* 37, no. 9 (September 1, 2015): 1938–1943. doi.org/10.1016/j.clinthera.2015.07.016.
62. C. A. Richards and A. G. Rundle, "Business Travel and Self-rated Health, Obesity, and Cardiovascular Disease Risk Factors," *Journal of Occupational and Environmental Medicine* 53, no. 4 (April 2011): 358–363. doi.org/10.1097/JOM.0b013e3182143e77.
63. Milenko Martinovich, "Decadent-sounding descriptions could lead to higher consumption of vegetables, Stanford research finds," *Stanford News* (June 21, 2017). https://news.stanford.edu/press-releases/2017/06/12/decadent-sounding-labeling-may-lead-people-eat-vegetables/.
64. Vanessa Alom et al., "Breaking bad habits by improving executive function in individuals with obesity," *BMC Public Health* 18 (April 16, 2018): 505. doi.org/10.1186/s12889-018-5392-y.
65. Susan Churchill, Donna C. Jessop, Ricky Green, and Peter R. Harris, "Self-affirmation improves self-control over snacking among participants low in eating self-efficacy," *Appetite* 123 (April 1, 2018): 264–268. doi.org/10.1016/j.appet.2017.12.028.
66. Elena Holmes, "McDonald's tap tech to drive World Cup orders," *Sports Pro Media* (July 2, 2018). http://www.sportspromedia.com/news/mcdonalds-tech-world-cup-hungry-moments.
67. "McDonald's Partners with Google to Anticipate 'Hungry Moments'," *Sports Business Daily Global* Issues (July 3, 2018). https://www.sportsbusinessdaily.com/Global/Issues/2018/07/03/World-Cup/McDonalds.aspx.
68. John M. Kearny and Sinead McElhone, "Perceived barriers in trying to eat healthier—results of a pan-EU consumer attitudinal survey," *British Journal of Nutrition* 81, no. 2 (May 1999): S133–137. doi.org/10.1017/S0007114599000987.
69. Laura C. Ortinau, Heather A. Hoertel, Steve M. Douglas, and Heather J. Leidy, "Effects of high-protein vs. high-fat snacks on appetite control, satiety, and eating initiation in healthy women," *Nutrition Journal* 13 (2014). doi.org/10.1186/1475-2891-13-97.
70. Adrian Meule and Andrea Kebler, "A Pilot Study on the Effects of Slow Paced Breathing on Current Food Craving," *Applied Psychophysiology and Biofeedback* 42, no.1 (2017): 59–68. doi.org/10.1007/s10484-017-9351-7.

71. Rebecca G. Boswell, Wendy Sun, Shosuke Suzuki, and Hedy Kober, "Training in cognitive strategies reduces eating and improves food choice," *Proceedings of the National Academy of Sciences of the United States of America* 115, no. 48 (November 12, 2018): E11238–E11247. doi.org/10.1073/pnas.1717092115.
72. J. K. Kiecolt-Glaser et al., "Depressive symptoms, omega-6:omega-3 fatty acids, and inflammation in older adults," *Psychosomatic Medicine* 69, no. 3 (April 2007): 217–224. doi.org/10.1097/PSY.0b013e3180313a45.
73. "Deep forehead wrinkles may signal a higher risk for cardiovascular mortality," *ScienceDaily* (August 26, 2018). https://www.sciencedaily.com/releases/2018/08/180826120738.htm.
74. Noura S. Dosoky and William N. Setzer, "Biological activities and safety of *Citrus* spp. Essential Oils," *International Journal of Molecular Sciences* 19, no. 7 (1966). doi.org/10.3390/ijms19071966.
75. A. Steptoe et al., "The Effects of Tea on Physiological Stress Responsivity and Post-Stress Recovery: A Randomised Double-Blind Trial," *Psychopharmacology* 190, no. 1 (January 2007): 81–89. https://www.ncbi.nlm.nih.gov/pubmed/17013636.
76. Kris Gunnars, "Proven Health Benefits of Dark Chocolate," *Healthline* (June 25, 2018). https://www.healthline.com/nutrition/7-health-benefits-dark-chocolate.
77. B. O. Rennard et al., "Chicken soup inhibits neutrophil chemotaxis in vitro," *Chest* 118, no. 4 (October 2000): 1150–1157. doi.org/10.1378/chest.118.4.1150.
78. Katie Adolphus, Clare L. Lawton, Claire Champ, and Louise Dye, "The Effects of Breakfast and Breakfast Composition on Cognition in Children and Adolescents: A Systematic Review," *Advances in Nutrition* 7, no.3 (May 2016): 590S–612S. doi.org/10.3945/an.115.010256.
79. Eiichi Yoshimura, Yoichi Hatamoto, Satomi Yonekura, and Hiroaki Tanaka, "Skipping breakfast reduces energy intake and physical activity in healthy women who are habitual breakfast eaters: A randomized crossover trial," *Physiology and Behavior* 174 (May 15, 2017): 89–94. doi.org/10.1016/j.physbeh.2017.03.008.
80. Derrick Brown and Matthew Wyon, "The effect of moderate glycemic energy bar consumption on blood glucose and mood in dancers," *Medical problems of performing artists* 29, no. 1 (March 2014): 27–31. doi.org/10.21091/mppa.2014.1007.
81. Mary Brophy Marcus, "Could a healthier diet help you sleep better?," CBSNews.com (February 10, 2016): https://www.cbsnews.com/news/could-a-healthier-diet-improve-sleep/.
82. Marie-Pierre St.-Onge, Amy Roberts, Ari Schecter, and Arindam Roy Choudhury, "Fiber and Saturated Fat Are Associated with Sleep Arousals and Slow Wave Sleep," *Journal of Clinical Sleep Medicine* 15, no. 5 (January 2016): 19–24. doi.org/10.5664/jcsm.5384.

83. Marsha McCulloch, "The 15 Best Healthy Late-Night Snacks," *Healthline* (June 24, 2018). https://www.healthline.com/nutrition/healthy-late-night-snacks.
84. Marie-Pierre St.-Onge, Anja Mikic, and Cara E. Pietrolungo, "Effects of Diet on Sleep Quality," *Advances in Nutrition* 7, no. 5 (September 2016): 938–949. doi.org/10.3945/an.116.012336.
85. Juliet M. Pullar, Anitra C. Carr, Stephanie M. Bozonet, and Margreet C. M. Vissers, "High Vitamin C Status Is Associated with Elevated Mood in Male Tertiary Students," *Antioxidants (Basel)* 7, no. 7 (July 2018): 91. doi.org/10.3390/antiox7070091.
86. Kate L. Brookie, Georgia I. Best, and Tamlin S. Conner, "Intake of Raw Fruits and Vegetables Is Associated with Better Mental Health Than Intake of Processed Fruit and Vegetables," *Frontiers in Psychology* (April 10, 2018). doi.org/10.3389/fpsyg.2018.00487.
87. Alice G. Walton, "Dark Chocolate May Boost Brain Function, Immunity and Mood," *Forbes* (April 27, 2018). https://www.forbes.com/sites/alicegwalton/2018/04/27/dark-chocolate-may-boost-brain-function-immunity-and-mood/#2e3e6da04608.
88. Robert Krikorian et al., "Blueberry Supplementation Improves Memory in Older Adults," *Journal of Agricultural and Food Chemistry* 58, no. 7 (January 4, 2010). doi.org/10.1021/jf9029332.
89. Katie L. Barfoot et al., "The effects of acute wild blueberry supplementation on the cognition of 7–10-year-old schoolchildren," *European Journal of Nutrition* (October 16, 2018): 1–10. doi.org/10.1007/s00394-018-1843-6.
90. Farzaneh A. Sorond et al., "Neurovascular coupling, cerebral white matter integrity, and response to cocoa in older people," *Neurology* 81, no. 10 (September 3, 2013). doi.org/10.1212/WNL.0b013e3182a351aa.
91. Lee Berk et al., "Dark chocolate (70% organic cacao) increases acute and chronic EEG power spectral density (μV^2) response of gamma frequency (25–40 Hz) for brain health: enhancement of neuroplasticity, neural synchrony, cognitive processing, learning, memory, recall, and mindfulness meditation," *The FASEB Journal* (April 20, 2018). https://www.fasebj.org/doi/10.1096/fasebj.2018.32.1_supplement.878.10.
92. Selvaraju Subash et al., "Neuroprotective effects of berry fruits on neurodegenerative diseases," *Neural Regeneration Research* 9, no. 16 (August 15, 2014): 1557–1566. doi.org/10.4103/1673-5374.139483.
93. Raúl Domínguez et al., "Effects of Beetroot Juice Supplementation on Cardiorespiratory Endurance in Athletes. A Systematic Review," *Nutrients* 9, no. 1 (January 2017). doi.org/10.3390/nu9010043.
94. E. L. Wightman et al., "Dietary nitrate modulates cerebral blood flow parameters and cognitive performance in humans: A double-blind, placebo-controlled, crossover investigation," *Physiology and Behavior* (October 1, 2015): 149–158. doi.org/10.1016/j.physbeh.2015.05.035.

95. Tennille D. Presley et al., "Acute effect of a high nitrate diet on brain perfusion in older adults," *Nitric Oxide* 24, no. 1 (January 1, 2011): 34–42. doi.org/10.1016/j.niox.2010.10.002.
96. Ludovico Alisi et al., "Between Vitamin K and Cognition: A Review of Current Evidence," *Frontiers in Neurology* (March 19, 2019): doi.org/10.3389/fneur.2019.00239.
97. Anders Schmidt et al., "Green tea extract enhances parieto-frontal connectivity during working memory processing," *Psychopharmacology* 231, no. 19 (2014): 3879–3888. doi.org/10.1007/s00213-014-3526-1.
98. David Christopher Nieman et al., "Bananas as an energy source during Exercise: A Metabolomics Approach," *PLOS One* 7, no. 5 (May 2012). doi.org/10.1371/journal.pone.0037479.
99. Channa Marsh, Daniel Green, Louise Taylor, and Kym J. Guelfi, "Consumption of dark chocolate attenuates subsequent food intake compared with milk and white chocolate in postmenopausal women," *Appetite* 116 (September 1, 2017): 544–551. doi.org/10.1016/j.appet.2017.05.050.
100. Sarah O. Hull et al., "A mid-morning snack of almonds generates satiety and appropriate adjustments of subsequent food intake in healthy women," *European Journal of Nutrition* 54, no. 5 (August 2015): 803–810. doi.org/10.1007/s00394-014-0759-z.
101. Steve Douglas, Laura C. Ortinau, Heather A. Hoertel, and Heather Leidy, "Low, moderate, or high protein yogurt snacks on appetite control and subsequent eating in healthy women," *Appetite* 60, no. 1 (September 2012): 117–122. doi.org/10.1016/j.appet.2012.09.012.
102. Heather J. Leidy, Laura C. Ortinau, Steve M. Douglas, and Heather A. Hoertel, "Beneficial effects of a higher-protein breakfast on the appetitive, hormonal, and neural signals controlling energy intake regulation in overweight/obese, 'breakfast-skipping,' late-adolescent girls," *American Journal of Clinical Nutrition* 97, no. 4 (April 2013): 677–688. doi.org/10.3945/ajcn.112.053116.
103. Jillon S. Vander Wal et al., "Short-Term Effect of Eggs on Satiety in Overweight and Obese Subjects," *Journal of the American College of Nutrition* 24, no. 6 (December 2005): 510–515.
104. Helen M. Parretti et al., "Efficacy of water preloading before main meals as a strategy for weight loss in primary care patients with obesity," *Obesity* 23, no. 9 (September 2015): 1785–1791. doi.org/10.1002/oby.21167.
105. Robert A. Corney, Caroline Sunderland, and Lewis J. James, "Immediate pre-meal water ingestion decreases voluntary food intake in lean young males," *European Journal of Nutrition* 55, no. 2 (March 2016): 815–819. doi.org/10.1007/s00394-015-0903-4.
106. Catharine Paddock, "Two cups of water before each meal enhanced weight loss in clinical trials," *Medical News Today* (August 24, 2010). https://www.medicalnewstoday.com/articles/198720.php.

107. Ji Na Jeong, "Effect of Pre-meal Water Consumption on Energy Intake and Satiety in Non-obese Young Adults," *Clinical Nutrition Research* 7, no. 4 (October 2018): 291–296. doi.org/10.7762/cnr.2018.7.4.291.
108. Jordan Lite, "Vitamin D deficiency soars in the U.S., study says," *Scientific American* (March 23, 2009). https://www.scientificamerican.com/article/vitamin-d-deficiency-united-states/?redirect=1.
109. Ibrar Anjum et al., "The role of vitamin D in brain health: a mini literature review," *Cureus* 10, no. 7 (July 2018): e2960. doi.org/10.7759/cureus.2960.
110. Gleicilaine A. S. Casseb, Manuella P. Kaster, and Ana Lúcia S. Rodrigues, "Potential role of Vitamin D for the Management of Depression and Anxiety," *CNS Drugs* (May 15, 2019): 1–19. doi.org/10.1007/s40263-019-00640-4.
111. G. Bjorn et al., "Linking Vitamin D status, executive functioning, and self-perceived mental health in adolescents through multivariate analysis: a randomized double-blind placebo control trial," *Scandinavian Journal of Psychology* 58, no. 2 (April 2017): 123–130. doi.org/10.1111/sjop.12353.
112. "Vitamin D Supplements May Aid Weight Loss for Obese and Overweight People, Study Finds," *Huffington Post UK* (August 5, 2015). https://www.huffingtonpost.co.uk/2015/05/08/vitamin-d-supplements-weight-loss-study_n_7239722.html?guccounter=2.
113. B. S. Peters et al., "The influence of breakfast and dairy products on dietary calcium and vitamin D intake in postpubertal adolescents and young adults," *Journal of Human Nutrition and Dietetics* 25, no. 1 (February 2012): 69–74. doi.org/10.1111/j.1365-277X.2011.01166.x.
114. Igor Bendik et al., "Vitamin D: a critical and essential micronutrient for human health," *Frontiers in Physiology* 5 (July 11, 2014): 248. doi.org/10.3389/fphys.2014.00248.
115. Neil Bernard Boyle, Clare Lawton, and Louise Dye, "The effects of magnesium supplementation on subjective anxiety and stress—a systematic review," *Nutrients* 9, no. 5 (May 2017): 429. doi.org/10.3390/nu9050429.
116. G. K. Schwalfenberg and S. J. Genius, "The Importance of Magnesium in Clinical Healthcare," *Scientifica* (2017). doi.org/10.1155/2017/4179326.
117. Flávia G. Cândido et al., "Addition of pooled pumpkin seed to mixed meals reduced postprandial glycemia: a randomized placebo-controlled clinical trial," *Nutrition Research* 56 (August 2018): 90–97. doi.org/10.1016/j.nutres.2018.04.015.
118. Zhaoping Shelly Li et al., "Hass avocado modulates postprandial inflammatory responses to a hamburger meal in healthy volunteers," *Food and Function* 4, no. 3 (February 26, 2013): 384–391. doi.org/10.1039/c2fo30226h.

119. Priyanga Ranasinghe et al., "Medicinal properties of 'true' cinnamon (*Cinnamomom zeylanicum*): a systematic review," *BMC Complementary and Alternative Medicine* 13 (2013). doi.org/10.1186/1472-6882-13-275.
120. R. W. Allen et al., "Cinnamon use in type 2 diabetes: an updated systematic review and meta-analysis," *Annals of Family Medicine* 11, no. 5 (September–October 2013): 452–459. doi.org/10.1370/afm.1517.
121. N. Kizilaslan and N. Z. Erdem, "The effect of different amounts of cinnamon consumption on blood glucose in healthy adult individuals," *International Journal of Food Science* (March 4, 2019). doi.org/10.1155/2019/4138534.
122. Ahmed Salih, "Anti-diabetic and antioxidant effect of cinnamon in poorly controlled type-2 diabetic Iraqi patients: A randomized, placebo-controlled clinical trial," *Journal of Intercultural Ethnopharmacology* 5, no. 2 (February 21, 2016): 103–113. doi.org/10.5455/jice.20160217044511.
123. A. L. Francis and R. C. Beemer, "How does yoga reduce stress? Embodied cognition and emotion highlight the influence of the musculoskeletal system," *Complementary Therapies in Medicine* 43 (April 2019): 170–175. doi .org/ 10.1016/j.ctim.2019.01.024.
124. Ed O'Brien and Robert W. Smith, "Unconventional Consumption Methods and Enjoying Things Consumed: Recapturing the 'First-Time' Experience," *Personality and Social Psychology Bulletin* 45, no. 1 (June 2018). doi .org/10.1177/0146167218779823.
125. Brian Wansink and Ellen van Kleef, "Dinner rituals that correlate with child and adult BMI," *Obesity* 22, no. 5 (October 1, 2013): E91–95. doi .org/10.1002/oby.20629.
126. Sophie Kergoat, Veronique Braesco, Britt Burton-Freeman, and Marion Hetherington, "Effects of chewing on appetite, food intake and gut hormones: a systematic review and meta-analysis," *Physiology and Behavior* 151 (July 2015): 88–96. doi.org/10.1016/j.physbeh.2015.07.017.
127. Sophie Miquel-Kergoat, Veronique Azais-Braesco, Britt Burton-Freeman, and Marion M. Hetherington, "Effects of chewing on appetite, food intake and gut hormones: A systematic review and meta-analysis," *Physiology and Behavior* 151 (November 2015): 88–96. doi.org/10.1016/j .physbeh.2015.07.017.
128. K. J. Melanson and D. L. Kresge, "Chewing gum decreases energy intake at lunch following a controlled breakfast," *Appetite* 118 (November 1, 2017): 1–7. doi.org/10.1016/j.appet.2017.
129. Akitsu Ikeda et al., "Chewing stimulation reduces appetite ratings and attentional bias toward visual food stimuli in healthy-weight individuals," *Frontiers in Psychology* (February 8, 2018). doi.org/10.3389/fpsyg.2018 .00099.
130. Yong Zhu and James H. Hollis, "Increasing the Number of Chews before Swallowing Reduces Meal Size in Normal-Weight, Overweight, and

Obese Adults," *Journal of the Academy of Nutrition and Dietetics* 114, no.6 (June 2014): 926–931. doi.org/10.1016/j.jand.2013.08.020.

131. Sophie Kergoat, Veronique Braesco, Britt Burton-Freeman, and Marion Hetherington, "Effects of chewing on appetite, food intake, and gut hormones: a systematic review and meta-analysis," *Physiology and Behavior* 151 (July 2015): 88–96. doi.org/10.1016/j.physbeh.2015.07.017.
132. Eva Almiron-Roig et al., "Large portion sizes increase bite size and eating rate in overweight women," *Physiology and Behavior* 139 (February 2015): 297–302. doi.org/10.1016/j.physbeh.2014.11.041.
133. D. P. Bolhuis et al., "Consumption with large sip sizes increases food intake and leads to underestimation of the amount consumed," *PLOS One* 8, no. 1 (2013). doi.org/10.1371/journal.pone.0053288.
134. Laura L. Wilkinson et al., "Keeping pace with your eating: visual feedback affects eating rate in humans," *PLOS One* 11, no. 2 (February 1, 2016). doi .org/10.1371/journal.pone.0147603.
135. Ashley E. Mason et al., "Effects of mindfulness-based intervention on mindful eating, sweets consumption, and fasting glucose levels in obese adults: data from the SHINE randomized controlled trial," *Journal of Behavioral Medicine* 39, no. 2 (April 2016): 201–213. doi.org/10.1007/s10865 -015-9692-8.
136. M. Hetherington, B. J. Rolls, and V. J. Burley, "The time course of sensory specific satiety," *Appetite* 12, no. 1 (February 1989): 57–68.
137. E. N. Garbinsky, C. K. Morewedge, and B. Shiv, "Interference of the end: why recency bias in memory determines when a food is consumed again," *Psychological Science* 25, no. 7 (July 2014): 1466–1474. doi.org/10.1177 /0956797614534268.
138. Lizette Borelli, "The 'Crunch Effect': Tuning In To Food Sounds May Help You Eat Less, Lose Weight," *Medical Daily* (March 16, 2016). http:// www.medicaldaily.com/tuning-food-sounds-eat-less-crunch-378166.
139. Sarah Knapton, "Eat in the dark to lose weight, say scientists," *Telegraph* (February 23, 2016). https://www.telegraph.co.uk/news/science/science -news/12170702/Eat-in-the-dark-to-lose-weight-say-scientists.html.
140. Eric Robinson et al., "Eating attentively: a systematic review and meta-analysis on the effect of food intake memory and awareness on eating," *American Journal of Clinical Nutrition* 97, no. 4 (April 2013): 728–742. doi .org/10.3945/ajcn.112.045245.
141. Reine van der Wal and Lotte F. van Dillen, "Leaving a Flat Taste in Your Mouth: Task Load Reduces Taste Perception," *Psychological Science* 24, no. 7 (May 2013): 1277–1284. doi.org/10.1177/0956797612471953.
142. Jane Ogden et al., "Distraction, the desire to eat and food intake. Towards an expanded model of mindless eating," *Appetite* 62 (December 2012): 119–126. doi.org/10.1016/j.appet.2012.11.023.

143. Eva Kemps and Marika Tiggemann, "Modality-specific imagery reduces cravings for food: An application of the elaborated intrusion theory of desire to food craving," *Journal of Experimental Psychology Applied* 13, no. 2 (July 2007): 95–104. doi.org/10.1037/1076-898X.13.2.95.
144. K. Tapper and A. Turner, "The effect of a mindfulness-based decentering strategy on chocolate craving," *Appetite* 130 (November 1, 2018): 157–162. doi.org/10.1016/j.appet.2018.08.011.
145. S. Schumacher, E. Kemps, and M. Tiggemann, "Acceptance- and imagery-based strategies can reduce chocolate cravings: A test of the elaborated-intrusion theory of desire," *Appetite* 130 (June 1, 2017): 63–70. doi.org/10.1016/j.appet.2017.02.012.
146. S. Schumacher, E. Kemps, and M. Tiggemann, "The food craving experience: Thoughts, images and resistance as predictors of craving intensity and consumption," *Appetite* 133 (February 1, 2019): 387–392. doi.org/10.1016/j.appet.2018.11.018.
147. Shou Zhou, Michael A. Shapiro, and Brian Wansink, "The audience keeps eating more if a movie character keeps eating: An unconscious mechanism for media influence on eating behaviors," *Appetite* 108 (January 1, 2017): 407–415. doi.org/10.1016/j.appet.2016.10.028.
148. T. Ohkuma et al., "Association between eating rate and obesity: a systematic review and meta-analysis," *International Journal of Obesity* 39 (May 25, 2015): 1589–1596. doi.org/10.1038/ijo.2015.96.
149. Victoria Whitelock and Eric Robinson, "Remembered Meal Satisfaction, Satiety, and Later Snack Food Intake: A Laboratory Study," *Nutrients* 10, no. 12 (December 2018). doi.org/10.3390/nu10121883.
150. Brian P. Meier, Sabrina W. Noll, and Oluwatobi J. Molokwu, "The sweet life: the effect of mindful chocolate consumption on mood," *Appetite* 108 (January 1, 2017): 21–27. doi.org/10.1016/j.appet.2016.09.018.
151. Jennifer Schmidt and Alexandra Martin, "'Smile away your cravings'—Facial feedback modulates cue-induced food cravings," *Appetite* 116 (September 2017): 536–543. doi.org/10.1016/j.appet.2017.05.037.